汉语语料库
的建设及应用

郭曙纶　著

上海外语教育出版社
外教社 SHANGHAI FOREIGN LANGUAGE EDUCATION PRESS

图书在版编目（CIP）数据

汉语语料库的建设及应用 / 郭曙纶著.
—上海：上海外语教育出版社，2011（2015重印）
ISBN 978-7-5446-2379-7

Ⅰ. ①汉… Ⅱ. ①郭… Ⅲ. ①汉语－语料库－研究
Ⅳ. ①H1

中国版本图书馆CIP数据核字（2011）第105885号

出版发行：**上海外语教育出版社**
（上海外国语大学内）　邮编：200083
电　　话：021-65425300（总机）
电子邮箱：bookinfo@sflep.com.cn
网　　址：http://www.sflep.com.cn　http://www.sflep.com
责任编辑：周岐灵

印　　刷：上海信老印刷厂
开　　本：890×1240　1/32　印张7.5　字数228千字
版　　次：2011年10月第1版　2015年11月第2次印刷

书　　号：ISBN 978-7-5446-2379-7 / H · 1094
定　　价：26.00元

本版图书如有印装质量问题，可向本社调换

本书内容提要(前言)

本书的读者对象主要是对汉语语料库建设及应用感兴趣的大学生、研究生及相关领域的研究者。愿这本小书能为他们提供一些实例与启发。

本书探讨的内容大致分为两部分。第2章和第3章讨论汉语语料库的建设问题,包括汉语切词词典的加工、加工规范等,是对汉语语料库建设中碰到的一些有别于英语语料库建设的理论问题进行探讨,是面向中文信息处理的研究。第4章到第7章是本书的主体,讨论汉语语料库的应用问题,包括基于语料库的汉语字词统计与分析、语料库技术在对外汉语教材研究中的应用,是基于中文信息处理的研究。

第1章是语料库概述,介绍语料库的相关知识、国内汉语语料库的建设情况等。

第2章着重讨论汉语语料库加工中所用切词词典的加工问题,具体讨论了词短语和短语词及其应用的问题、结构化词表的加工问题等。

第3章讨论汉语语料库加工规范的问题,着重讨论词类标记和切词标注的规范,并具体讨论了汉语人名的标注问题。

第4章是基于语料库的汉语字词统计与分析,提供了 HowNet 的词语统计、结构化词表的统计、网络语料的用字统计、800 万标注语料字词统计、500 万标注语料校对记录统计等相关数据及分析。

第5章到第7章是讨论汉语语料库在对外汉语教材研究中的应用,其中第5章是基于语料库的对外汉语教材超纲词问题的专题研究,首次从多个角度比较全面细致地探讨了对外汉语教材中的超纲词问题,第6章和第7章分别讨论语料库技术在对外汉语学习词典编纂和在对外汉语教材编写中的应用问题,着重讨论如何利用语料库技术来为对外汉语教学中的教材编写与词典编纂服务。

目 录

第1章 语料库概述

1.1 语料库的定义

语料库(corpus 或 corpora, corpuses)研究的出现与语料库语言学(corpus linguistics)的诞生是语言学和计算语言学(computational linguistics)发展的结果,也是信息社会的需要。

计算语言学是随着计算机科学的诞生与发展而兴起的一门边缘科学。计算语言学有广义和狭义两种理解。广义的计算语言学几乎包括了与计算机(或计算机科学)和语言学相关的所有方面;狭义的计算语言学一般等同于自然语言理解,也就是通过建立形式化的计算模型来分析、理解和处理语言。不论是计算语言学还是自然语言理解都是边缘性学科。自然语言理解具体到汉语的研究中,也就是汉语的自然语言理解研究,人们通常又称之为中文信息处理或汉语信息处理(Chinese Information Processing)。

最初的自然语言处理系统,一般是基于规则的。以特定的例句或句型为基础,总结规律,逐步完善,以期实现自然语言理解。这也反映了传统语法——规范语法的语言观,即语言用法有正确和错误之分,一个句子要么是正确的,要么是错误的。

随着语言学研究的发展,人们的语言观也发生了变化,由传统的规范语法转向结构主义的描写语法;到了五六十年代,以乔姆斯基的转换生成语法理论为代表,又由描写语法转向解释语法——从形式上来解释一个正确的句子是如何推导出来的。到了八十年代,认知语言学又试图从人的认知上来解释语言形式与语言意义的对应问题。从规范到描写再到解释,这说明了一种语言观的变化。正像有人说过的"存在即合理"一样,一种语言现象,未必是"是"和"非"的问题,有时候正误只是一个程度的问题。

随着计算机硬件和软件技术的发展与普及,近年来因特网发展迅速,大量的语言信息需要及时地处理。语言信息的大量增加,使得原有的基于规则的自然语言处理方法变得不能适用。因为数量的急剧增长,语言现象又是如此复杂多变,在有限的语言材料基础上归纳出来的有限规则根本不能涵盖所有的语言现象。

这样,如何收集、整理语言材料就成了一个相当重要的问题。

任何科学的研究都离不开对研究对象的收集与整理,语言学研究也不例外。汉语的语言学研究向来很重视语言事实的挖掘,有所谓"例不十,法不立"的说法。语言学家,尤其是词典编撰家们,曾通过制作大量的卡片来收集、整理语言材料。然而,这种靠手工收集、整理语言材料的办法,显然不能适应现代信息社会的需要,通过计算机来收集、整理语言材料就成为最好的选择。这样,语料库的诞生就成为必然的了。

语料库就是一个由大量在真实情况下使用的语言信息经过科学的收集和组织而集成的专供研究使用的资料库。传统上,语言学家用"语料库"这个术语表示作为语言学研究基础的、大量自然出现的语言数据。这些语料库可以由书面语和口语的样本组成,并通常用来表示一种特定的语言或语言变体。由于电脑语料库容量大,资料真实,信息提取准确,因此,语言学家借助语料库可以从多方面多层次描写语言并验证各种语言理论和假设。

语料库并非语篇的简单堆砌或集合,它应具有以下几个基本特征:

(1) 样本代表性,是指某个语料库收集的样本应该能够代表该语料库所涵盖的特定语言或语言变体,即语料样本应该具有代表性。这就要求语料的收集需要根据语料库的类型按照事先设定的原则来进行。

(2) 规模有限性,是指语料库的规模无论多么大,总是存在一定的限制,跟无限丰富的实际语言相比,它总是有限的。

(3) 机读形式化,是指语料文本必须是以电脑可读的形式存在,现在大多数的语料文本是以文本文件的格式存储的,也有用 XML 文件格式存储的。这与过去用卡片记录存储的形式不同,主要是现在方便电脑处理,容易检索和统计。

语料库有不同的加工层次,加工的语料库一般指标有语言学标记的语料库。未加工的语料库称为"生语料库",加工过的语料库称为

"熟语料库"。使用标注正确率高的熟语料库更有利于对自然语言的研究。

1.2　语料库语言学

语料库语言学是以语篇(text)语料为基础对语言进行研究的一门学科。过去,语料库中的材料由人工收集和整理;今天,由于使用了计算机的先进技术,语料库建设的效率和规模都大大提高,为语料库更为广泛的应用打下了坚实的基础。

关于语料库语言学,顾曰国在《语料库与语言研究——兼编者的话》中有过一段精彩论述:"语料库语言学"这个术语其实有两层含义。一是利用语料库对语言的某个方面进行研究,也就是说"语料库语言学"不是一个新学科的名称,而仅仅反映了一个新的研究手段。二是依据语料库所反映出来的语言事实对现行语言学理论进行批判,提出新的观点或理论。只有在这个意义上,"语料库语言学"才是一个新学科的名称。不过从现有的文献来看,属于后一类的研究还很少。本书讨论的语料库语言学也基本上是指前一类的研究。

语料库语言学的这一类研究包括两方面的内容:一是对自然语料进行加工、标注,二是对未经标注或已经标注的语料进行语言研究和应用开发。这两个方面的内容本书都会涉及到。本书的第 2 章和第 3 章讨论汉语语料库的建设,第 4 章至第 7 章讨论汉语语料库的应用。

语料库语言学的出现,有助于解决目前存在的一些问题。(1) 解决以偏概全的问题。因为语言学家所关注的往往是一些并不常见的特例(在许多时候,特例往往受到更多的关注,因为人们总是对习以为常的现象视而不见)。由此总结出来的规则总是有限的,不能刻画所有的语言现象,甚至不能刻画一些常用的、基本的语言现象,因而很难用来处理真实文本。(2) 解决规则相互矛盾的问题。自然语言复杂多变,有限的规则难以处理大规模的真实文本。规则的增多又很难保证相互之间的相容性,可能导致规则之间发生矛盾和冲突。

语料库语言学通过对大规模真实语料的统计、分析来发现、归纳自然语言的规律,提取语言知识(可称之为语言目标知识,或简称为目标知识)。要充分发挥语料库的作用,除了要保证语料的真实可信以外,还必须对生语料进行深加工。而要加工语料又必须先赋予计算机一定的语言知识(可称之为语言源知识,或简称为源知识)才能提高语料库加工的正确率与效率,更好地提取更多的语言知识。一般说,最初的源知识是靠语言学提供的,目标知识则是计算语言学提取的。提取后的目标知识又成为下一次运用的源知识。如此循环往复,呈螺旋式上升。

早期的自然语言处理系统,通常是基于规则的系统,其本质上都是解决"是"和"非"的问题,难以解释复杂多变的自然语言。即使增加规则数量,也无济于事。随着规则数量的增加,规则之间常常发生矛盾和冲突,不能保证语言学规则之间相容,更何况要获取语言学知识还有与语言学相关的世界知识还是一件非常困难的事情。正是因为这些原因,语料库语言学随之兴起,人们试图从大规模语料库中获取颗粒度较小的语言知识或者说更细致的规则来支持大规模真实文本的自然语言处理系统。近年来,语料库语言学有了很大的发展,其原因主要有两条:

(1)计算机技术的迅速普及和应用为语料库语言学的发展提供了物质基础。现在获取电子文本不像当初那样必须通过人工录入或者扫描并且 OCR 识别,因特网上有许多现成的电子文本可供选择。有相当一部分研究者专门研究因特网上的语料。

(2)对原有研究方法的深刻反思。转换生成学派等对语料库语言学的批评和否定,经过 20 年的实践验证,有的是错误的,如指责计算机分析语料是伪技术;有的是片面的,如对语料数据价值的否定;有的则是正确的,如乔姆斯基关于自然语言无限性的观点。对于乔姆斯基倡导的唯理方法,人们经过跟从、应用和反思之后,也逐步发现其不足,如其不可验证性等。1994 年 IBM 的 Adam L. Berger 等人发表了题为"The Candidate System of Machine Translation"的文章,初步的研究工作使译准率超过美国著名的 SYSTRAN 机器翻译系统,使国际计算语言学界为之震动。

1.3 语料库的类型

根据其选择的语料内容、选择的方式以及建设目的的不同,语料库的类型可以有不同的划分方法,比如通用语料库与专用语料库、异质语料库与同质语料库、动态语料库和静态语料库、第一代语料库与第二代语料库、书面语料库与口语语料库,等等。下面对这些常见的语料库类型做简要介绍。

通用语料库(general corpus):又称一般语料库,是文本的集合,为了保证收集的语料具有广泛的代表性,对语料采用系统的办法进行采集,用于事先未指定的语言学研究。如 Brown 语料库、LOB 语料库。前者是当代美国英语语料库,后者是当代英国英语语料库。SEU Corpus 也是一个通用语料库,它已被用于语法研究。通用语料库应有"平衡性"(balanced),即语料库要收集不同类型、不同领域的包括口头的和书面的文本。通用语料库还可称为系统语料库或平衡语料库,有时还被称为核心语料库。

专用语料库(specialized corpus):又称专门用途语料库,指用于某种特殊研究的语料库。如 Helsinki Corpus of Historical English,用于研究古英语;JD 学术英语语料库,用于研究学术英语。它又可分为方言语料库、区域性语料库、非标准语料库和学习者语料库等。如由广东外语外贸大学桂诗春教授和上海交通大学杨惠中教授牵头开发的中国学习者英语语料库 CLEC(Chinese Learner English Corpus),就是一个学习者语料库。它还可分为书面语料库和口语语料库。如 the London-Lund Corpus、the Corpus of Spoken American English 就是口语语料库。口语语料库是研究口语特征的重要工具,如语音语调的规律,其研究成果在语音合成中有重要应用。口语语料库的建设涉及口语真实语料的采集及语音转录,工作量极大。

异质语料库(heterogeneous corpus):大量收集文字材料,尽可能广泛地接受各类材料而没有事先制定任何选材原则。收藏的文本在格式和内容上各异,而存储的格式和原来的出版物完全一样。例如牛津文本档案库 OTA。

同质语料库(homogeneous corpus):一般用于专业语料库,例如美国政府的 TIPSTER 项目的语料库,专门用于收集军事文本;还有个别作家作者语料库也属此类。

动态语料库(dynamic corpora):又称监控语料库,用于观察现代语言的变迁,如 COBUILD 语料库。与此相对的是静态语料库(static corpora），只收集某一固定时期的共时语言材料，语料库建成后，就不再扩充。

第一代语料库指的是 20 世纪 60 年代到 80 年代所建成的一批语料库，这个阶段是以电子语料库的兴起为主要特征。第一代语料库规模相对比较小，大多只在百万词级，如 SEU Corpus（1959，pre-electronic corpus），Brown Corpus（1964，Brown University Standard Corpus of Present-Day American English），LOB Corpus（1970-1978，the Lancaster-Oslo/Bergen Corpus of British English），LLC 口语语料库（1975，London-LUND Corpus）。在这一阶段，语料库的发展以容量不断增加和种类的不断扩展为主要特征。

第二代语料库指的是从 20 世纪 90 年代中期开始建成的上亿词的大型语料库，如，COBUILD（1997，3 亿词），Longman Corpus Network（它包含三个主要的语料库：Longman/Lancaster Corpus〈LLELC〉，Longman Spoken Corpus〈LSC〉和 Longman Corpus of Learner's English〈LCLE〉），British National Corpus（1995，1 亿词），International Corpus of English（1996，ICE）。

平行语料库（parallel corpus）：把两种语言中完全对应的文本（如法律文件）输入计算机，通过分析对比找出两者对应关系，可用于机器翻译研究。

1.4　语料库的规模

关于语料库规模的问题，有人认为语料库越大越好。其实要讨论语料库规模的大小问题，先要看语料库是给谁用的。

如果是给语言学家用，那么对语料库规模的基本要求是语料库覆盖绝大多数语言现象，并且每种语言现象出现一定次数以上。下面是一个粗略的估计：

对汉语来说，如果要研究一个 10 万词的词典（《现代汉语词典》有6 万多词，但是有许多能见字知义的词没有列出，大多数中文信息处理用的词表，多在 10 万词左右），每个词平均有 2 个义项，要求每个义项出现 5 次，则语料库中需要包含 100000 * 2 * 5，即一百万个左右的句子。若句子的平均长度是 30 个字,则语料库要有 3000 万字。

如果是给计算语言学家用,那么主要考虑词性(状态)转移概率和词性到词的转移概率。因为词性数远远小于汉语中词的数目,所以,词性(状态)转移概率不会受到数据稀疏问题的影响,用较小规模的语料库就可以获得较精确的结果。而词的转移概率会受到语料库数据稀疏的影响,因为语料库中有很多低频词。我们对 1995 年人民日报(2000 万字)进行切分,统计发现:我们切词词表的 10 万词中有 2 万词出现次数为 0,1 万词出现次数为 1,出现次数超过 5 次或 5 次以上的词只有 45000 词左右。

在语料库规模问题中有一个"水桶原理",即决定语料库规模的因素是使用频率低的词。理论上,语料库应具有使绝大多数低频词在语料库中出现次数超过某最低频次(如 30 次)的规模。从这个角度计算,语料库应具有 50 亿~200 亿的规模才能达到这一目标。

1.5 语料库的加工

语料库的加工可分为两个方面。一方面是语料库的标注,就是给语料库的某些单位(词、句、段落、篇章等)加上表示对这些单位的某种层次的"理解"的知识信息(标记符);另一方面是语料库的知识获取,指通过对语料库的处理,获得语料库所代表的普遍现象的语言知识。它独立于语料库中某特定单位,反映了语言中的某种普遍规律。

一、加工的层次与原则

语料库有不同的加工层次。对语料库可以进行下列加工并形成不同加工层次的语料库,对语料库的加工还包括"预处理"。

被加工的语料库可以包含文本的全部(full-text corpora),也可以从文本中抽取一部分构成。

1. 索引(concordance)

逐词索引:提供在语料库中出现的每个词每次出现的相关信息。逐词索引记录了每个词在语料库中每次出现的相关位置,据此就可以提供每个词每次出现的上下文信息。

关键词索引:提供出现指定关键词的文本、段落等信息。

就汉语而言,可以是以字为单位的逐字索引和关键字索引。

2. 主题标引(subject indexing)

主题标引是指对文本内容进行主题分析、赋予主题词标识的过程。

3. 切词(segmentation)

切词就是从信息处理需要出发,按照特定的规范,对汉语按切词单位进行切分的过程。换句话说,就是将连续的字串按照一定的规范切分并重新组合成词串的过程。

4. 词性标注(POS tagging)

词性标注就是对已经切词的语料中的每一个词赋予一个词性标记。词性标注与切词经常是由同一个系统来处理。词性标注的主要问题是兼类词的处理,还有一个问题是未登录词的处理。

5. 句法成分标注(parsing)

句法成分标注就是平时常说的树库加工,对已经标注了词性的文本标注上句法成分的信息,也就是标注上主语、宾语、谓语、定语、状语、补语等是什么,一般同时标注上这些句法成分是由什么样类型的短语(如名词短语、动词短语、形容词短语、介词短语等)充当的。

6. 语义信息标注(semantic tagging)

语义信息标注可以有不同的理解。一种是词义标注,一般在标注词性之后进行,给每个词语标注上词义信息,往往是义项标注,也就是通常所做的词义消歧(WSD, Word Sense Disambiguation)。一种是语义角色标注,一般在句法成分标注之后进行,给每个句法成分标注上语义信息,如施事、受事等。

7. 语用信息标注(pragmatic tagging)

语用信息标注,就是对文本标注上相关的语用信息,如话题、述题、话轮、省略成分等,为语用分析服务。它可以在生语料的基础上进行,也可以在熟语料的基础上进行。

8. 特定语言模式的标注

特定语言模式的标注,就是根据研究需要,标注上研究者所需要的相关信息,如未登录词的标注、专有名词的标注、最大名词短语的标注等。

加工、标注语料库时应遵循一些基本的加工原则,对此,G. Leech

曾提出了有标记的语料库应满足的七条基本原则：

（1）所作标注可以删除，恢复到原始语料。这主要是为了保证语料的充分利用。语料库可用于不同的目的，可能需要采取不同的标注方法。

（2）所作标注可以单独抽出，另处存储。这一原则实际上与第一条原则基本一致，由此可知，语料库中语料的标注应该最大限度地增加语料使用的灵活性。

（3）语料库的最终使用者应该知道标注原则和标注符号的意义。因此，大多数语料库都配有详细介绍标注原则和标注符号意义的手册，供使用者参考。

（4）在语料的使用说明中，应该说明标注是何人用何种方法所作。如，是人工标注还是计算机标注，是一人标注还是多人标注。

（5）应向用户声明，语料标注并非绝对无误，它只是一种可能有用的工具。不论是人工标注，还是计算机自动标注，或者两者的结合，都有可能产生标注的分歧甚至错误，因为标注的过程实际上是对语料中语言单位的特征进行解释的过程，不同的人可能会有不同的解释结果。

（6）标注模式应不依赖于某一家之言，尽可能中立。在标注的过程中，为了方便语料库的使用，标注应该采用综合的使用范围广泛的语法理论，而不是按照使用范围狭窄的某一特定的语法理论。

（7）任何标注模式都不能作为第一标准。即使有，也只能通过实践在大量比较中得到。目前，世界上还没有一种被普遍接受的标注模式。

这七条原则，概括起来就是最大可能地方便加工者和使用者。语料的加工和使用始终是一对矛盾。正如丁善信所说："从用户的角度，语料标注得越详尽越好，而标注者则还需考虑标注的可行性。因此，任何标注模式都是二者之间求得的一种妥协的产物。"

二、加工所需的知识获取

1. 频率统计

这种统计是不基于语言模型的或是基于简单的语言模型的。统计的方法是简单的计数。这些统计包括：

基于 n 元模型、基于类的 n 元模型的参数统计；词频统计；双语对译频率统计;共现统计;搭配对统计;基于 n 元模型的词义辨识等。

2. 基于概率语言模型的参数估计

这类知识获取方法的语言模型一般比较复杂。获取的概率知识不能通过简单的计数方法获得。参数估计一般是一个迭代的过程,具体可以包括:

马尔可夫模型的状态—状态转移概率,状态—观察转移概率的参数估计;上下文无关文法的产生式的概率的参数估计;基于有限状态自动机的机器学习;基于 IBM Brown 模型的统计机器翻译模型参数的估计;歧义消解知识的获取;词性标注中的消歧;句法分析中的消歧;词义消歧;词的聚类等。

3. 非概率型知识的获取

一般是通过"泛化",把对特殊情况适用的规律推广到一般情况,并在语料库中进行检验。如,语法知识的获取、词汇选择知识的获取、基于错误驱动的词性标注规则知识的获取。

三、加工的主要技术手段

在语料库加工的过程中运用到的主要技术手段包括:1. n-gram 模型;2. 马尔可夫模型;3. 概率上下文无关文法模型;4. 统计机器翻译模型;5. 互信息;6. 熵;7. 聚类;8. 共现统计;9. 分类;10. 平滑方法(解决数据稀疏);11. EM 参数估计方法;12. 韦特比(Viterbi)参数估计方法;13. 动态规划求解最优解的方法;14. 有限状态自动机理论和模型。

这些技术手段的具体操作都需要比较专门的知识与技术,在许多参考文献中已经有较多的论述,因不是本书的重点,这里就不展开了,感兴趣的读者可以阅读姚天顺等的《自然语言理解———一种让机器懂得人类语言的研究(第 2 版)》、王建新的《计算机语料库的建设与应用》、Christopher D. Manning 和 Hinrich Schütze 的《统计自然语言处理基础》、Daniel Jurafsky 和 James H. Martin 的《自然语言处理综论》、宗成庆的《统计自然语言处理》等,尤其是宗成庆的《统计自然语言处理》提供了许多技术细节的讨论。

语料库加工的主要困难有三个方面的问题:一个是数据稀疏问题,一个是歧义问题,还有一个是语言模型本身的精确度问题。围绕这些问题的详细讨论,也请参考上面提到的专著。

1.6　语料库的应用

1. 词典编纂

语料库最直接的用途就是为编纂字典提供大量真实准确的例句。例如,根据 COBUILD 语料库编写的词典就有许多种。在语料库语言学这个学科问世以前,词典编纂一直依靠凭经验收集的语料来进行。现在,语言学家对语言的研究从传统的直觉经验方法转向基于统计的方法,运用语料库或其他机器可读的文本资料库,能在几秒钟之内从数以万计词次的文本语料中检索出有关一个词或词组的所有例句。

南京大学近年来开发了 NULEXID 语料库暨双语词典编纂系统,涉及英汉两种语言,在《新时代英汉大词典》的编纂过程中已经起到了重要作用。

2. 语义学研究

语义学是语言学的一个分支学科,它研究语词的意义和意义的变化。特别是着重从社会和历史的角度去探讨词语意义变化的原因和规律,例如语词意义的扩大、缩小、升格和降格,词义的转移,词与词之间的语义关系,语义与句法结构的关系等等。Dieter Mindt 证明了如何利用语料库为解释语言词语提供客观的标准。Mindt 指出,在语义学中,词语的意义常常是根据语言学家的直觉来描述的(理性主义的方法)。他认为,语义上的特征与篇章中可观察到的独特的语境相联系(如句法特征、词法、韵律特征等),通过利用语料库中的语料考虑语言实体的整个环境,就能对一个特定的语义上的特征作出客观的判断。

语料库在语义学研究中的另一个作用是更加牢固地确定了模糊范畴和渐变的概念。

3. 语言教学

语料库中的语料是人们实际运用的语言,所有的材料都取自真实的书面语和口语文本,提供的是语言实际使用的客观例证。对这种材料进行分析,有时可以发现现有的语言教学材料中存在的问题。Graeme Kennedy 调查了在 ESL(English as a Second Language)课本中数量和频率的表达方法,Janet Holmes 调查了在 ESL 课本中疑问和肯定的表达方法,Mindt 调查了在德国的英语课本中将来时间的表达方法。这些调查研究所用的方法相似,都是先通过对样本课本和标准英语语料库中相关材料的句法结构和词汇进行分析,然后从两类语料中将发现的结果进行比较。大多数的研究结果表明,课本中所教的东西与讲本族语的人真正使用语言的情况存在着相当大的差别。

另一个例子是上海交通大学的 JDEST 英语语料库,利用这个语料库,通过语料比较、统计、筛选等方法为中国大学英语教学提供通用词汇和技术词汇的应用信息,为确定大学英语教学大纲的词表提供了可靠的量化依据。2003 年,中国学习者英语语料库由上海外语教育出版社正式发行。这个语料库为词典编纂、教材编写和语言测试提供了重要的基础资源。

此外,语料库语言学的应用领域还有:文本分类,检索,搜索引擎,自动摘要,信息获取,复合名词短语获取,未登录词获取,人名、地名获取,词典工具,拼写检查,输入法,电子词典,简单的机器翻译,基于实例的机器翻译,基于实例的对话系统等。

1.7　汉语语料库概况

国内近年来建立的大大小小语料库有不少,作为语料库研究概述的一部分,这里简单地对我们所知的国内汉语语料库建设情况做一个回顾,兼及双语和少数民族语言语料库(以开发单位的笔画为序)。

人民日报社的光盘数据库收集该报从 1946 年 5 月 15 日以来的全部文字和图像内容,公开发行。

上海交通大学国际教育学院郭曙纶从 2003 年起建立了 14 亿字的网络语料库(生语料库)、300 万字的对外汉语教材语料库、130 万字的上海市中小学语文教材语料库、300 万字的多版本小学语文教材语料库。上海交通大学国际教育学院宋春阳从 2004 年开始建立留学生中介语语料库,彭育波从 2008 年开始建立留学生口语语料库。

上海师范大学对外汉语学院建立了 3000 万字的生语料库,根据北大的标注规范建立了 300 万字的标注语料库。他们还建立了 100 万字

《作家文摘》的标注语料库,选取 1997 年的《作家文摘》,不仅完成了切词和词性标注,还完成了短语结构关系和结构功能的标注。上海师范大学语言研究所建立了经、史、子、集等古文献数据库。最近上海师范大学教育学院还建立了上海市基础教育教材语料库(包括上海市基础教育语文、数学等多学科教材语料库,其中语文还包括之前使用过的 H 版和 S 版)、江苏教育出版社语文教材语料库(1–6 年级)、人民教育出版社语文教材语料库(义务教育课程标准实验教科书 1–6 年级)和中小学生课外读物语料库。

1988 年以来山西大学根据不同的需要,建立了如下不同的语料库,主要有:汉语新闻语料库(1988 年),250 万字,其中包括《人民日报》150 万字,《北京科技报》20 万字,《电视新闻》(CCTV)50 万字,《当代》(杂志)30 万字;标准语料库(2000 年),以分词规范和语委词类标记集为标准的 70 万字综合语料;专有名词标注语料库,包括标注了中国地名的语料 280 万字,标注了中国人姓名的语料 300 万字,标注了西文姓名的语料 250 万字,标注了汉语机构名称的语料 50 万字,还有标注了网络新词语的语料 150 万字。

中国社会科学院民族学与人类学研究所建立了 500 万藏语字符的藏语语料库,进行词语切分和标注的研究。

中国社会科学院语言研究所建立了现代自然口语语料库,包括一个旅馆预定口语语料库(搜集了 2 小时的电话对话,对话人数 200 人以上)和一个无限制的自然对话语料库(14.2 小时的对话,对话人数 22 人),都进行了韵律切分和句法标注。语言研究所还建立了北京地区现场即席话语语料库,已经取得了近 600 小时的录音材料和 50 多小时的录像材料。语言研究所搜集整理了近代汉语书面语料 150 万字,中古近代汉语语料约 1000 万字,部分语料已作了标注。此外,语言研究所的先秦专书电子文档有 4 部文献,共约 120 万字,并且已由古汉语学者逐篇逐句标注了语法信息。

中国科学院计算技术研究所的汉英双语语料库有 20 万个句对,也完成了句子一级的对齐,并在网上提供查询服务。

中国科学院自动化研究所建立了一个旅游咨询口语对话语料库和一个旅馆预定口语对话语料库。该所建立的英汉双语语料库是购买 LDC 香港新闻英汉双语对齐语料 36294 段以及香港法律英汉双语对齐语料 31 万句子对,并从英汉双解词典中摘取例句 25000 个句子对,有 3~5 万对已对齐的汉语和英语短语。

中国科学院软件研究所建立的英汉双语语料库,现有 15 万对英汉双语对齐句子库,已经切分和标注。

内蒙古大学的中世纪蒙古文语料库收集了《元朝秘史》、《黄金史》、《回鹘蒙古文文献集》等历史文献。他们还建立了 500 万词的现代蒙古语语料库,进行了初步的切分和标注。

东北大学 1999 年建立了 10 万英汉双语语段库,拟扩充到 500 万双语语段库,进一步建造具有 1000 万语段的大容量网上英汉语段电子词典,建造大容量网上电子英汉搭配词典。

北京大学计算语言学研究所和日本富士公司,1999 年 4 月至 2002 年 4 月建成 2600 多万字的《人民日报》1998 年一年的词性标注语料库。该所还建立了英汉双语语料库,英汉对齐的句子已有 5 万多对,并在此基础上做汉英对照短语库,规模达数十万条。此外,研究所还与新加坡国立大学计算机系合作建立了一个小型汉语树库:内容为新加坡中学语文教材(1995 年),所有的句子都分析为树形图。

北京大学汉语言学研究中心建立了 264444436 字的 CCL 现代汉语语料库、84127123 字的 CCL 古代汉语语料库和 6176546 个汉字和 3934609 个英文词的 CCL 汉英双语语料库。

北京外国语大学北京日本学研究中心建立了 2000 万字的汉日双语并行语料库,进行自动切分和词性标注,部分文本进行语法和语义标注,采用 SGML 国际标准。

北京师范大学 1983 年建成 1068000 字的中学语文教材语料库。

北京邮电大学在美国 LDC 的汉语句法树库的基础上进行了自动获取语法规则的研究。LDC 的树库包含新华社 1994 年到 1998 年的 325 篇文章,包含 4185 棵树,10 万个词。

北京语言大学(原北京语言学院、北京语言文化大学)1983 年建成 182 万字的现代汉语词频统计语料库,1992 年建成当代北京口语语料库,1995 年建成汉语中介语语料库,1995 年建成现代汉语句型语料库,1995 年建成现代汉语语法研究语料库。北京语言大学还建立了 HSK 动态作文语料库。

北京语言大学计算机系宋柔与一些报社、出版社合作,收集、整理了一批综合性、规范性的电子文档资料,建立了一个大型的中文语料库(共约 5 亿字),而后在此基础上建立了 10 个语料库:《当代中国·丛书》,150 卷(约 6000 万汉字);《中华人民共和国年鉴》,1997 年语料(约 200 万汉字);《新闻出版报》,1988 年语料(约 260 万汉字);《辉煌五十年·湖南卷》,1949-1999 年语料(约 70 万汉字);《人民日报》,1993-2000 年七年语料(约 2 亿字);《人民日报·市场报》,2000 年语料(约 1400 万汉字);《人民日报·华南新闻》,2000 年语料(约 600 万汉字);《人民日报·华东新闻》,2000 年语料(约 500 万汉字);《经济日报》,1992 年语料(约 1820 万字);《新华社》,1994-1996 年三年语料(约 3793 万字)。

北京语言文化大学与香港理工大学中文及双语学系 1998 年联合建成现代汉语语料库。

北京语言文化大学与清华大学联合,1998 年为国家自然科学基金重点项目“语料库语言学研究的理论、方法和工具”建成现代汉语语料库。

北京航天航空大学 1983 年建成 2000 万字的现代汉语语料库。

台湾中央研究院建立了平衡语料库(Sinica Corpus)和树图语料库(Sinica Treebank),两个都是标记语料库,有一定加工深度,语料库规模约 500 万字。

四川大学的中古汉语语料库有 1 亿字的中古汉语语料和有关中古汉语研究的资料。

外语教学与研究出版社建立了英汉文学作品语料库、冯友兰《中国哲学史》汉英对照语料库和李约瑟(Joself Needham)《中国科学技术史》英汉对照语料库。

西北民族大学建立了 1 亿 3 千万字节的大型藏文语料库,用于藏文词汇频度和通用度的统计。

国家语言文字工作委员会语言文字应用研究所建立了英汉双语语料库,包括一个计算机专业的双语语料库和一个柏拉图哲学名著《理想国》的双语语料库。

国家语委 1990 年至 2001 年建成 7000 万字的现代汉语语料库(国家语料库)(完成生语料录入),这是国内最大的通用语料库。2001 年至 2005 年,现代汉语语料库,完成了 7000 万字通用语料库的自动切词与词性标注,其中有 100 万字加工成了树库。

武汉大学 1979 年建成 527 万字的汉语现代文学作品语料库。

哈尔滨工业大学 1998 年建立的英汉双语语料库有 6 万句子对,进行了词性标注,在句子、短语、词汇三级实现双语对齐。哈尔滨工业大学机器翻译实验室建立了容量约 1GB 的汉语语料库。

复旦大学计算机系建立了容量为 1GB 汉日英分类熟语料库,包含数千个类别,数十万篇文章。

香港城市大学语言资讯科学研究中心及其语料库实验室,1993 年筹划,1995 年开始建立 LIVAC(Linguistic Variation in Chinese Speech Communities)共时语料库,其宗旨在于研究使用中文的不同地区使用语言的异同。语料主要来自港澳台地区、新加坡、上海、北京、广州、深圳多个地区的当地有代表性的中文媒体,涵盖泛华语地区。搜集内容包括社评、重要新闻、当地新闻、综合新闻、国际新闻、港澳台新闻、经济新闻、体育新闻、娱乐新闻、广告。有关语料经机器切词标注、人工校对后,提取各地词语,加入各地词库组合为 LIVAC 大语料库。自 1995 年 7 月开始,每四天一次,收集这 8 个地区的对等书面语文本,每次约两万字。至 2008 年 1 月,语料库共收集 150 万个词条,总字数超过 3 亿 5 千万字,并仍不断扩充,囊括新旧世纪之交前后各地华语社区有代表性的重要语言数据,供汉语的各种共时比较研究使用。

浙江师范大学建立了楚辞语库、前四史语库、六朝语库、太平广记语库、唐诗语库、宋词语库。

清华大学 1998 年建立了 1 亿汉字的现代汉语语料库,现在生语料库已达 8 亿多字。清华大学中文系罗振声则建立了现代汉语句型研究语料库,从中总结出 209 种汉语句型。清华大学智能技术与系统国家重点实验室还对他们与北京语言文化大学合作建设的 HuaYu 语料库完成了语块库人工标注(200 万汉字左右),并从中随机选取了 20 万词,进行语块标注,并进一步完成了完整的句法树标注。

新疆大学从 2002 年起开始建设现代维吾尔语语料库系统,计划包括 5 个部分:语料库,电子语法信息词典,规则库,统计信息库和检索统计软件包。其中语料库部分又分成生语料库(经初步整理的原始语料)和加工语料库(经过标注和校对的语料)。目前已有生语料 800 万词。另外,新疆大学也正在以新闻领域的维汉—汉维机器翻译为目标,建设双语平行语料库。

新疆师范大学建立了 200 万词的维吾尔语语料库,拟发展到 300 万词。

另外从 2004 年 6 月至 2008 年 6 月,国家语言资源监测与研究中心的 6 个分中心(平面媒体语言分中心、有声媒体语言分中心、网络媒体语言分中心、教育教材语言分中心、海外华语研究中心、少数民族语言分中心)先后组建完成,这些分中心都在进行语料库的建设工作。

1.8　本章结束语

作为一个概述,这里需要声明的是:本章内容是根据不同参考文献综述而成,由于其中许多内容在很多参考文献中都出现过,基本上已经成为常识,所以本章中也就没有一一注明其出处,而只在最后给出一个总的参考文献列表。由于语料库语言学涉及的内容很多,本章只能根据作者的见识,挑选一些自认为重要的部分进行简单的概述,更详细的内容请参考书末所附的相关参考文献。

第2章 汉语语料库词典加工

一般来说,语料库词典是语料库建设中必不可少的重要资源。在汉语语料库建设中,切词词典加工更是具有举足轻重的地位,本章讨论汉语语料库词典加工的问题。

我们先从一般的词与短语等概念的理论探讨入手,讨论汉语中词的判定所面临的困难,之后提出我们关于结构化词表的设想及其构造原则与标注方法。

2.1 词、短语词、词短语和短语

本节从语素、词、短语、短语词和词短语的关系方面着重讨论短语词与词短语这两个概念及其运用。①

书面汉语一直不实行分词连写,在汉语研究中原本也没有"词"这个概念。据吕叔湘《汉语里"词"的问题概述》注3中说,"首先提出'词'作为现代语言学意义的术语、并且跟'字'加以区别的是章士钊的《中等国文典》(1907)。"② 尽管如此,"但是最早的研究现代汉语语法的学者对于这个问题也没有十分清楚的认识,只是大概地认识到一个词有时候包含两个或三个字,并未进行严格的科学研究。词的研究的动力来自别的地方,来自从事设计拼音文字的学者。如果汉语要采用拼音文字,很显然,就不能再像写汉字那样一个一个音

---

① 本节部分内容曾于 2004 年以《短语词、词短语及其应用》为题,发表于在韩中国教师联合会编写的《汉语教学与研究·第 5 辑》141–153 页。

② 见吕叔湘《吕叔湘文集·第二卷》367–368 页。

节分开写。"①

现在,要对汉语进行信息处理,也不能不把书面汉语按词来进行切分,于是自动切词就成了中文信息处理第一步的工作。这样汉语中关于词的概念又一次成为热点问题。而且与以往不同的是,现在关键的是词的判定(或说切分)问题。因为需要有可以操作的切词标准。

但是,早在现代语言学诞生之初,索绪尔就曾经断言:"对词下任何定义都是徒劳的;从词出发给事物下定义是一个要不得的办法。"②这个说法虽然未免过于绝对,但也说明要给词下一个合适的定义是多么的困难。而在中文信息处理中又必须面对一个词的判定(切分)问题,所以从实用的目的出发,必须确定什么样的语言单位是"词",什么样的不是。

有鉴于此,下面从词谈起,讨论与词相关的一些概念。

2.1.1　词及其相关概念

我们先谈谈词、复合词(复合式合成词)、短语(词组)这三个概念。

在汉语言学界,对于词、复合词、短语这三个概念的认识,是有一个发展过程的,但基本上是一致的。

先看词的定义。早在 40 年代,吕叔湘先生把词看作"最小的表现单位",而把"最小的意义单位"称为词根。到了 80 年代,朱德熙先生在《语法讲义》中把词定义为"最小的能够独立活动的有意义的语言成分"。到了 90 年代,胡裕树先生的《现代汉语》中认为"词是代表一定的意义、具有固定的语音形式、可以独立运用的最小的结构单位。"③

不论是早期的"最小的表现单位",还是近期的"词是代表一定的意义、具有固定的语音形式、可以独立运用的最小的结构单位",贯穿在其中的一致性是清晰可见的:

---

① 见吕叔湘《吕叔湘文集·第二卷》360 页。

② 见索绪尔《普通语言学教程》36 页。

③ 见胡裕树《现代汉语》(1999 年重订本)203 页。

1. 词具有固定的语音形式,可称为语音的固定性;

2. 词具有确定的意义内容,可称为意义的凝固性;

3. 词可以独立运用,可称为运用的独立性;

4. 词不可以拆分(最小单位),可称为结构的非组合性或结构的凝固性;

5. 词是一种语言单位(词汇单位或语法单位)。

词的这五个特征从一开始的不言自明到最近的明确说出,可以说是汉语研究深入与表述严密的表现。这五个特征正是汉语中词区别于非词(如语素、短语等)的根据。其中,意义的凝固性、结构的凝固性与运用的独立性是词的基本特征。意义的凝固性、结构的凝固性是词区别于语素的基本特征,运用的独立性是词区别于短语的基本特征。

再看复合词的定义。在 20 世纪 40 年代,吕叔湘先生没有明确给出复合词或复合式合成词的概念,与此相当的概念是复合性的合义复词。吕叔湘先生把合义复词分为联合式(如"道德"、"法律"、"城市")与组合式(如"鸡汤"、"晚饭"、"飞机")两类。80 年代,朱德熙先生认为"由两个或更多的语素形成的词叫合成词……复合是把两个或两个以上的词根成分组成合成词的构词方式。用复合方式构成的合成词叫复合词。汉语复合词的组成成分之间的结构关系基本上是和句法结构关系一致的。句法结构关系有主谓、述宾、述补、偏正、联合等等,绝大部分复合词也是按照这几类结构关系组成的。"这可以说是受了赵元任先生的影响(赵先生早在 1948 年出版的《口语语法》中就提出了类似观点)。90 年代,胡裕树先生对复合词(复合式合成词)的观点与朱德熙先生的看法基本上相同,只是表述不一样。

一般说来,合成词与单纯词相对,复合词与派生词相对,大多数合成词都是复合词。由此可以看出,容易产生问题(分歧)的主要是复合词,因为复合词的构成成分都是不定位语素,往往都是词,因而复合词的构成成分是语素还是词,不同的人有不同看法。即不定位语素的组合可以看成语素与语素的组合(复合词,如"语言"),也可以看成词与词的组合(短语或复合词,如"吃饭"、"红花")。黄月圆在《复合词研究》(1995)一文中指出可以"从五个方面来论述现代语言学对复合词的研究:复合词与短语的分界,复合词的出生地,词与短语之间的连续性,名词复合词的研究以及动词复合词的研究。"这可以说是一篇综述性的文章,基本上是把复合词的研究与句法研究紧密联系在一起。在"复合词与短语的分界"一节里,分别从语音、语义、语法三个方面讨论了复合词与短语的不同,但没有一条标准是可以贯彻始终的。在"复合词的出生地"一节里,用生成语法来分析复合词,发现复合词既具有词的性质,又具有短语的性质。在"词与短语之间的连续性"一节里,作者继续前面的讨论,引述 Miller(1993)的观点认为"词、复合词以及短语属于不同的层次,词属于 X°层,复合词属于 LP(Lexical Phrase 词汇短语)层,短语属于 LP/FP(Functional Phrase 功能短语)的互相作用层。"在"名词复合词的研究"和"动词复合词的研究"两节里,分别讨论了名词复合词和动词复合词。最后作者得出结论说:"复合词有以下三个特点:一、词与短语之间有一个连续性,复合词处于此连续性之中,一头连着词,一头连着短语,所以既具有词性又具有句法性。传统的句/词分界理论无法解释复合词的这种特性。二、复合词的形成与句子无关,因为复合词的功能是命名,不是描述。三、名词复合词不受合法度的约束,在语义上有多种解释的可能性;动词复合词受合法度的约束,由于动词的论元结构的关系,只有单种语义关系。"

　　最后来看短语的定义。吕叔湘先生在《中国文法要略》中用的"词组"只相当于现在的偏正短语,并非后来我们所用的与短语相当的"词组"。朱德熙先生认为词组就是词与词的组合。胡裕树先生在书中明确提出短语(词组)可以有广义与狭义之分,广义的短语包括实词与虚词的组合(有人称之为结构,与词组相区别),狭义的短语仅指实词与实词的组合。短语是比词大的语言单位。

　　要讨论词的概念问题,除了涉及复合词和短语等概念外,还涉及字、语素等概念。

　　字是记录汉语音节的符号,是文字单位。一般说一个汉字记录一个汉语音节。

　　语素是最小的音义结合体,是比词小的语言单位。早期也有人用词素这个概念,后来用语素这个名称的比较多,一般认为这两个词都是译自 morpheme。当然也有人把词素和语素看作两个不同的概念:词素是词的组成部分,而语素则是用来构词的语言单位,即词素只是不成词的语素,不包括成词语素(自由语素)。

这些在概念定义上都没有什么太大的问题。

总的来说,词与相关概念的联系与区别可以列表如下。

表 2-1　字、语素、词、复合词和短语的比较表

	单位类别	具有固定的语音形式	具有确定的意义内容	可以独立运用	不可以拆分(最小单位)
字	文字单位	+	+或－[1]	+或－[2]	+
语素	语法单位	+或－[3]	+	+或－[4]	+
词	词汇单位、语法单位	+	+	+	+(尤其是单纯词)
复合词	词汇单位、语法单位	+	+	+	+或－[5]
短语	语法单位	+	+[6]	+	－

符号说明:"＋"表示具有此特点,"－"表示不具有此特点。

注释:1. "＋或－"表示大多数汉字能单独表示意义,少数汉字不单独表示意义。

2. "＋或－"表示大多数汉字能独立运用,少数汉字不能独立运用。

3. "＋或－"表示大多数语素具有固定的语音形式,只有极个别的语素没有固定的语音形式,如"-儿"。

4. "＋或－"表示大多数语素能独立运用,是自由语素,如"人"、"马"、"他"、"说"、"高"、"很"、"和";少数语素不能独立运用,是不自由的粘着语素,如"习"、"展"、"第-"、"-子"、"-儿"、"-头"、"-们"。

5. "＋或－"表示大多数复合词不可以拆分,少数复合词可以拆分,可以作有限扩展,如"提高"可以扩展成"提得高"或"提不高"。严格说来,可以拆分的就不是复合词。因为既然词不能拆分,那么作为其下属小类的复合词当然也不能拆分。

6. 短语也具有意义,但与词不同,短语的意义具有组合性,是由其组成
   成分置叠而成的。词的意义一般不具有组合性,其意义是凝固的、浑
   然一体的。

从这个表中可以看到,虽然在中文信息处理中,我们经常要处理的
是一个个汉字,但是字(汉字)是文字单位,在讨论词的定义及判定时
基本上没有什么关系。

从这个表中还可以看到,字、语素、词、复合词和短语之间几乎没有
一个特征能够完全把它们区分开来。不过如果抛开一些特殊情形的
话,还是能够把它们区分开来的。它们的共同点是都具有固定的语音
形式,语素、词、复合词都具有确定的意义内容,大部分的字也具有确定
的意义内容,但是短语则不同,虽然短语也具有意义内容,但是短语的
意义是由组成短语的词的意义临时组合起来的。短语跟字、语素、词和
复合词都不一样的是其不具有不可以拆分的特点,它不是一个最小的
语法单位。

语素、词、复合词和短语的差别还表现在单位的性质上,语素和词
(包括复合词)是备用单位,即静态单位,而短语则是运用单位(使用单
位),即动态单位。也有人认为词(包括复合词)既是备用单位,又是运
用单位。

词从其结构与组成上,一般可以分为单纯词和合成词。单纯词由
一个(自由)语素组成,合成词则由一个以上的语素组成。合成词往往
又分为派生词和复合词。派生词是由一个词根加上一个词缀派生而成
的;而复合词则由词根相互复合而成。从音节上说,词可以分为单音词
和复音词。单纯词大多数是单音词,也有复音词(主要是联绵词和音
译外来词),而合成词都是复音词[①]。

根据现有论著的一般讨论,语素、词和短语的联系与区别可以简明
地归纳为下面的表格。

---

① 带后缀"-儿"的派生词可算是例外,如"花儿",只有一个音节(在普通话中如
  此,有的方言中还是读两个音节)。

表 2-2　语素、词和短语的比较表

类别　　　　项目			可以拆分	语音停顿	意义凝固	独立运用	组成成分	单位性质	例　子
语素			−	+	+	+或−*1		语法单位	人、民、们
词	单纯词	单音词	−	+	+	+	一个自由语素	词汇单位、语法单位	人、大、看
		复音词	−	+	+	+	一个自由语素	词汇单位、语法单位	玫瑰、沙发
	合成词	派生词		+	+	+	词根、词缀	词汇单位、语法单位	桌子、老虎
		复合词	−或+*2	+	+	+	两个以上的词根	词汇单位、语法单位	语言、左右
短语			+	−	−	+	两个以上的词	语法单位	伟大的祖国

符号说明:"+"表示具有此特点,"−"表示不具有此特点。

注释: 1. "+或−"表示大多数语素能独立运用,是自由语素,如"人"、"大"、"高";少数语素不能独立运用,是不自由的粘着语素,如"民"、"咨"、"询"、"第-"、"-子"、"-儿"、"-头"、"-们",其中"第-"、"-子"、"-儿"、"-头"、"-们"等是词缀(前缀或后缀),其余是词根。

　　2. "−或+"表示大多数复合词不可以拆分;少数复合词可以拆分,可以作有限扩展,如"提高"可以扩展成"提得高"或"提不高"。

　　此外,所谓"独立运用"只是就一般情况而言,其实,不论语素、词还是短语、句子都有自由与粘着之分①。

---

① 参见范开泰、张亚军《现代汉语语法分析》。

24

　　从上述比较表可以看出,词与语素和短语都是有差别的:语素是最小的语法单位;词是由语素组成的,组成词的可以是一个语素,也可以是多个语素;短语是由词组成的,至少包含两个词。问题在于复合词。由于汉语无词形变化,所以一个自由语素(同时也是一个词,如"人")既可以看作是构词的单位——语素,也可以看作是构成短语的单位——词。这样,当两个自由语素(同时也是两个单纯词)组合在一起时,有的是词,如"人家",有的是短语,如"看书"。甚至相同的两个语素组合在一起,有时被看作词,有时被看作短语,如"吃醋",当表示"喝醋"义时,是动宾短语,表示"产生嫉妒情绪"义时,是动宾式复合词。再如,"同一个'吃饭',如果吃的是米饭,吃饭是短语;如果吃的是馒头或者面条,吃饭是'进餐'的意思,那就是一个词。"[①] 所以词典里一般只解释作为词的"吃醋"与"吃饭",不解释作为短语的"吃醋"与"吃饭"[②]。不过像"吃醋"与"吃饭"这样的语言单位,不论是作为复合词,还是作为短语来理解它们的意义,在实际运用当中,它们都是可以拆开来使用的,即在句法结构上它们都具有组合性,遵循句法规律。在这里,结构的组合性与意义的组合性是分离的。或者说,意义的凝固性与结构的凝固性是分离的。

　　要判定一个语言片断是不是一个词,从理论上来说,既要把它与比词小的单位(语素)区别开来,也要把它与比词大的单位(主要是短语)区别开来。但从中文信息处理研究实践来看,主要是后者,即主要是如何判定一个多语素的语言片断是复合词,还是短语。如果是复合词,应该把它们收到基本切词词表中,并标注相应的词性及其他相关信息,如果是短语,则不能收到基本切词词表中。所以在加工词表时,必须把复合词和短语区别开来。但是,根据已有的对复合词中的研究[③],无论是

---

① 见《吕叔湘文集·第二卷》496 页。

② 2002 年出版的《现代汉语词典》里收了"吃醋"与"吃饭",分别解释为"产生嫉妒情绪(多指在男女关系上)"和"泛指生活或生存:靠打猎～(以打猎为生)",连"进餐"义都没有进入该词典。而《应用汉语词典》则列了"吃饭"的三个义项:① 吃米饭,② 进食,③ 维持生活,并且注的词性都是动词。其实"① 吃米饭"义现在一般是看作动词短语,而不是动词。

③ 见黄月圆《复合词研究》。

从语音上,还是从语义和句法上,都无法彻底地把复合词与短语区别开来①。其原因何在呢?

其中一个主要原因就是:有很多复合词本身就是从短语演变而来的。Givón(1971)说:"今天的词法曾是昨天的句法。"② 这样一来,有的语言单位,由于还处在短语向复合词的演变过程中,因而兼有复合词和短语二者的部分特征,成为一种亦词亦语而又非词非语的过渡性语言单位。如,前面提到的"吃饭",就是一例。所以有人认为,在复合词和短语之间是一个连续统(continuum)③,两头是复合词和短语,中间有离合词、习用语(包括成语、惯用语)等。

典型的词同时具有意义的凝固性与结构的凝固性这两个特征,而典型的短语也同时具有意义的组合性与结构的组合性这两个特征。在这里凝固性与组合性是一对二元对立的特征值,那么从理论上,两个特征各有两个特征值的话,除了组合区分出词和短语这两个语言单位外,还应该能区分出两个语言单位。那么这两个语言单位是什么呢?

表2-3　词与短语的特征对比

	意义内容特征		结构形式特征	
	意义的凝固性	意义的组合性	结构的凝固性	结构的组合性
词	+	−	+	−
X词	−	+	+	−
X短语	+	−	−	+
短语	−	+	−	+

① 据梁源在《二字短语凝固度分级考察》中的研究,"'单用/不单用'标准存在着许多反例。如'白鸽、黑衣、其画、晨雾',其中成分字'鸽、衣、其、晨'都不单用,而'镀膜、签章、国别、荸丸'的成分字都可以单用,但后者比前者在本族人语感中更类似一个凝固整体。'鸡'可单用,'鸭'不单用,但'鸡毛、鸡肉、鸡肝、鸡皮、鸡蛋……'和'鸭毛、鸭肉、鸭肝、鸭皮、鸭蛋……'的凝固度几乎也看不出区别。"
② 转引自沈家煊(1994)。为什么会出现词语的离合形式呢?王海峰在《现代汉语离合词离析动因刍议》一文中"认为语言成分的离析现象并不是偶然的,而是有其一定的动因的。其中词法与句法的相通性是基础,动宾结构的功能特点是内在因素,而言谈交际的促动是使复合词结构'解体'的重要条件。"
③ 见黄月圆《复合词研究》。

　　从这个表中,可以看出,典型的词与典型的短语是对立的。同时也可以看到,"X 词"与"X 短语"也是对立的。词与"X 词"都具有结构的凝固性特征,但是在意义内容特征方面则不同。"X 短语"与短语都具有结构的组合性特征,但是在意义内容特征方面也不同。

　　这种现象过去早已有人注意到了,尤其是"X 短语"这类语言单位,像习用语等就属于这种语言单位。吕叔湘也曾提出过"短语词"的概念来指称这一类语言单位。[①] 但是"X 词"这类语言单位则少有人提到,更少有人研究过。

　　接下来我们着重讨论"X 词"与"X 短语"这两类语言单位。

2.1.2　短语词与词短语

　　针对"X 词"与"X 短语"这两类语言单位,我们曾经提出短语词与词短语这两个概念。其中短语词概念早有人提过,词短语概念据我们手头的资料,是我们于 2004 年在《短语词、词短语及其应用》中首次提出[②]。

　　我们相信,短语词与词短语概念的提出有助于解决汉语中词的定义与判别问题。只有这样才能真正认识汉语所谓的合成词(尤其是复合词)的性质。短语词与词短语这两个概念可以使汉语的词与短语划界问题得到比较好的解决。

　　"X 词"与"X 短语"这两类语言单位,是兼具复合词和短语的部分特征的,有的更像词,有的更像短语,可以分别称之为短语词和词短语。前者是像短语一样的词,具有短语的意义(意义是组合的,可"见字知义")和词的形式(在句法上是一个整体,不能拆开来使用);后者是像词一样的短语,具有词的意义(意义是凝固的,不是组合的,不能"见字知义")和短语的形式(在句法上不是一个整体,能拆开来使用)。换句话说,短语词更多的是传统所谓的语法词——在句法上是作为一个词来使用,因为它们在句法上是一个整体,不能拆开使用,是现代汉语语法研究的对象;而词短语,则更多的是传统所谓的词汇词——在词汇上

---

① 见吕叔湘《吕叔湘文集·第二卷》498 页。

② 更早一些的提出是在笔者 2003 年 6 月的博士后出站报告中。

是作为一个词来理解,因为它们的意义是凝固的,是现代汉语词汇研究的对象。总之,短语词是可"见字知义"的词,词短语则是不能"见字知义"的短语。短语词在句法上具有词的特点——凝固性,语义上具有短语的特点——组合性。词短语在句法上具有短语的特点——组合性,遵循句法规则,语义上具有词的特点——凝固性。(狭义的)短语词和词短语在不产生歧义的时候也可以统称为(广义的)短语词,指称兼具复合词和短语的部分特征的介于(复合)词和短语之间的过渡性语言单位;在可能产生歧义的时候可以用"语词"来表示"广义的短语词",而"短语词"只表示"狭义的短语词"。下面用表格列出复合词、短语、短语词和词短语的异同之处。

表2-4 复合词、短语、短语词和词短语比较表

	复合词	(自由)短语	短语词(〈像〉短语〈一样的〉词)	词短语(〈像〉词〈一样的〉短语)
音节数	≥2	≥2	≥2	≥2
组成成分	语素	词	语素或词	词或语素
内部停顿	–	+	–	+
意义凝固	+(意义不等于成分义与结构义之和)	–(意义等于成分义与结构义之和)	–(意义等于成分义与结构义之和)	+(意义不等于成分义与结构义之和)
见字知义	–	+	+	–
可以拆分	–(不具组合性)	+(具组合性)	–(不具组合性)	+(具组合性)
类推	–(不可类推)	+(可类推)	+(可类推)	–(不可类推)

（续表）

	复合词	（自由）短语	短语词（〈像〉短语〈一样的〉词）	词短语（〈像〉词〈一样的〉短语）
稳固性	＋（稳固性）	－（临时性）	－（临时性）	＋（稳固性）
复现性	＋	－	－	＋
词典收录	＋	－	＋	＋或－*
单位性质	备用单位（词汇单位与语法单位）	运用单位（语法单位）	运用单位（语法单位）	备用单位（词汇单位与语法单位）
遵循规律	遵循词法规律	遵循句法规律	遵循词法规律	遵循句法规律
例子	语言、左右、黑板	白的纸、看书	牛肉、大树	唱红脸、穿小鞋

注释说明：

＊一般词典是不收录词短语的，但有一些专门收录词短语的词典，如歇后语词典、谚语词典等。

从上表可以看出，除音节数外，复合词和短语是严格对立的，但是短语词与词短语和复合词与短语之间却是不完全对立的。所以说，就现有通行的形式和意义并重的标准来说，短语词与词短语是亦词亦语又非词非语。但是，如果是从严格的语义标准（即以语义是否凝固为标准）出发，那么短语词应该是短语，词短语应该是词，这似乎与我们通常的语感不一致。如"牛肉"、"鸡蛋"应该是短语（短语词），而"闯红灯"、"唱红脸"应该是词（词短语）。也正因为如此，我们给出的短语词与词短语概念的命名区分也是遵从传统的侧重于形式的做法的，即短语词具有词的形式（运用时不可拆分），词短语则具有短语的形式（运用时可以拆分）。这样做比较符合目前运用术语的习惯，如目前所说的习用语，是词短语中的一类。

2.1.3 短语词和词短语的分类

从以上讨论可知,语词处于复合词和短语的过渡地带,而且其数量很多,种类也很多。对于这些语词,在构造切词词表时应该区别不同情况做出不同的处理。下面列举短语词和词短语两大类中几种主要的小类。

一、短语词,从其功能上说,主要有短语名词、短语动词和短语形容词三个小类。

1. 短语名词。从其组成看,主要有由"名词 + 名词"和"形容词 + 名词"组成的两类,都是定中结构,例如:

名词 + 名词　　　　　牛肉、兔子肉、鸡蛋、鸭蛋、牛肉面
形容词 + 名词　　　　白纸、大树、老实人、聪明人

2. 短语动词。从其组成看,主要有由"动词 + 形容词"、"动词 + 介词"和"形容词(副词) + 动词"组成的三类,分别是动补和状中结构,例如:

动词 + 形容词　　　　抓紧、说清、握严实、说清楚
动词 + 介词　　　　　走向、坐在、摆放在、捆绑到
形容词 + 动词　　　　快跑、快走、认真学习、仔细研究

3. 短语形容词。从其组成看,主要是由"副词 + 形容词"组成的状中结构,例如:

副词 + 形容词　　　　很好、很高兴、十分快乐、非常活跃

对于这样的短语词,我们认为不应该收到切词词表中,而应该通过构词规则来解决。如果从实用角度来考虑,并且为照顾本族人的语感,也可以遵从双音原则——两个音节的组合切词时不切开,看作一个切词单位,四个音节的组合切词时一般切开成两个双音组合;至于三个音节的组合,则根据短语词的不同功能类别做不同的处理:如果是短语名词(如"老实人"、"兔子肉"),作为一个切词单位;如果是短语动词或短语形容词(如"握严实"、"说清楚"、"很高兴"),作为两个切词单位。

二、词短语,主要是由"动词 + 名词"组成的动词短语,一般称为离合词和惯用语。如:

动词＋名词　　　　　　　　　洗澡、聊天、唱红脸、炒鱿鱼

1. 离合词

离合词从其名称来看,指的是一个词有时可以离析开来使用。所以作为一个离合词,应该具有两个特征:一是它是词,在形式和意义上都是一个整体;二是它有时可以离析。从词的定义来看,这两个特征是互相矛盾的,不可能同时具备。因为词是不能离析的,能够离析的单位就不是词。根据前面的讨论,如果是词,在形式和意义上都是一个整体,又可以离析,那么这应该是词短语。此时只在意义上是一个整体,在形式上是可以离析的。只不过运用起来它有时是合在一起的,有时又是分开的。

2. 惯用语

惯用语在意义上是一个整体,具有词的特点,不能分开来解释;在句法形式上,它具有短语的特点,可以拆开使用。惯用语,顾名思义就是习惯用语,不能按照字面意思来理解的短语,有时也不符合常规的搭配方式,如"闯红灯"、"喝西北风"等。

对于离合词和惯用语这样的词短语,词表应该尽量收录,因为它们不能类推,不能用构词规则来解决。在切词实践中,为照顾本族人的语感,可以遵从双音原则:双音节的组合——多半是离合词,如"洗澡"、"聊天"——切词时不切开,作为一个切词单位(如果它们分开了,那无疑是要切开的);三个或三个以上音节的组合(多半是惯用语,如"唱红脸"、"炒鱿鱼"、"坐冷板凳"),全部切成两个切词单位。也就是说,在词表中应该对这类词短语标注上结构化信息,既给出它们总的语法功能标记(词性),也给出它们组成成分的语法功能标记(词性)。

本节通过对短语词和词短语这两个概念的论述,希望有助于解决中文信息处理中词的判别问题。通过对短语词和词短语的分析,在构造切词词表时,就有了更为实用的、可具体操作的判别标准。至于短语词和词短语的详细的分类与比较分析以及具体的操作过程与原则方法还有待进一步的研究。

2.2　结构化词表及其构造

2.2.1　切词词表的研究现状

2.2.1.1　关于词表结构与组成

董振东曾在《汉语分词研究漫谈》中从一个"分词系统的积极的、潜在的用户"(需求)角度提出一个"基本词典"(词表)应该包括五类基本词(都是有选择的):(1)单音字和单音词;(2)单纯词(多音节)和经过挑选的音译外来语;(3)国名全称;(4)四字成语;(5)标点符号和阿拉伯数字。作为词典,"基本词典"还应该包括"它们的尽可能详尽的语法、语义信息。这是一本封闭型的、静态的词典。利用它完成'切分'的任务,即识别上列的各种词语单位和标点。其结果应该能达到,也必须力求达到100%的正确率(若发现会造成歧义的词条,则剔除之)"。在基本词典之外,还有"另一本包含双音和多音词语的,以及其相关的语法、语义信息的词典。这是一本开放型的、动态的词典"。

这两种词典董先生称之为"规定型词典"。此外他还提出了另一种词典,称之为"参考型词典":

> "参考型词典"最大特点有三:第一,它不是切分的主要依据;第二,其词(语)条目的选取非常灵活,完全不必虑及条目是否是一个词,例如"使用户"这样的短语,也可以被列为一个条目;第三,由于选取自由这一特点,它的词条数目可以而且也应该比"规定型"的多得多。在"参考型词典"中每一词条的信息都必须包含"合法搭配信息",例如:"使/用户"。

董先生认为"现有的分词系统所采用的词典有两大特点:第一,多数只是一个词表;第二,多数只有一个词表,而不是多种类型的几部词典。以具有这两大特点的词表为依据的分词系统,既体现了系统的运行过程,也反映了人们对于分词的基本观念。这种基本观念的主要点就是:建立一本像英语词典那样的词典,然后依据它把词语断出来,所得到的结果将跟英语的书面语文本基本一样。但是多年来的实践证明,问题并不简单。其中关键性的部分在于词典。"

董先生还说:

> 我们认为"规定型词典"的词条是必须而且也是可能加以严格控制的,而"参考型词典"的词(语)条则无须严加控制。这两种为信息处理用的词典,不应该简单地照搬一般的通用词典。另外,专业术语词典中的绝大部分词条和出现频率很高的专有名词都将被列入"参考型词典"。它们不是切分的依据,而是检查合法性的依据。

在文章最后,董先生的结论是"1. 做分词系统,一定要为某种系统的目的着想;2. 由于服务的对象不同,可能会有不同类型的分词系统",即认为不同的系统可能会有不同的词表。

袁毓林在《关于分词规范和规范词表的若干意见》一文中提出"规范词表应该建立等级":

> 一个通用的兼顾人机的规范词表应该设立等级类别,以便既可以各取所需,又可以互相折算和对应。比如,一级词汇是那些没有争议的词,二级词汇是那些游移于词和词组之间的字串,它们通常由一些能产性强的格式或结合面宽的语素构成。例如:
>
> 好吃　好弄　公开化　地下化　游戏机　抽油烟机
>
> 三级词汇是那些在现代汉语中并不通用的文言词,他们通常出现在固定的文体或结构中。例如:
>
> 讯("新华社某月某日讯")
>
> 客("这样的事他也客而不做")
>
> 四级词汇是那些从语言学上看肯定是词组,但同现概率和出现频率极高的字串。例如:
>
> 一个　这种　那些　不同　为什么　百分之百
>
> 为了信息处理的方便,也可以把它们当作是一个分词单位。
>
> 如果有了类似的分级词表,那么不同的用户可以根据需要来规定把哪几级词汇作为分词单位。这也许是达到共享和复用电子词典和语料库等资源的一种现实的措施。

进明在《有关汉语分词的几点意见》中认为在现代汉语切词词表里,"词的确定可以只从工程角度来考虑。语言学原则,除了'词必须是一个有意义的单位'这一条必须遵守外,其余的都可以本着为我所用的原则来加以考虑。"词表可以包括以下几类:

33

1. 其意义无法由组成成分按句法规则直接推出的字串,都作为一个分词单位。如"白菜"、"好吃"、"十三点"、"不管三七二十一"。

2. 凡成语都作为一个分词单位。

3. 使用频率高或共现率高的字串,虽不一定符合语法组合规则,可作为一个分词单位。如"不再"、"早已"、"暂不"、"毫不"、"并没有"、"越来越"等。这样做,也不会违反"词必须是一个有意义的单位"的语言学原则。

除上面所说的外,我觉得,还可以确立这样一些原则:

1. 所有重叠式(包括语素重叠式、词的完全重叠式、词的不完全重叠式、词组重叠式),都作为一个分词单位。如"爸爸"、"人人"、"村村"、"个个"、"一个一个"、"看看"、"讨论讨论"、"来来去去"、"蹦蹦跳跳"、"好好"、"红红"、"干干净净"、"白花花"、"黑不溜湫"、"雪白雪白"等。

2. 汉人的姓名,包括带姓的称呼,都作为分词单位。如"李四光"、"陈毅"、"欧阳文安"和"王教授"、"王伯伯"、"王大娘"、"王老师"、"王师傅"、"老王"、"小王"、"王老"等。

3. 地理上的专有名词(包括国名、海洋名、地名、街名等)都作为分词单位。如"中华人民共和国"、"中国"、"上海"、"上海市"、"海淀区"、"海淀"、"王府井大街"、"四川北路"等。像"上海市政府",切分为"上海市/政府"也可以,切分为"上海/市政府"也可以。"上海市政府"属于多切分结构。

4. 其他所有专有名词都作为分词单位。如"'七七'事变"、"激光打印机"、"北京语言文化大学"等。

5. 简称,中间没有标点符号的,作为一个分词单位,如"北大"、"北师大"、"中小学"、"上下课"、"经贸部"、"国家教委"等;中间有标点符号的,则进行切分,如"中、小学"和"上、下课"等。

6. 书刊报纸杂志名,作为一个分词单位。如"《狂人日记》"、"《人民日报》"、"《语言教学与研究》"等。

此外,是否还可以考虑建立这样一条辅助原则:"就大不就小"。举例来说,"吝",从语言学的角度看,它在现代汉语中只能构成"吝啬"、"吝惜"这两个词,此外存在着文言遗留的说法,如"不吝……"、"吝于……"、"吝而不给"、"吝而不做"、"吝而不教"等。根据"就大不就小"的原则,"吝啬"、"吝惜"、"不吝"、"吝于"、"吝而不给"、"吝而不做"、"吝而不教"都可以列入"中文信息处理用的现代汉语词表"里,即都可以把它们看作是"信息工程词",而不必像黄居仁等先生那样把"吝而不做"里的"吝"另作处理。再如,现代汉语里有这样一些结构:"v+成+……"(如:描写成一个魔鬼)、"v+在+……"(如:安放在灵枢里)、"v+到+……"(如:分散到全国各地)等。根据"就大不就小"的原则,不妨可以把这些结构里的"v 成"、"v 在"、"v 到"都处理为词。当然,如果把"就大不就小"作为分词的一条原则,词表里词的数量会很大,但对计算机来说不会造成麻烦,而将有助于计算机识别、理解汉语。

2.2.1.2　词表构造原则

关于词表的构造原则,只有林杏光、苗传江在《"规范 + 词表"与"经验 + 统计"》中讨论过。他们提出"研制《信息处理用现代汉语规范词表》的两个原则,即'规范 + 词表'与'经验 + 统计'。前者是指解决汉语分词问题,除了要有统一的'规范'外,还必须有一个相应的实例化的'规范词表'。后者是指制订词表,应该采取把语言工作者的经验和基于语料库的统计数据相结合的方法。"

2.2.1.3　关于词表的操作依据

孙宏林在《浅谈汉语分词的标准》中认为:

从区分词和短语的角度看,主要只能依据句法标准和语义标准,二者之中又应当以句法标准为主。句法标准中单用标准优先于扩展标准。音节标准可以作为句法标准和语义标准之外的一个补充标准。使用频度不能作为区分词和短语的标准,但可以作为电子词典收录短语的实用标准。因此可以给出以下的优先顺序:

单用标准 ＞ 扩展标准 ＞ 语义标准 ＞ 音节标准 ＞ 频度标准

分词标准只是分词的基本原则。在明确了这些原则和方法之后,更重要的工作是利用这些方法制定出一套可操作性强的分词规范作为制定词表和具体分词工作的依据。现有的分词规范离这个目标相差甚远。要制定出一部理想的面向真实文本的分词规范,必须要调查大量的语言事实。应该从分析语言事实的过程中归纳出分词规范,而不能靠演绎的办法。

2.2.1.4　词表的作用

孙宏林在《浅谈汉语分词的标准》中认为:

分词是汉语信息处理中的一项基础工程。解决汉语分词问题,意义重大,但困难重重,所以"分词问题已成为当前中文信息处理的瓶颈"。在分词的诸多问题中,最重要的问题是:分词的标准是什么? 要让计算机做自动分词,首先必须要有一个分词词表,而制定这样一个词表又需要一个分词规范。要制定分词规范,就需要有判断词与非词的标准。同时,对计算机分词结果的评价,也需要有一个判断是非的标准。所以黄昌宁先生正确地指出,在汉语分词问题中,"首先必须就汉语的分词标准取得共识"。

2.2.1.5　总的问题

总的来说,现有的词表研究认为,汉语切词词表存在如下几个问题:

(1)对"词"的认识不清

不论是普通大众,还是专业人士对于"词"都没有一个明确的概念,对于具体的切词也无一致的标准与结果。

对此,袁毓林在《关于分词规范和规范词表的若干意见》中提到切词困难的两种类型:一种是判断上的困难,对于结构类型相同、结构项的语法属性相同的字串,哪些是词、哪些不是,不易断定。例如:

<blockquote>鸡蛋~野鸡蛋　猪肉~病猪肉　排球赛~沙滩排球赛</blockquote>

一种是表示上的困难,能正确判断哪些字串是词、哪些不是,但不易揭示这种判断背后的知识。也就是说,不容易找到和说出判断的标准。

(2)要求不同

不同的人、不同的系统有不同的要求。

董振东在《汉语分词研究漫谈》中说过,"由于服务的对象不同,可能会有不同类型的分词系统",也就是认为不同的切词系统可能会有不同的词表。

就拿现在常用的机器翻译与信息检索来说,机器翻译一般是希望切词单位越大越好,便于翻译,而信息检索则希望切词单位越小越好,便于查全,但如果是希望查得准确的话,则要求切词单位越大越好。比如检索"计算语言学",希望查全,最好切成"计算／语言学",而希望查得准确的话,则最好切成"计算语言学"。

(3)现行切词规范存在问题

现行切词规范存在着很多问题。

宋柔在《关于分词规范的探讨》中列举了现行分词规范(国标)中的一些问题:

1. 以词类作为规范分词单位的基础。词类系统本身尚无公认标准,如何将词入类也尚无规范可循。如，许多人认为副词是封闭的类，但有人指出某些词如"全速"、"稳步"、"大力"等能用做状语且只能用做状语，应归入副词，这样一来副词就不封闭了。

2. 动词的重叠形式。规范要求把 AAB 形式的动词切成 AA/B，有时并不合理。如"散散/步"、"开开/心"，切开后语义上无法解释。

3. 语缀。职务名称"教育局长"，语义上理解为"教育局之长"，但按照规范只能切成"教育/局长"，不但不合语义，且同动宾结构词组相混。①

4. 缩略词语。缩略词语如"中葡关系"、"巴以会谈"、"穆克两族"、"陇海线"、"京九铁路"、"科工贸集团"、"老少边穷地区"等切分原则不清楚。

5. 专名。国名不切分，一般机构名要切分，这有可能造成两难困境，因为国家有合法性等问题。

(4) 没有规范词表

至今没有一个公认的规范词表。

尽管《信息处理用现代汉语规范词表》的研制早已立项，但是其最终成果迟迟未见公布。这也正反映出《信息处理用现代汉语规范词表》研制的难度之大。要想让大家接受一个颇多争议的词表的确不易。

没有一个规范的词表作为参照，要研制出一个好的实用词表也就很难。

(5) 对词表问题认识不清

对词表问题(包括切词规范问题)认识不清，对一些概念的理解不一致。

如对"一致性"的理解就是这样。孙茂松在《谈谈汉语分词语料库的一致性问题》中提出语料库关于分词的一致性大致包含两方面的内容：

一致性 1：在保持语义同一性的前提下，一个结构体在语料库中的分合是否始终一致(例如："猪肉"是否始终保持一个整体，或者始终分开)；

一致性 2：与某个结构体具有相同结构类型的其他一切结构体在语料库中的分合是否与该结构体始终一致(例如："牛肉"与"猪肉"的结构类型完全相同，"牛肉"是否跟随了"猪肉"的分合状态)。

而有人却认为"一致性"是指登录词内部以及登录词与未登录词之间的

---

① 笔者注：其实应该理解为"教育局局长"的省略，不过问题仍然存在。

一致性。即登录词内部相互之间是否具有一致性,然后是登录词与未登录词
之间是否具有一致性。

2.2.2 结构化词表的标注

接下来讨论结构化词表的标注,谈谈我们对于汉语切词词表建设
问题的一些看法与对策。

2.2.2.1 结构化词表及相关论述

语料库加工受制于很多因素,包括加工技术、加工规范、加工资源
(如词性信息、词频信息)、加工理论(包括语言学理论,主要是语法理
论,也包括语料库语言学理论),其中很重要的一个因素应该是语言学
理论。比如词表与规范的制定就是与语言理论紧密相关的问题。这里
主要谈谈词表与规范如何同语言理论相关,受其影响,进而影响到多种
统计数据(如词频、词性转移概率等)。

这里先简单介绍一下与结构化词表相关的一些论述,详细的讨论
会在后面逐步展开。

结构化词表的理论来源:汉语内涵逻辑理论,或者说汉语计算语义
理论。汉语计算语义理论借鉴了弗雷格的叠置原理,将叠置原理运用
到词表的制定当中就产生了结构化词表的思路。

结构化词表的可行性:运用叠置原理,经过从词法到句法的研究,
我们已经初步构造出了一个 8 万多的结构化词表。目前还在进行词表
的优化工作。

结构化词表的必要性与作用:可以提供更多的汉语语言信息,除了
普通的切词与词性标注信息外,还可以提供构词法方面的信息;可以加
工出包含有不同颗粒度信息的语料;可以适应不同应用的不同需求;也
能更好地满足各方面研究的需要(尤其是既能满足汉语语言学的需
要,又能满足计算语言学的需要)。

结构化词表的意义:理论上,为汉语"词"的认定找到了一种新的
方法(两种认定方式——定义与调用/使用);实践上,为汉语信息处理
中词表的建设找到了一种行之有效的方法——把词表进行分层次处
理,由小到大,从少到多,可以减少工作量,提高工作效率。即先确定原
子词表,再根据原子词表并遵循叠置原理来确定一级叠合词(即短语

词,前面已经讨论了这个术语)表,再根据原子词表和一级叠合词表并遵循叠置原理来确定二级叠合词表,以此类推确定三级、四级叠合词表。

　　词表与规范结合以及词表与词性标注结合的必要性:只有把它们结合在一起,才具有可操作性,否则,光有或说光考虑切词词表(词表中的词没有标注词性),进一步的词性标注就可能出现问题,比如从高频原则来看,有一些根本不成结构的字串可能成为高频"词",如"岁时"、"来说"、"之即",以下例子也很能说明问题:(直截)了当/(解决/交给)了当(时/年/地)、(有)了悟(性)、了无(音信)/(解决)了无(数)、(工)人日(报)/(等)人日(前)、(果)断行(动)/(垄)断行(业)。这些例子都是来自于一个主要依靠字串频率统计得来的词表。

　　语义在制定结构化词表的过程中起着重要作用。在判定一个词是不是原子词时,我们所依赖的就是语义标准。如"白菜"与"白纸",前者是原子词,后者是叠合词,因为前者的意义是一个不可拆分的整体,后者的意义可以由其组成成分"白"和"纸"的意义叠置而成。

　　下面我们引用汉语内涵逻辑理论创始人陆汝占教授关于词的两种认定方式的论述,以更清楚地显示结构化词表的作用。

　　　什么是"词"的问题,陆志韦、霍凯特、赵元任、吕叔湘进行了几乎是穷尽的讨论,胡明扬先生的《说"词语"》,给出了通俗实用的论述。王洪君先生论述周详,有新意。如果说中国人认定"字"或者说"语素"是一种"天然"单位,客观上有形态标志,可确认分辨的单位,那么相比之下,"词"就可以说是"人为"单位,是意义上的"理解"单位,不仅是非常实用需要,而且也确实是客观存在的一种语言单位。显然不能以为它是一个外来的概念而不予理睬。尽管眼下有的回避"词"的说法,而采用"中文信息处理切分单位"的说法,但是本文还是想对"词"的说法作点协调。汉语中"词"与印欧语中的"词"在概念上的差异,前者是"隐"的,后者是"显"的。这个差异也反映了中外思想文化及其历史发展的不同。类似的情况是具有一千五百年历史的中国数论研究,起先一直没有"质数"这个概念,但照样有求最大公因子的算法,与欧氏的转辗相除法一样,而且比后者还早。但是今天的中国数论,要是还没有"质数"这个概念,那是不可设想的了。所以,问题不在于是否承认"词"的存在,而在于"理解"单位有宽与严的差异,判定规则是从分还是从合不一。

　　　将上述意见再引申一下来陈述什么叫"词"的认定。既然到今天还找不到"词"的形式定义,我们不妨划分"词"的认定方式。有两种认定方式,一是

　　"定义认定方式",指由汉语词汇学家,词典编纂专家所认同的"语素"以及严格分词规范定义下的"词"、词自由组合的"短语"。这一类是"定义认定方式"下的"语素"、"词"、"短语",可能还有古汉语专家更细的"从分"原则,不管是以后什么时候考证之后蹦出一个例来,只要分得合理,都可采纳,总的分歧不会因此扩大。这种严格意义下的构造定义,适用于词汇专家的研究工作,也有利于探讨汉语词源。另一个认定方式是"调用认定方式",或者称"使用认定方式"。在具体的例句中,一个词语比"语素"大,比"短语"小,意义上指称具体的实体或者抽象的概念。作为"短语"内的一个有效成分,"调用认定方式"下认定的"词"也就是理解意义时的单位。例如,"中华人民共和国",在实际例句中出现,按"调用认定方式"认定是"词",指称我们国家。同理,在真实文本的例句会出现"人民共和国"、"共和国",也认定为词。因为他们指称实体,同时又作为短语中的一个有效成分。但是按"定义认定方式","中华人民共和国"就可以不认定为一个"词",它是由"中华"、"人民"、"共和国"合成的。再分的话,它们又是由"字"、"语素"合成的。简单地可认为词有两类认定,一是"定义词";另一是"调用词"。这两者区别了一个词语的组成属性在"定义"和"出现"上的区别。

　　上述认定方式的实用意义在于设计分词规范和词表时都可以平行地设计成两套。一套从分从严,适用于语言学及词汇学研究;另一套从合从宽,适用于计算语言学,尤其是检索、分类、摘要,特别方便有效。例如,"中华人民共和国外交部新闻司发言人",明明是一个合成词,但是在"调用认定方式"下,完全可以认定是一个"词",它是一个职务名称,指称发布新闻的那个人,具体是谁,不同时间、场合下,也不一样。短语语法分析中,它是一个名词。

　　为什么规范和词表都要两套呢,或者说既要保留从分原则又要保留从合原则呢? 这是面向不同用途所致。因为在短语语法分析时要依赖句法特征和语义特征,短语类分隔颗粒要大,语义特征又要依赖于短语成分小颗粒的语义特征的组合,所以要细分。短语句法特征和语义特征在树的上下节点之间有继承关系,设计成两套规范和词表,不仅理论解释可以缓解矛盾,在技术实现上也有可取长处。第一套细切的要求容易实现,只要保证切分结果中没有碎片。第二套的粗切,事实上是第一套的切分结果上再加工,合成更大颗粒的词语。这一步单纯靠概率统计是很难做好的,因为追求再大规模的大词表的同时,会出现稀疏矩阵及更多的歧义。其实这一步很大程度上是属于短语语法分析的内容。

　　词与短语之间的划分标准不外乎形态标准、语音韵律标准、语法功能标准、语义标准。其中语义标准还没有引起足够的关注。常常说的"两个字以上的组合能'见字明义'的不收入词表"、"整体意义是不是等于组成部分意义的总和"的判别标准,都是指语义标准,问题在于"明"、"总和"是指什么操作规则。在手工制定时,仁者见仁,智者见智,即使标注已登录的词、短语时也难确定,更何况大量的未登录词语,它们的句法范畴以及语义解释要靠机器来判别、标注,显然缺乏具体操作规则和理论。其实上述"总和"这个判定标准,就是计算语义理论中的"组合原理",或者称"叠置原理":"复合成分的意义是成分意义的组合"。前一个"复合"是指句法上的规则,后一个"组合"是语义上的规则,这两者必须保持一一同构对应。凡是符合这个原则的就是复合结构——"短语",否则就是转指义、特指义,只能作为"词"。这些句法规则和相应的语义规则就是短语语法标注的句法特征及内涵逻辑语义特征的运算规则。(陆汝占等,2001)

2.2.2.2　词表构造原则

词表构造原则,我们认为最重要的有两条,即叠置原则和高频原则。

(1) 叠置原则:即符合弗雷格原理的语言单位不是词(原子词),而是短语(如收入词表,则为叠合词)。此为意义原则,是定性原则。

弗雷格原理(Frege's Principle),有人又称为弗雷格叠置原理、弗雷格组合原理。弗雷格原理说的是:一个复合表达式的意义就是它的各部分意义的一个函项。对于外延性语言可以说,一个复合表达式的外延就是它的各部分外延的一个函项。[①] 其核心就是认为复合表达式的意义只能由其组成部分的意义复合而成,所以语言研究的关键在于找出意义复合的方式,也就是所谓函数(即函项)式。换句话说,弗雷格原理说的是:一个复合成分的意义等于它的成分意义的组合("组合"也有人说成"复合")。

比如说,一个复合成分如一个自由短语"伟大祖国"的意义就等于它的两个成分"伟大"与"祖国"的意义的组合。这里的组合不是指两个成分"伟大"与"祖国"意义的简单相加,而是指两个成分"伟大"与"祖国"的意义再加上"伟大祖国"的结构意义。即｜伟大祖国｜=｜伟大｜·｜祖国｜,这里加上竖线"｜｜"表示这个语言单位的意义;实心圆点"·"表示"伟大"与"祖国"二者意义的复合,在这个例子里,它表示"伟大"是"祖国"修饰语(定语),表示的是这个短语的结构意义。可以用公式表示如下:

---

① 见朱水林(1992)《逻辑语义学研究》104 页。

C ＝ A ＋ B |C| ＝ |A| · |B|

左边表示的是句法的组合,右边表示的是意义的组合。其中 A、B 可以是语素,也可以是词或短语等,C 可以是短语词,也可以是短语或句子。"＋"表示句法上的组合运算,"·"是语义上的组合运算。相对来说,句法上的组合运算比较容易,而语义上的组合运算则比较难以明确给出。

(2) 高频原则(兼顾高通用度):词表中收录的只能是高频的词语。此为实用原则,是定量原则。

当然,频率多少才算是高频,这是一个很值得专门研究的问题,在此之前,大概只能根据词表规模的大小来人为决定频率多少才算是高频。不过,一般说来,可以按照频率从高到低排列词,当其累计频率到 80% 或者 90% 以上的时候,这些词就是高频词。在考虑高频时,也应该兼顾到高通用度,可以综合考虑频率与通用度,选取频率与通用度都高的词收录到切词词表中。

2.2.2.3　词表制作准则

词表制作,除了要遵循上述两个原则外,还应该遵照若干准则。这些准则包括:层次性准则、穷举性准则、系统性准则、完备性准则、区别性准则、尽量小准则等。

(1) 层次性准则:就是词表的结构是有层次的,叠合词是由原子词构成的,而在叠合词中,又根据其组成的不同分为一级叠合词、二级叠合词、三级叠合词等,其中一级叠合词只由原子词构成,二级叠合词只由原子词和一级叠合词或者一级叠合词和一级叠合词构成,即二级叠合词的组成成分至少有一个是一级叠合词,三级叠合词的组成成分至少有一个是二级叠合词,另一个组成成分可以是原子词、一级叠合词或者二级叠合词,如此等等。此为结构形式方面的操作准则。

(2) 穷举性准则:就是对于封闭词类必须全部收录。汉语中大部分虚词词类及小部分实词词类属于封闭词类,如连词、介词、助词、叹词、代词、系动词、能愿动词、趋向动词、方位名词等。

(3) 系统性准则:词表应该具有系统性。这主要是为了保证词表内部的一致性。这就要求:某些小类的词全部收录,如月份、星期、干支、洲名、(海)洋名、国名、省市名及简称等;某些相关的词全部收录,如收录了"外公",也要收录"外婆"。

（4）完备性准则:要能覆盖全部真实文本。这就要求词表应该收录所有的汉字和标点符号,甚至拼音字母等真实文本中可能出现的各类符号。

（5）区别性准则:区分为不同结构与词性的词必须有足够的区别性特征,而且这种区分是必要的,即有用的。也就是说,如果能够不区分就不作区分,而看作是相同的。如某些兼类词,也许是人为的兼类,如一些名量、副形、形区的兼类,如"床"(名量)、"好"(形副)、"自动"(形区)等。

（6）尽量小准则:即能列举的不作为规则,能作为规则的不再列举,或只保留个别高频词,其余的由切词规范来解决。在切词规范中,对于不能穷举的用规则来明确语言单位的分合界线,如构词法中的词缀问题、助词附加问题(如"看过"、"说着")。

2.2.2.4　词表的结构与分类

现有普通词表一般不分类,大多只包含词性、义项与频率等基本信息,如下表:

表 2-5　普通词表的结构

序　号	词	拼音	义　项	频　率	词　性
1	人	ren2			n
101	学	xue2	1		v
102	学	xue2	2		k
1001	物理	wu4li3			n
20001	物理学	wu4li3xue2			n
30001	物理学家	wu4li3xue2jia1			n

我们认为,信息处理用的现代汉语切词词表应该像董振东先生说的,包含丰富的信息,而且对于收到词表中的词需要进行分类,标注上各类信息,尤其是结构信息。下面是我们设想的现代汉语切词词表分类表:

表2-6　现代汉语切词词表分类表

分　类		组　成	例　词
现代汉语切词词表	通用词表 — 原子词(或称核心词)表	单纯词(自由语素)、粘着语素、前后缀	我、人、去、家、学、民、鸭、巧克力、玫瑰、葡萄、阿-、老-、-家、-学、-者、-儿、-子、-们
		合成词(不符合叠置原理)	科学、主义、语言、物理
	叠合词(符合叠置原理)表	一级叠合词(由原子词构成)	葡萄＋糖、科学＋家、物理＋学
		二级叠合词(由原子词和一级叠合词构成)	物理学＋家(但"物理学家们"不收入词表,"人们"可作为特例收入一级叠合词表)
		三级叠合词(至少包含一个二级叠合词)	非＋马克思主义者
	专名词表	人名、地名、机构名等	
	领域词表	各学科术语	

现代汉语切词词表由通用词表和专名词表、领域词表组成。通用词表包括原子词表(或称核心词表)和叠合词表。关于通用词表的构造问题我们后面还将详细讨论。

下面是我们提出的现代汉语切词词表(通用词表)结构示例:

表2-7　现代汉语切词词表(通用词表)结构

序号	词	拼　音	义项	频率	词性	扩展	成分1	成分1词性	成分2	成分2词性	成分3	成分3词性
1	人	ren2			n	0						
101	学	xue2	1		v	0						
102	学	xue2	2		k	0						
1001	物理	wu4li3			n	0						
20001	物理学	wu4li3xue2			n	1	物理	n	学	k		
30001	物理学家	wu4li3xue2jia1			n	2	物理学	n	家	k		

说明:"扩展"一列指扩展数,记录该词是否属于叠合词、属于哪级叠合词(原子词〈用 0 表示〉或一级叠合词〈用 1 表示〉、二级叠合词〈用 2 表示〉),"成分 1"一列记录该词的第一个组成成分(原子词该列值为空),"成分 1 词性"一列记录该词的第一个组成成分的词性,余类推。由于词表的结构可以递归调用,因而一般只须用"成分 1"和"成分 2"两列就可以记录一个词的组成成分。如"物理学家"只须分成"物理学"和"家"就可以,对"物理学"的进一步切分可以调用"物理学"一词的信息,这样就可以把"物理学家"切分成"[[物理/n 学/k]n 家/k]n"。个别不易二分的叠合词,就只好三分,这样"成分 3"一列就会用得着,如可以把"说不清"切分成"[说/v 不/d 清/a]v"。

当然这个示例词表并非词表的最后结构,还有一些与讨论无关的信息这里并没有全部列出。

2.2.2.5 通用词表的收词范围

上一节已经说过,现代汉语切词词表出通用词表和专名词表、领域词表组成。其中通用词表包括原子词表(或称核心词表)和叠合词表。本小节讨论通用词表的收词范围问题。

(一)原子词表的收词范围

在讨论之前先说明一下:所有收录到词表中的语言单位通称为"切词单位"[①],在不引起歧义的时候仍称为"词",其相应的语法功能属性则称为"词性",它们的类别则仍称为"词类"。

(1) 所有的单字

为保证词表的完备性,所有的单字都应该收入词表。由于汉字数量的庞大,也可以考虑分级收录,对于普通的通用词表,可以只收录 GB2312 中的 6763 个汉字,不过现在大部分系统都已经支持 GB13000,所以应该收录 GB13000 中的 20902 个汉字。为了方便处理,应该把收到词表中的汉字进行分类标注,比如将其级别分别标注为 0、

---

① "切词单位",这是中文信息处理中的一个术语,有人称为"分词单位",也有人称为"切分单位",我们认为用"切词单位"没有歧义,表义又准确、显豁,比用"分词单位"、"切分单位"要好。"切词单位"这个名称既可以避免用"分词单位"可能带来的歧义,又可以避免用"切分单位"可能带来的不明确性。类似地,我们把汉语中词语的切分称为"切词",而不是"分词",以避免歧义。

1、2、3 等。

一、像"我"、"人"、"手"、"牛"、"说"、"大"、"不"、"没"、"很"、"在"、"和"、"啊"、"的"等标为 0，为自由语素，也是完全可以独立使用的词。

另外有一些单音节的音译词，尤其是一些音译量词也可以归入这一类。如"克"、"米"、"瓦"、"安"、"伏"等，常见的大多为一些物理学单位。

二、像"校"、"院"、"所"、"国"、"处"、"局"、"发"（理发）、"摄"、"讯"等标为 1，为半自由语素，是不完全可以独立使用的词，只在特定的情形下才可以作为词来使用。

如在"我校"、"校领导"中的"校"可以看作是一个词——名词，在"本报讯"中的"讯"可以看作是一个词——动词。但"爱民如子"中的"民"、"子"不看作词，只把"爱民如子"整个作为一个成语收到原子词表中①。

三、像"民"、"言"、"伟"、"宏"等标为 2，为完全不可以独立使用的粘着语素。考虑到中文信息处理的需要，也必须把它们收到原子词表中。它们必须与其他语素组合在一起，才能成为一个词，如"人民"、"语言"、"伟大"、"宏观"等。但它们都是语素，因为它们本身具有一定的意义（语素义）。

此外，词缀（类词缀）也可以看作是定位的粘着语素。不过汉语中几乎没有一个纯粹的词缀（只作词缀的语素）。从理论上来说，凡是含有词缀的语言单位都应该看作原子词，至少单音语素或双音语素（词干）加单音词缀构成的语言单位应该看作原子词，尤其是单音语素（词干）加单音词缀构成的语言单位。但是鉴于词缀的能产性（极大的开放性）以及汉语研究的专门需要（比如专门研究汉语中的词缀构词），从实用的角度出发，我们把含有词缀的词都看作是可分开的叠合词而收到叠合词表中（尽管分开后有的词干并不能独立运用，甚至在我们的词表中也没有收录，如"掘土机"、"推土机"）。②

四、像"玟"、"蜻"、"蜓"、"蜘"等标为 3，为完全不可以独立使

---

① 为什么把成语收入原子词表中，后面还有论述。

② 关于这个问题后面还会有更详细的讨论。

用的非语素字。至于有些是言语使用中出现的非语素字,如"莎翁"、"克氏"中的"莎"、"克"也可以看作是简称,标注为 j。它们很难作为语言单位收到词表中,对于个别很常用的可以考虑把它们收到词表中。

（2）多音节语素

联绵词

联绵词中的每一个汉字都不能单独表示意义,必须合在一起才能表示一个完整的意义,如"蜻蜓"、"蜘蛛"、"窈窕"、"参差"、"吩咐"、"忸怩"、"玲珑"、"忐忑"、"仿佛"、"含糊"、"蹊跷"、"踌躇"、"踟蹰"等,它们合在一起后才能作为自由语素处理,标注为 0。

不过随着语言的发展,也有一些联绵词中的某一个汉字（往往是后一个汉字,也有是前一个汉字的）开始有了一些独立表示意义的用法,如"蜘蛛"中的"蛛"可以作为语素构成"蛛网"这样的词,"玻璃"中的"玻"可以作为语素构成"玻化石"这样的词(类似于"钢化玻璃"的构词方式)。对于像"蛛"和"玻"这样的汉字可以作为完全不可以独立使用的粘着语素来处理,像上一小节的"民"、"言"、"伟"、"宏"等一样标为 2。

音译词

音译词,大多是多音节的,也有少数是单音节的。单音节的如"克"、"米"、"瓦"、"安"、"伏"。如果是多音节的,如"坦克"、"沙发"、"巴士"、"咖啡"、"克隆"、"瓦特"、"安培"、"伏特"、"巧克力"、"可口可乐"等,它们合在一起后才能作为自由语素处理,标注为 0。

在加工词表的过程中,我们发现,不少多音节音译词,如"瓦特"、"安培"、"伏特"等,出现了相应的单音节音译词"瓦"、"安"、"伏"（可以认为是由多音节音译词缩略而来）,由此可见汉语中的音译词有单音化趋势。

音译词除了有单音化趋势以及伴随而来的语素化(单音化的同时即伴随着语素化)趋势之外,还有双音化以及意译化的趋势。

比如,由音译词"的士"衍生出了"打的"、"面的"、"轿的"、"拐的"、"摩的"、"的哥"、"的姐",音译词"巴士"衍生出了"大巴"、"中巴"等。

再比如,最初的"酒吧"、"啤酒"、"卡车"、"吉普车"、"摩托车"等,都是采用"音译 + 义类"或者"义类 + 音译"的方式来翻译的。其中的音译部分,本来是没有构词能力也不表示意义的,现在呢,或者成了能自由构词的粘着语素,如由"吧"可以构成"网吧"、"音乐吧"、"咖啡吧"、"陶吧"、"吧台"、"吧女"等,由"啤"可以构成"干啤"、"扎啤"、"冰啤"、"青啤(青岛啤酒)"等;或者成了完全自由的语素,即可以不需要借助"义类"而独立使用,如"摩托车"可以直接说成"摩托"、"吉普车"可以直接说成"吉普"等等。

"音译 + 义类"这样的翻译方式,由于其符合汉语中"专名 + 通名"这样的汉语专名(也有部分普通名词)构成方式,近年来大有发展的趋势。如过去只说"意大利",现在可以说"意国"(主要在书面上使用,大概是因为口语中很容易与"异国"相混吧),过去说"德克萨斯州",现在可以说"德州",过去说"呼和浩特(市)"、"乌鲁木齐(市)",现在经常说成"呼市"、"乌市"。当然这些可以看成是简称。不过随着全球化的加剧,中国的开放也带来了汉语词汇的大量增加,尤其是外来词,纯粹的音译词由于其表意性差,而"音译 + 义类"这样的翻译方式能够兼顾到汉语的构词特点,又是早就运用了的翻译方式[①],我们相信今后这种翻译方式会越来越多地得到运用。而随着这些词语使用频率的增加,其中义类的省略也就促成了原来不表义的音译成分(尤其是单音的音译成分)的语素化。

(3)熟语

熟语,包括成语、惯用语、谚语、歇后语等,这些称为语的东西(其中有一部分属于我们所说的词短语),按理不应该收入原子词表,但是由于它们意义上是一个整体,因而我们认为还是把它们收到原子词表中比较好。成语如"千军万马"、"千头万绪"、"呼风唤雨"、"一衣带水",惯用语如"开小灶"、"摆架子"、"背黑锅"、"泼冷水"、"吃亏",谚语如"兔子不吃窝边草"、"人心不足蛇吞象"、"姜是老的辣",歇后语如"老鼠过街,人人喊打"、"狗咬吕洞宾,不识好人心"。

除了通常所说的这些熟语外,也可以考虑把常用的表示连接的词

---

① 像"美国"、"法国"、"德国"等这样的国名也是从"美利坚(合众国)"、"法兰西"、"德意志"等变来的。

语(往往是所谓插入语)也归入熟语的范围,如"总而言之"、"换句话说"、"综上所述"、"总的说来"。

(4) 缩略语

缩略语,也称为简称,它们是由已有的词语缩略而来的。所有的缩略语都应该收入原子词表。如"沧桑(沧海桑田)"、"管窥蠡测(管中窥豹,以蠡测海)"、"北大(北京大学)"等。由于缩略语很复杂,也可以考虑把缩略语分为可以分析的与不能分析的两大类,前者如"三个代表"(可以分析成"三//个/代表"),后者如"沧桑",分别收录在叠合词表与原子词表中。

(5) 专名

专名,包括人名、地名、机构名等,所有不含通名的专名都应该收入原子词表,但是由于专名的量非常大,所以不可能把所有专名都收入原子词表,这里只能按照频率从高到低的顺序根据词表的容量来确定收到词表中的专名的数量。

就人名而言,先要把人名区分为姓与名,然后把姓与名分别收到原子词表中。

就地名而言,则只收录地名中的专名部分到原子词表,不包括通名,如只收录"北京"、"上海"、"云南"、"成都"、"徐汇"等,而不把"北京市"、"上海市"、"云南省"、"成都市"、"徐汇区"等收到原子词表。

就机构名而言,也只收录机构名中的专名部分到原子词表,不包括通名,如只收录"联想"、"方正"、"昂立"、"海尔"等。

(6) 拟声词、感叹词

拟声词、感叹词,如"唉呀"、"吧嗒"、"哗啦"、"哎哟"、"扑通"、"喂"等。这类词应该尽量全部收录。

(7) 转义词、喻义词

转义词指的是那些表示转指意义的词,如"司机"、"司令"、"管家"等动宾式复合词,由表示动作转指表示动作者,指发出动作的人。

喻义词指的是那些表示比喻意义的词,如"包袱"、"龙头"等。

(8) 联合式双音复合词

联合式双音复合词,是由两个相同、相近、相反、相关意义的语素构成的,如"语言"、"开关"、"大小"、"尺寸"、"长短"、"饥饿"、"悲哀"、"制造"、"造访"、"造就"等。

(9)"动词+名词"构成的支配式动词

"动词+名词"构成的支配式动词,如"注意"、"动员"、"留心"、"留神"等,它们一般还能再带宾语,所以它们不是动宾短语(因为动宾短语除了少数双宾动词构成的动宾短语可以带宾语外,都不能再带宾语)。

(10)"动词+名词"构成的偏正式名词

"动词+名词"构成的偏正式名词,如"来信"、"煎饼"、"炒蛋"。这类复合词也可看成是由动宾短语转化而成的复合词。事实上,它们大多数现在也仍然可以充当动宾短语。也就是说,它们有时是词,有时是语。收到原子词表中的是词,而作为短语时则应该收到叠合词表中,这也就是说,像"来信"、"煎饼"、"炒蛋"这类"动词+名词"构成的偏正式名词是一个歧义结构:或者是偏正式名词,或者是动宾式叠合词(或称为动宾短语)。

(二)叠合词表的收词范围

(1)"动词/形容词+动词/形容词"构成的偏正式或补充式动词

如"打倒"、"打破"、"打碎"、"倒挂"、"提高"、"狂笑"、"微笑"这类由"动词/形容词+动词/形容词"构成的偏正式或补充式动词,这类词大多是结合比较紧密的。但是也有一些比较松散的,如"大吵"、"大笑"、"打成"、"打掉"、"打好"、"做大"、"做强"、"做实"、"做好"等等。它们的语义基本上是其成分意义的组合(语素义或称词义+结构义,结构义即现在很多人所称的构式意义)。

(2)含有"得"、"不"的补充式动词

如"说不清"、"了不得"、"看不起"、"买得起"、"做得起"、"花得起"、"用得起"这类含有"得"、"不"(有人称这两个为中缀)的补充式动词(其中包括不含"得"、"不"就不成词的单位),这类词几乎是开放的,其中除了极个别的语义已经完成凝固以外(如"了不起",可以收录到原子词表中),大多数的语义还是能够由其成分意义组合而成。这类词在汉语语法学界还未引起足够的重视,我们认为应该把它们尽量收录到叠合词表中,并且对它们展开句法语义语用的研究。

（3）"专名＋通名"构成的偏正式专名或普通名词

如"上海市"、"苹果树"、"玫瑰花"这类由"专名＋通名"构成的偏正式专名或普通名词,由于它们的意义是由专名的意义加上通名的意义组成的,所以是符合叠置原理的叠合词。

（4）"形容词/名词＋名词"构成的偏正式名词

如"牛肉"、"苹果叶"、"大树"、"绿叶"、"薄纸"这类由"形容词/名词＋名词"构成的偏正式名词,它们是我们前面讨论过的短语词中的一种。它们具有短语的意义(意义上符合叠置原理)和词的形式(使用时是一个整体)。

这类词,也有人称之为语法词,就是说,它们在语法上是可以看作一个词的。

（5）"动词＋名词"构成的支配式动词

如"吃饭"、"看书"、"写字"、"读书"这类由"动词＋名词"构成的支配式动词,语法学家大多把它们看作是动宾短语。"动词"和"名词"中间可以根据内容需要随意插入其他成分。不过,虽然它们中间可以插入其他成分,但是它们直接同现的频率也很高,所以可以把它们收到叠合词表中。它们一般不能再带宾语。这一点区别于如"注意"、"动员"、"留心"、"留神"等由"动词＋名词"构成的支配式原子动词,支配式原子动词一般还能再带宾语。

（6）"副词＋动词/形容词"构成的偏正式动词或偏正式形容词

如"不能"、"大笑"、"大喊"、"很好"这类由"副词＋动词/形容词"构成的偏正式动词或偏正式形容词,一般称之为状中短语,或者说偏正式动词短语或偏正式形容词短语。其中有许多是经常在一起出现的,而且大多数母语使用者都认为它们是一个词,尽管在意义上它们完全符合叠置原理,具有自由组合的特点。

2.2.2.6 通用词表的加工标注

2.2.2.6.1 词表标注说明及例子表

词表首先分为两大类,一类是原子词表,全部标0,一类是叠合词,全部标1。然后对这两大类再进行细分,具体的结构类型标注说明如下:

表 2-8 通用词表结构化标注代码表

代 码	结构类型代码说明	例 子
01	并列关系(含 AABB 重叠)	毛发、口齿、零零碎碎
011	含类前、后缀(倾向于不分的前、后缀)	馆员、馆方、馆长、广式、碱性
012	偏正关系(定中、状中,含"专名+类名"式名词)	国债、分会、风力、微笑、松树
0112	AAB 式重叠	呱呱叫、惶惶然、团团转、窝窝头
0122	ABB 式重叠	绿油油、空荡荡、乱纷纷、静悄悄
013	补充关系	记错、提高、说明、夸大、难倒
014	动宾关系	剪报、反光、惊人、佩刀、竣工
027	主谓关系	心善、眼熟、头痛、天黑、位移
05	数+X/X+数	二房东、星期一、九头鸟、三部曲
00	不能分析为上列情况的原子词(包括单音词、简称、习用语)	上、新西兰、赣、浑然一体
11	含前、后缀(倾向于分的前、后缀)	棍子、覆盖率、副食品、发明家
12	偏正关系(定中、状中,含"专名+类名"式名词)	教育方针、国际新闻、很晚、计算机系
13	补充关系	排好、弄懂、爬上、考中、考虑到
14	动宾关系	缺水、省钱、耍脾气、抬轿子
15	方位+X/X+方位	后侧、里屋、脸上、婚前、耳旁
16	姓+名	邓丽君、蔡和森、陈云、白居易

（表中左侧分区：原子词 对应 01~00 行；叠合词 对应 11~16 行）

根据这个表中所给出的具体规定,我们先后进行了 3 次标注,最后的标注结果的统计数据及分析参见第 4 章"基于语料库的汉语字词统计与分析"第 4.2 节"结构化词表的统计与分析"。

2.2.2.6.2　词表加工的问题

在加工词表的过程中,我们碰到了很多具体的问题,下面是主要的一些。

问题一:词缀还是名词

有些汉字,究竟是看作词缀(后缀)还是看作名词或者说名语素,这在很多时候会成为问题。

一般来说,后缀的构词能力强,所以如果构词能力不强,就不应该作为词缀来处理。但是,究竟如何量化构词能力的强弱,这还是一个问题。另外,汉语中的这些词缀,都不是纯粹的词缀,还有非词缀的用法,如"莲子"与"帘子"中的"子"就不同,前者是个名语素,而后者是词缀;又如"变化"与"同化"中的"化"也不同,前者是个动语素,而后者是词缀;再如"公式"与"复式"中的"式"也不同,前者是个名语素,而后者是词缀;再如"娘家"与"科学家"中的"家"也不同,前者是个名语素,而后者是词缀。

有的即使都看作词缀,相互之间也还有差别,如"驱逐机"、"歼击机"("机"表示"飞机"义)与"照相机"、"挖掘机"("机"表示"机器"义),"装甲师"、"步兵师"("师"是军队中的一级单位)与"建筑师"、"设计师"("师"表示擅长某种技术或在某个领域里有特殊技能的人)。

而"勤务员"与"勤务兵"代表另一种情况:不同的词缀/语素,却有着相同或相似的结构。

这就是说,有的词缀是同一个词形,表示的意思不一样,是看作一个词缀,还是两个词缀? 如前面提到的"-机"在"驱逐机"与"照相机"中不同,前者似乎可以看作是"飞机"的省略,而后者是普通"机器"的省略;还有"装甲师"、"步兵师"与"建筑师"、"设计师"中的"-师"也是同样的情况。有时表义相同或相近的词或语素,却可能作不同的处理。如"勤务员"与"勤务兵"中的"-员"与"-兵",前者的构词数远多于后者,如果按构词数来划分词缀或普通语素,那么它们势必作不同的处理。

下面是 22 个常用词缀及其构词数(不包括不作为词缀时的构词数)表:

表 2-9　22 个词缀及其构词数

词　缀	构词数	词　缀	构词数	词　缀	构词数	词　缀	构词数
子	395	学	118	式	51	剂	29
性	361	家	115	界	49	工	28
者	357	员	114	感	48	师	25
头	180	器	94	业	47	长	26
化	152	率	66	型	34		
机	126	制	57	论	33		

从上表中可以看出,词缀与词缀之间的构词数相差还是很大的。选取一个什么样的数值作为划分词缀或普通语素的标准,这只是人为的规定,很难说出什么道理。我们倾向于选择一个较小的数值,比如(在前缀或后缀位置上)能构词 10 个以上的就作为词缀处理。

与此相关的一个问题是,构词的直接成分不是现成的合成语素("合成语素"在这里是指语素组合后并未成为一个词的语言单位);而是由现成的单音(最小)语素有层次但却是一次性直接构成词(与前面提到的层次性准则有些冲突)。之所以这么说,是因为构词成分不是现成的备用单位,而是由多个备用单位直接构成的。如"起搏器"、"助推器"、"助听器"等,其中"起搏"、"助推"不是一个词或语素,而"助听"可以看作是一个词。如果以构词成分是不是词来确定一个组合字串是词还是短语,那么它们将作不同的处理。类似的例子还有:"乡下佬"与"乡巴佬"、"洗衣机"与"洗碗机"、"向钱看"与"向前看"等。

乡下佬、乡巴佬:"乡下"可看作是一个词,但"乡巴"肯定不能。

洗衣机、洗碗机:"洗衣"和"洗碗"好像都不能看作一个词,而应该看作是一个短语。

向钱看、向前看:"向前"可看作是一个词,但"向钱"肯定不能。[1]

由此可以看出,有的复合词其直接成分不是一个构词成分[2]。这就为我们标注词的结构信息带来问题,它们是原子词还是叠合词? 它们的意义显然是符合叠置原理的,所以肯定不是原子词。如果说是叠合词,那么又是几级叠合词? 一级叠合词还是二级叠合词,这是一个问题。

问题二:兼类问题

对于中文信息处理而言,词的兼类现象多于一般的汉语研究中的兼类现象。因为在汉语研究中兼类仅指"同"一个词兼属于不止一个词类,如"和"兼连词和介词。而在中文信息处理中,由于面对的一般是文本,所以是以词形来确定一个单位是不是"同"一个词,所以汉语研究中的一些同形词也是中文信息处理中的兼类词,如"花钱"的"花"与"鲜花"的"花"也要作为兼类词来处理。此外由于词表的增大,也可能导致一些新的兼类现象,比如"出租汽车"如果收入词表,可以只标注为名词,而把动词(动宾)短语"出租汽车"与名词"出租汽车"看作是一个组合歧义;也可以把"出租汽车"既标注为名词,也标注为动词(或动词短语),这样就产生了新的兼类。"出租车"、"烤红薯"、"来信"、"煎饼"等也是这样的情况。

下面先讨论由于词的组成成分兼类而引起的兼类现象。

成分兼类引起词的兼类

先看下面这些兼类的例子。

帮上	n/v	帮	n/v	上	nd/vd
包上	n/v	包	n/v	上	nd/vd
包下	n/v	包	n/v	下	nd/vd
包中	n/v	包	n/v	中	nd/v
报上	n/v	报	n/v	上	nd/vd
背上	n/v	背	n/v	上	nd/vd

---

[1]　这两个语言单位(向钱看、向前看)我们相信大多数人会认为这不是一个切词单位,这里举这个例子只是为了说明问题的复杂性。

[2]　有人把构词成分称为语素和合成语素,认为词只能由语素构成。我们不采取这样的说法,而是认为复合词可以由语素或词(包括单纯词和合成词)构成。

顶上	n/v	顶	n/v	上	nd/vd
花上	n/v	花	n/v	上	nd/vd
画上	n/v	画	n/v	上	nd/vd
架上	n/v	架	n/v	上	nd/vd
卷上	n/v	卷	n/v	上	nd/vd
卡上	n/v	卡	n/v	上	nd/vd
扣上	n/v	扣	n/v	上	nd/vd
命中	n/v	命	n/v	中	nd/v
签上	n/v	签	n/v	上	nd/vd
圈上	n/v	圈	n/v	上	nd/vd
省上	n/v	省	n/v	上	nd/vd
锁上	n/v	锁	n/v	上	nd/vd
罩上	n/v	罩	n/v	上	nd/vd

　　这些动名兼类词都是由一个动名兼类词和另一个动名兼类词(主要是方位名词兼动词)组成的。这是一组成系列的兼类词。类似这样的兼类词还有不少,我们建议对它们采取同样的处理办法:把它们以及一些类似结构的词都收入词表,并对词表做如上的结构化处理。这样做的一个好处是可以减少兼类计算的复杂度。因为如果不把它们收入词表,那么"帮上/n/v"这个兼类词就变成了两个兼类词"帮/n/v"与"上/nd/vd",计算兼类情况时就变成了 4 种情况(n + nd、n + vd、v + nd、v + vd),而收入词表,则只有 2 种情况(n + nd = n、v + vd = v)。

　　循着这个思路,对于"出租汽车"、"出租车"、"烤红薯"、"来信"、"煎饼"这样的词,如果不收入词表,这样"出租汽车"就只标注为"出租/v 汽车/n",不会有兼类或者组合歧义了,自然就提高了切分标注的正确率。不过我们还是主张把它们收入叠合词表,并且对它们进行结构化标注,这样把它们作为整体处理时虽然增加了兼类词的处理难度,但是至少能够对这类问题引起重视、进行研究,而且在需要给出较细颗粒时,它们的兼类问题也同样不存在了。

　　下面这种兼类情况也是可以避免的。

认识不同引起的兼类词

　　有的兼类现象是由于认识不同造成的。如"有意"、"无意",由于视角不同,有人认为是副词,有人认为是动词,有人认为是副词与动词兼类。从其组成和来源上看,"有意"、"无意"应该是动词(或说是由"动词+名词"构成的动词短语),如"水火无情人有意"、"说者无心,听者有意"。但从其功能来看,"有意"、"无意"可以是副词,因为在大多数情况下它们是作为修饰动词的状语出现的,或说它后面经常跟有动词性词语,如"他经常有意接近她"、"他无意伤害她,但事实上却深深地伤害了她"。

像这种情况,由于标注副词必然要引起兼类(因为在"水火无情人有意"、"说者无心,听者有意"中不能标副词),所以为了减少兼类,可以只标注动词。在"他经常有意接近她"、"他无意伤害她,但事实上却深深地伤害了她"中的"有意"、"无意"可以标注为动词,因为在汉语中动词作为状语修饰动词的情况也是很常见的。

下面的例子也可以证明上述的处理方法是更为合适的。

"有意者"、"永久性"这两个词按照通常的看法,都是带有后缀的派生词,即它们的结构是"有意/d+者/k"、"永久/d+性/k"。但是就一般而言,副词应该是不能加后缀构词的。这就要求"永久"应该是形容词而不是副词;"有意"应该是动词而不是副词,即它们的结构应该是"有意/v+者/k"、"永久/a+性/k"。

许多形容词与副词的兼类情况跟动词与副词的兼类情况相似,都是由于认识不同引起的兼类现象。上面的"永久"就是一个典型的例子。

不同义项引起的兼类词

有些兼类词是由于义项不同或说是由于不同自由度的义项引起的,如"照/p(您说的办)"是个自由(独立)的介词,而"(生活)照/n"却是个不自由(粘着)的名词(也可以看作是名语素或后缀)。类似的例子还有:"性/n(自由)"和"(人民)性/k"、"(一)片/q(面包)"和"(生活)片/n"、"(一)元/q(钱)"和"(神经)元/n"。

这种现象的存在对于汉语构词的研究具有很大的启发性:正像我们已经指出的那样,在语素构词中位置对于语素的功能具有决定作用,即位置决定功能[1]。如"饭盒"与"盒饭"、"感性"与"性感",同样的语

---

[1]　参见郭曙纶、吴颖《对动词构词规律的探讨》。

素,位置不同,复合出来的词的意义不同,每个语素在不同词中的作用也随其位置不同而不同。对于这个问题我们打算另外撰文进行详细讨论,这里就不作详细论述了。

问题三:切分歧义

切分歧义是个很复杂的问题,这里只讨论最简单的 AB/C 与 A/BC 的切分歧义问题。所谓切分歧义,就是切分成 AB/C 或切分成 A/BC 都可以,都有可能,但是实际上一般只有一种切分是正确的。不过在我们加工词表的过程中发现,有一些词语切分成 AB/C 或切分成 A/BC 虽然都可以,都有可能,但是切分后的结果表达意义的情形是不一样的:有的意义发生了变化,有的没有,有的很难说是否发生了变化。

A 类切分歧义

A 类切分歧义:AB/C(A1 类)或 A/BC(A2 类)都可以,而且意义改变(即影响词义理解)。这种类型中有动词、名词歧义的,也有都是名词的。

A 类切分歧义还可以细分为两种,一种是两种切分都可以,但表示的是不同的词(或语);一种是虽然两种切分都有可能,但实际上只有一种(A1 类或 A2 类)是正确的。前者如"有效率"、"发热量"、"有情人",它们可以分析为动词(短语)"有/v 效率/n"、"发/v 热量/n"、"有/v 情人/n",或者是分析为名词"[有效/v 率/n]n"、"[发热/v 量/n]n"、"[有情/v 人/n]n";后者如"神枪手"、"重工业"、"有钱人",它们只能分析为"[神/a 枪手/n]n"、"[重/a 工业/n]n"、"[有钱/v 人/n]n",而不能分析为"[神枪/n 手/n]n"、"[重工/n 业/n]n"、"有/v 钱人/n"。有的似乎介于二者之间,如"小组长"、"小队长",它们一般理解为"小组/n 长/n"、"小队/n 长/n",但也可理解为"小/a 组长/n"、"小/a 队长/n"。它们非常类似于后面的 B 类切分歧义。

"有效率"、"发热量"、"有情人",它们可以分析为动词(短语)"有/v 效率/n"、"发/v 热量/n"、"有/v 情人/n",或者是分析为名词"[有效/v 率/n]n"、"[发热/v 量/n]n"、"[有情/v 人/n]n"。这两种不同的分析是两种不同的理解,尽管这两种不同的理解在实际语料中不是同样的常见(可能一个比另一个更常见),但是作为一种现象却是同样常见的。

B 类切分歧义

B 类切分歧义:AB/C(B1 类)或 A/BC(B2 类)都可以,而且意义基本不变(即不影响词义理解)。这种类型都是一些名词。

这些词其层次切分处于两可的情况。这其中有的是由于缩略的原因。比如"眼睫毛"、"眼角膜"也常说成"睫毛"、"角膜",但是"眼睫"、"眼角"也是词。所以"眼睫毛"、"眼角膜"的层次切分就既可以是"眼睫/毛"、"眼角/膜",也可以是"眼/睫毛"、"眼/角膜"。类似的例子还有"医学院"、"医学会"、"眼珠子"、"眼皮子"、"水电厂"、"热电厂"、"火电厂"、"核电厂"、"黄土坡"、"主考官"、"主干线"、"主干网"、"主干道"、"手指头"、"手指尖"、"手指甲"、"手掌心"、"中译本"、"中医院"、"中医药"、"中医学"、"中医师"、"中医科"、"中药店"、"中药材"、"屋门口"等。

由于 B 类切分歧义的存在,我们认为更有必要把它们收到叠合词表中,在自动切分标注时首先把它们处理为一个切词单位。这样也可以减少一些切分歧义,对于一般的校对员来说也更容易把握,而不会让校对员经常面对这类两可的情形而无所适从,或者出现有的切分成 B1 类而有的切分成 B2 类这样不一致的情况。

问题四:离合词

离合词的情况复杂,这里分为两类来讨论:一类是动补式,一类是动宾式。

动补式

动补式离合词可能有人并不认为是离合词,但是我们从其中可以插入别的成分(主要是"得"和"不")这个角度还是把它们(尤其是双音节的)看作是离合词。动补式离合词又分为动趋式与动结式两类。

动趋式由"动词 + 趋向动词"组成,如"爱上"、"安上"、"按下"、"熬出"、"拔出"、"冲出"、"冲进"、"留下来"、"说起来"、"停下来"、"站出来"、"站起来"、"拿出去"、"走进来"等。这类词双音节的内部结合得较紧密,中间一般不能插入别的成分,如"爱上他"、"爱上了他"、"爱上他了"、"＊爱他上"、"＊爱了上他",不止两音节的,内部结合得不是很紧密,中间往往可以插入名词宾语或时态助词,如"留他下来"、"留了下来"。

动结式由"动词＋表示结果的动词或形容词"组成,如"扳倒"、"扳动"、"搬走"、"吹灭"、"说完"、"做完"、"安好"、"按错"、"熬好"、"拔光"、"摆满"、"看清"、"写好"、"说好"、"收拾好"、"认识到"、"意识到"、"感觉到"、"感受到"。这类词中往往可以插入"得"或"不",形成新的动结式结构,如:

> 摆不平、保不住、保不准、差不多、撑不住、吃不饱、吃不开、吃不了、吃不上、吃不下、吃不住、吃不准、等不得、抵不上、断不了、赶不上、够不上、够不着、顾不得、顾不了、顾不上、挂不住、过不去、合不来、恨不得、恨不能、划不来、架不住、见不得、看不惯、看不过、看不开、看不起、看不上、靠不住、来不得、离不开、了不得、免不得、免不了、摸不透、摸不准、拿不准、配不上、瞧不上、忍不住、容不得、少不得、少不了、舍不得、使不得、受不了、数不尽、说不得、说不定、说不来、说不上、说不准、谈不拢、谈不上、玩不转、下不来、想不到、想不开、用不着、怨不得

> 保得住、过得硬、拿得起、受得了、说得来、谈得来、想得到、想得开、站得住

这类词在实际切分标注时最好是按音节的多少来处理,二、三音节的作为一个切词单位,收到叠合词表中,如"摆平"、"摆不平",超过三音节的切分开来,不作为一个切词单位,如"留/不/下来"。

在这类含"得"、"不"的词中,有的并没有不含"得"、"不"的所谓原形词,如:

> 拗不过、巴不得、保不定、比不上、差不离、吃不起、吃不消、当不起、等不及、对不起、对不住、犯不上、犯不着、赶不及、怪不得、管不着、来不及、了不起、禁不起、禁不住、经不起、经不住、气不过、瞧不起、惹不起、受不起、输不起、闲不住、信不过、行不通

> 饿得慌、划得来、瞧得起、信得过、行得通

这类词前面我们已经说过,应该收到叠合词表中。

动宾式

动宾式的离合词,大多是三音节(一个单音节的动词＋一个双音节的名词),而且语义上往往具有习语的性质。这类词应该收入叠合词表,但是需要做结构化处理,在自动切分标注中一般应该作为一个动

宾短语看待,切分开来,成为两个切词单位。如:

> 上/轨道、上/馆子、上/电视、开/夜车、开/眼界、开/小灶、开/小差、开/玩
> 笑、开/天窗

问题五:规范化问题

规范化问题,主要是所谓异形词问题,还有个别的是错词的问题。异形词如"阿司匹林"与"阿斯匹林"、"哀声叹气"与"唉声叹气"。错词如"陪不是"(应为"赔不是")、"高梁"(应为"高粱")。对于异形词和错词,我觉得在词表中可以收录,但是必须加上一个明确的标注,表明它们是异形词或者错词。这样碰到实际文本中的错误也能够做出相应的处理,有时甚至可以在切分标注的同时把这些错误改正过来(如果认为有这个必要的话)。

问题六:一些个别问题

"~是"的问题

一般来说,汉语中的系动词不多,其中最常用的只有一个"是"。但是如果把与"是"同现的一些常见搭配也收入词表的话,那么系动词就会增加很多,如下面这些大多可以标注为系动词,当然有的是不知如何标注才好,如"再就是"、"有的是"就不知标注什么词性好。如果分开的话,其词性就比较容易标注了。

> 再就是、有的是、有道是、抑或是、也就是、要不是、为的是、特别是、是不
> 是、岂不是、赔不是、哪怕是、莫不是、可不是、就算是、仅仅是、即使是、即便
> 是、或者是、或许是、还不是、好像是、道不是、倒也是、不只是、不论是、不就
> 是、不过是、不管是、并不是

我们觉得上面的很多词语最好把它们都收到叠合词表中,并标上结构化信息,以便在需要时可以把它们切分开来作为两个切词单位处理。

"~间"的问题

下面这些"~间"是很不相同的,有的是方位名词"间",有的是普通名词"间"或名词的一部分,有的是量词"间"。对于种种不同的"间",从理论上说,应该做不同的处理,但是在实践中对于具体的每个词该如何处理,有时是颇让人为难的。

转眼间、转瞬间、骤然间、眨眼间、衣帽间、一瞬间、一时间、一霎间、一刹间、写字间、洗手间、无意间、卫生间、突然间、亭子间、太平间、瞬息间、倏然间、霎时间、霎那间、刹时间、刹那间、人世间、顷刻间、抢时间、起坐间、猛然间、开房间、酒吧间、互相间、忽然间、耗时间、工作间、电话间

我们觉得面对这些复杂的情况,最好把这些词语尽量收到叠合词表中,并标上结构化信息,以便在需要时把它们切分开来。

"～说"的问题

"说"本是一个很常用的动词,但是下面这些含"说"的组合有不少是插入语性质的,其中的"说"很难看成一个单独的动词,可以把它们都收到叠合词表中。

总的说、这么说、怎么说、再者说、与其说、应该说、应当说、依我说、一般说、毋宁说、所以说、俗话说、实话说、如果说、譬如说、难道说、那么说、没的说、老实说、可以说、就是说、或者说、还用说、很难说、好比说、不用说、不要说、不消说、不是说、不如说、比如说、比方说、按理说

"半"的问题

"半"在汉语中的使用频率非常高,其构词能力也很强。下面是由"半"构词的一些例子。这些例子在结构化时会碰到一些问题。从一方面看,"上/半身"、"下/半身"的切分法比"上半/身"、"下半/身"的切分法好,因为这样可以使得词条减少。但是由于"～半"等多次出现,又使得词条并不会减少(除了"上半～"、"下半～"外,还有"前半～"、"后半～"、"南半～"、"西半～"等)。当然最好的办法或许是把它们都看作是由单音词有层次但却是一次性构成的,即并不先存在"上半"、"下半"或"半身"等,而是由"上"、"半"、"身"等一次性构成的(如,第一层次由"半"、"身"构成"半身",第二层次由"上"、"半身"构成"上半身")。"半"作为一个特殊的数词,是很值得做一些专门的研究的。

上半身、上半夜、上半叶、上半天、上半时、上半年、一小半、一多半、一大半、下半月、下半夜、下半叶、下半天、下半时、下半身、下半旗、下半年、下半截、下半场、西半球、十点半、上半夜、上半叶、上半天、上半时、上半身、上半年、前半夜、前半生、南半球、老半天、后半夜、后半叶、后半生、后半期、好半天、多一半、对半分、东半球、大半夜、大半天、大半生、大半年、大半个、北半

球、半自动、半月形、半月刊、半圆形、半夜里、半文盲、半透明、半瘫痪、半身像、半山腰、半山坡、半路上、半拉子、半空中、半决赛、半官方、半公开、半封建、半吊子、半导体、半成品、半边天、半辈子

"～们儿"与"～儿们"的问题

娘们儿、姐们儿、爷们儿、哥们儿、娘儿们、姐儿们、爷儿们、哥儿们

这些作为特例处理,应该都收入词表。问题是,是否要把可能的情况都收全了,要的话,又怎样才能把它们都收全呢?

"副词 + 名词"的问题

在汉语中,"副词 + 名词"的组合问题由来已久,从 20 世纪 60 年代开始就有人讨论这个问题,至今尚无明确的结论。这里想讨论的主要是程度副词加上一个由单音形容词和单音名词构成的双音名词的组合。如"最低点"、"最低价"、"最高点"、"最高峰"、"最惠国"、"最南端"、"最前列"、"最前线"、"最强音"、"特大型"、"特大号"等。我们认为,"最高峰"等的层次分析应该是"最高/峰",而不是"最/高峰"[①]。由此说明在汉语中,构词与构语有时是遵循同样的规则的,或者说,由此可以说"高峰"等是语而不是词(这也就是说,汉语中构词与构语不是〈也不应是〉遵循同样的规则),这样"高"就可能先受"最"修饰,再一起修饰"峰"。下面这些超过三音节的例子也能说明这个问题:

最低工资、最高人民法院、最高人民检察院、最高统帅、最高学府、最高指示、最后通牒、最惠国待遇

这就是说"最"等副词并不是修饰名词,而是修饰形容词。另一种结构类型的词也可以做这样的解释。如"好听"、"好吃"等一般人都认为是形容词,理由是它们能受副词"很"的修饰。其实,"很好听"、"很好吃"也应该分析为"很好/听"、"很好/吃",而不是分析为"很/好听"、"很/好吃"。这种例子也不少,都是由"好/难 + 动词"组成,如

---

① 最近,邵敬敏在《探索新的理论与方法　重铸中国修辞学的辉煌》中指出"但是在语言生活中,我们发现语义指向不仅仅如此,还可能指向词语里的语素。比如:很新潮、很专业、很激情。实际上'很'指向的是'新'、'专'、'激'这样的构词成分。"这是另一种解释,本书不采用这样的说法。

"好用"、"好看"、"好说"、"难说"、"难看"、"难听"、"难吃"等,其中"好说"、"难说"一般很难被看作是形容词,倒是"好说话"、"难说话"更多的是起形容词的作用,作定语。

2.2.2.6.3 我们初步的建议

我们认为,面对这些问题,遇到冲突时可以采取以下一些措施:

1. 确定原则的优先度,比如以定性原则为优先,或者以定量原则为优先。

2. 对某些问题作一些技术处理。

如采取穷举的办法,解决例外情况。只在词中出现的成分若收入词表,则只标 x(非语素字),或者不收,凡未收入词表的都标为 x 或 wu(未知词)。

对于一些具体问题的处理也受到切词规范的影响。如"族",假如切词规范认为民族名中的专名与通名应该分开标注,那么"族"应该标注为名词 n,如果不分开标注,只整个标注为地名 ns 或其他什么名词,则单独的"族"应该标注为 g(语素)。

3. 有些问题则允许多种结果(如多种切分表义却相同的情况:"法学/会"或"法/学会")。

4. 取消人为兼类,如名量、形副、形区、动副兼类,只标注原来的词性(如"有意/v")或功能多的词性(如标形容词而不标副词:副词只作状语,形容词可作状语、谓语、定语等)或大类(如标普通动词,而不标助动词:"要/v(不标/v/vu)"、"会/v/n(不标/v/vu/n)")。

这主要是根据其句法功能的可包含性来取舍。既然词性是语法功能类,那么可以兼容的功能就不必看作兼类。词类也是有层级的,能标小类的标小类,不能的就标大类。大类与小类的关系应该是一般与特殊的关系还是上下位的关系,这一点在词类中似乎是相混的。小类一般用法特殊而单一(或少),大类往往用法多样而灵活。另外也可以考虑给某些兼类词一个新名称,即确定为新的词类,这样可以提高标注的正确性,减少校对工作量,甚至不必校对。

另外,基于规则与基于统计所用的词表对于词性标注的要求是不一样的,基于规则的应该尽量减少人为兼类,基于统计的则不同,要求词性标注尽量地全,所有兼类尽量给出为好。

第 3 章　汉语语料库建设规范

　　语料库建设规范是语料库建设质量的重要保证。语料库建设质量如何,与语料库建设规范密切相关。

　　本章首先介绍了汉语语料库词类标记规范和切词标注规范的主要内容,然后着重讨论了汉语人名的标注问题,为解决汉语人名标注的基本问题,提出了一个先分后合的结构化标注方法,即先把姓和名分开标注,再用方括号合起来标注。在讨论汉语人名的标注问题中,还讨论了更基本的词、短语和短语词的处理问题。

3.1　汉语语料库加工规范

　　由于语料库加工的工作量很大,为了保证质量,也为了保证通用性,必须事先制定好一个能够被大多数人接受的加工规范,但是加工规范的制定又有赖于语料库的加工实践。两者形成一个循环,必须经过多个回合的研究与实践才能逐步完善。

　　规范标准的研究是国家语言文字应用"十五"科研课题的主要内容。2001 年 5 月 30 日至 31 日,国家语言文字应用研究"十五"科研规划论证会在江苏无锡召开。语言学界和中文信息处理学界的专家学者及部分省市语言文字工作者共 50 余人参加了会议。教育部副部长、国家语委主任袁贵仁在会上所作主题报告的题目就是《以规范标准建设为核心,开创语言文字应用研究新局面》。在这篇 6580 字的主题报告中,"规范"一词出现 60 次,"标准"一词出现 55 次,由此也可以看出规范标准的研究在"十五"科研课题中的份量。袁贵仁在报告中指出,面对当前国家信息化进程加快和社会语言生活日趋活跃、复杂的新情况,语言文字作为交际的基本工具,社会对其规范化、标准化的要求越来高,语言文字工作的基础性地位和作用愈益突出,工作任务和工作内容也具有了更加丰富的时代内涵。因此,加强语言文字应用研究,对语言文字规范标准的制定和语言文字社会应用的规范化工作,尤其对语言文字信息处理技术的发展具有特别重要的意义。

语料库的加工规范包括:切词规范、词性标记规范、句法(短语)标注规范,还有元语言标注规范等。

1992年发布了国家标准《信息处理用现代汉语分词规范》(GB/T13715-92),特别提出了"分词单位"的概念,定义为"汉语信息处理使用的具有确定的语义或语法功能的基本单位",以"结合紧密,使用稳定"的原则作为判断分词单位的标准。

20世纪90年代中期,中国台湾的计算语言学会也提出了一个《资讯处理用中文分词规范》。这个规范有三条基本原则:(1)必须符合语言学理论要求;(2)在资讯处理上确实可行;(3)确保实际文本资料一致性。它把分词规范分成信、达、雅三个不同的层次处理,"信"级是基本资料交换的标准,"达"级是机器翻译、情报检索等自然语言处理的标准,"雅"级则是分词的最好结果。

教育部语言文字应用研究所于2001年提出了《信息处理用现代汉语词类标记集规范》。这个规范吸收了语言学家的研究成果,也兼顾了已有的各个用于语言信息处理的词类系统,制定了标记现代汉语书面语词类的符号集,使各种汉语信息处理应用系统能够尽量使用统一的词类标记,有助于信息交换和资源共享。

北京大学在标注《人民日报》语料库的过程中,先后出过3个版本的切分标注规范,最后一个版本还包括注音规范。

清华大学提出了《汉语句子的句法树标注规范》,主要包括句法标记集的内容描述,句法树的划分规定,歧义结构的处理,结构分析的方向性等问题。上海师范大学根据自己加工语料的需要制定了一个《汉语文本短语结构人工标注规范》,对100万字的1997年《作家文摘》进行人工标注短语(结构和功能)的试验。

笔者在博士后期间参与了国家语料库加工规范的制定与调整,并申请到了教育部语言文字应用"十五"科研重点项目"汉语语料库建设规范"课题(ZDI105-43A)。下面为该课题研究实践中用到的词类标记规范与切词标注规范的主要内容。

3.1.1 词类标记规范

语料库的加工规范中首先需要确定的就是词类标记规范。我们经过广泛调查研究,多次召开专家座谈会,最后确定了词类标记规范。本词类标记规范已经审定通过,并发布成为国家标准。下面是其具体内容[①]。

1 名词(n),表示人和事物的名称或时间、位置,在句中主要充当主语和宾语。如:

> 手 云 树 学生 人类 车辆 气氛 意识 今年 星期一 里头 周围 北京 白垩纪 清早 根据 团结 实验 调查 典型 安全 报告

1.1 普通名词(n),表示人和事物的名称。如:

> 书 导师 阿姨 厨房 木头 温度 作风 哲学 因素 思想 电冰箱 冰棍儿 实验 标准

1.2 时间名词(nt),表示时间。如:

> 春季 月初 国庆 昨天 黄昏 初四 将来 星期二

1.3 方位名词(nd),表示位置的相对方向。如:

> 东 左 外 旁 后方 以东 之上 中间 东北 前边 旁边 北面 左面 外面 前头 外部

1.4 处所名词(nl),表示处所、位置。

> 门前 外地 后院 附近 空中 隔壁

1.5 人名(nh),表示人的名称(姓名)。姓标注为(nhf),名标注为(nhg),姓名合的标注为(nh)。如:

> 张/nhf 仁伟/nhg 欧阳/nhf 修/nhg 金/nhf 日成/nhg 西施/nh 三毛/nh 布什/nh 才旦卓玛/nh 小林多喜二/nh

---

[①] 见 http://www.china-language.gov.cn/jgsz/jss/images/guifan.htm。这是 2003 年的版本,最后公布的国家标准有所修改。

67

1.6 地名(ns),表示地理区域的名称(包括国名、族名等)。

四川 景德镇 北京 亚洲 鸭绿江 地中海 大西洋 美利坚合众国
蒙古族

1.7 机构专名(ni),表示团体、机构、组织的专有名称。

联合国 富士通 海尔

1.8 其他专有名词(nz),对于不能区别属于哪类专名的专有名词,归入此类。如:

华盛顿/nz 中学/n

2 动词(v),表示动作、行为,人或动物的心理活动、生理状态,事件的存现、变化等,在句子中主要充当谓语。如:

吃 打 借 喂 洗 说 爱 是 有 来 开始 游行 同意
喜欢 听见 发动 实验 调查 报告 团结

2.1 普通动词(v),表示动作、行为,人或动物的心理活动、生理状态等。如:

写 踢 哭 饿 保卫 团结 描绘 实验 放假 睡觉 坚持
希望 怀疑 觉得 强迫 争取 告诉 递交 调查

2.2 趋向动词(vd),表示趋向。

出来 过去 回来 起来 上去 下来

2.3 系动词(vl),表示关系的判断。

是 为(wei2) 系(xi4)

2.4 能愿动词(vu),表示可能、意愿。如:

能够 肯 应当 可以 可能 愿意 要 会 应该

3 形容词(a),表示性质、状态,在句中主要充当谓语、定语、状语和补语。如:

好 高 紫 大 勇敢 危险 漂亮 干净 伟大 热情 突然
经常 雪白 殷红 冰凉 绿油油 典型 安全 团结 权威 方便

4 区别词(f),表示事物的区别,只能做定语直接修饰名词。如:

　　雌　母　男　单　负　人工　公共　广大　国产　国营　巨额　军用

5　数词(m),表示数目。如:

　　一　零　百　百万　半　半数　第二　两　千　二百零三　五十
二十几　辛　甲午

6　量词(q),表示事物的单位或动作的量。如:

　　个　条　群　克　把　种　次　趟　小时　千米　人次　架次
千瓦时

7　副词(d),说明动作行为或状态性质等所涉及的范围、时间、程
度、频率以及肯定或否定的情况,在句中主要做状语。如:

　　刚　已经　曾经　早　就　才　正在　将　立刻　老是　总　终于
忽然　都　总共　仅　唯独　单

8　代词(r),起替代和复指作用,在句中替代名词、形容词、动词、
副词等。如:

　　本　此　大家　多少　该　各　何　每　某　哪　其他　如何　什么
谁　他　咱　怎么样　这

9　介词(p),引介名词性成分,不单独充当句子成分。如:

　　把　被　从　在　对于　至于　以　为(wei4)　由于　给　按照
依照　凭　论　连　除了　依据　根据

10　连词(c),连接句子或句子成分,表示被连接的两部分之间所
具有的某种关系。如:

　　并　不单　并且　不但　不仅　不论　不如　除非　但是　而且
反之　非但　否则　和

11　助词(u),帮助表示结构关系、动作时态、比况和语气。如:

　　得　的　等等　地　过　了　所　一样　与否　罢了　而已　吧
啊　啦　吗　嘛　呢　着

12　叹词(e),表示应答呼唤或感叹。如:

　　嗯　唉　哎　啊　哎呀　哼　喂　哦　哟

13 拟声词(o),模拟事物或自然界的声音,在句中充当状语、定语、谓语或补语。如:

砰 当啷 哗啦 唧唧喳喳 滴答 潺潺 霍霍 扑通 轰隆隆
咚咚咚 唧哩咕咚 稀里哗啦

14 习用语(i),是固定结构,包括成语、惯用语。如:

海市蜃楼 井底之蛙 众口难调 通情达理 吃老本 碰钉子 穿小鞋
开后门 总而言之 由此可见 综上所述

15 缩略语(j),是专有名词或常用语的简缩形式。如:

人大 作协 奥运会 离退休 五四 三八 八一 平津 晋察冀
多快好省 五讲四美

16 前接成分(h),即词根前面的附加构词成分。如:

阿 老 副 总 超 反 副/h部长/n 总/h书记/n 总/h公司/n

17 后接成分(k),即词根后面的附加构词成分。如:

儿 化 家 界 论 们 式 头 性 学 业 员
爆破/v手/k 药剂/n师/k 学术/n界/k 人性/n论/k
年轻/a化/k 长期/f性/k 水平/n仪/k 准确/a率/k 日心/n说/k

18 非语素字(x),指汉字字符集中单独使用时不具有意义的汉字,如:

垃 琵 琶 蜘 蛛 葡 踌 躇

19 语素字(g),指汉字字符集中、一般不单独使用又具有意义的汉字,如:

民 习 言 简 语

20 其他(w)(包括标点符号和字符串)

1)标点符号标注为"w",如:

?/w "/w ;/w

2)字符串标注为"ws",如:

100/m℃/ws office/ws 128/m MB/ws

表 3-1　附表:词类及标记代码说明

序　号	标记代码	词类名称	说　明
1	n	名词	noun
2	nt	时间名词	noun – time
3	nd	方位名词	noun – direction
4	nl	处所名词	noun – place
5	nh	人名	noun – human
6	nhf	姓	noun – human – first name
7	nhg	名	noun – human – given name
8	ns	地名	noun – space
9	ni	机构专名	noun – unit
10	nz	其他专名	noun – "专"的声母
11	v	动词	verb
12	vd	趋向动词	verb – direction
13	vl	系动词	verb – link
14	vu	能愿动词	verb – auxiliary
15	a	形容词	adjective
16	f	区别词	difference
17	m	数词	numeral
18	q	量词	quantity
19	d	副词	adverb
20	r	代词	pronoun
21	p	介词	prepositional
22	c	连词	conjunction
23	u	助词	auxiliary
24	e	叹词	exclamation

（续表）

序 号	标记代码	词类名称	说 明
25	o	拟声词	onomatopoeia
26	i	固定结构	unit
27	j	缩略语	"简"的声母
28	h	前接成分	head
29	k	后接成分	从众
30	x	非语素字	从众
31	g	语素字	"根"的声母
32	w	标点符号	从众
33	ws	字符串	标点符号 – string

（按代码的出现顺序排列）

3.1.2 切词标注规范

　　语料库加工中第一步就是自动切词与词性标注,因此切词标注规范也是非常需要的。我们经过广泛调查以及对比分析,多次召开专家座谈会,并且在语料库加工中反复实践,最后研究确定了切词标注规范。按照本切词标注规范,现在已经完成了7000万字的国家语料库的切词标注工作,而且本切词标注规范也是973中文语料库建设加工规范的蓝本。

　　下面是本切词标注规范的具体内容①:

　　1. 名词(n),表示人和事物的名称或时间、位置,在句中主要充当主语和宾语。如:

　　手、云、树、学生、人类、车辆、气氛、意识、今年、星期一、里头、周围、北京、白垩纪、清早、根据、团结、实验、调查、典型、安全、报告

　　1.1　普通名词,表示人和事物的名称。

　　普通名词,如果其内部结构是符合叠置原理的复合结构,则切分开

---

① 规范内容主要系课题组集体讨论的结果。

来,否则一律不切分,标注为名词 n。如:

名词+名词:鱼/n 头/n、花/n 盆/n、肝/n 功能/n、肝脏/n 病/n、算盘/n 脑袋/n、军人/n、军队/n

形容词+名词:新/a 书/n、大/a 官/n、白菜/n、黑板/n、黑社会/n、新/a 人/n

动词+名词:补/v 药/n、参考/v 书/n、出租/v 汽车/n

量词+名词:度数/n、天数/n、个数/n、亩/q 产量/n、年/nt 产值/n

含序号的名词短语:2/m 号/q 国道/n、十一/m 届/q 三中全会/jn

书、报、杂志、文档、报告、协议、合同等的名称:《/w 宁波/ns 日报/n 》/w、《/w 鲁迅/nh 全集/n 》/w、《/w 大众/n 医学/n 》/w、中华/n 读书/v 报/n、[杜/nhf 甫/nhg]nh 诗选/n、[邓/nhf 小平/nhg]nh 文选/n

名词作量词用时仍标注为名词(如是表示度量衡的量词则还是要标注为量词 q),如:

一/m 车/n 煤/n、三/m 桶/n 水/n、做/v 了/u 一/m 桌子/n 菜/n、生/v 了/u 一/m 肚子/n 气/n、这/r 床/n 被子/n、这/r 门/n 亲事/n、一/m 米/q 长/a

名词重叠形式:(1)AA 式一律不切分;(2)AABB 式,如果 AB 是词,则不切分;(3)AABB 式,如果 AB 不是词,但 A、B 分别是名词,则按 AA 式重叠把 AABB 切分为 AA/BB,都是标注为名词 n,如:

人人/n、方方面面/n、家家/n 户户/n

1.2　时间名词(nt),表示时间。

数词与"年、月、日、时、分、秒、世纪、年代、点钟、分钟、秒钟、刻钟"(其中的数词参见数词)等之间切分,分别标注为 m 和 nt,如:

一九九五/m 年/nt 十一/m 月/nt 二十九/m 日/nt 十四/m 时/nt 十五/m 分/nt、二十/m 世纪/nt、三十/m 年代/nt、一/m 点钟/nt、一/m 分钟/nt、三/m 刻钟/nt

一周的七天都不切分,标注为时间名词 nt,如:

星期一/nt、星期二/nt、星期三/nt、星期四/nt、星期五/nt、星期六/nt、星期天/nt、星期日/nt、礼拜一/nt、礼拜二/nt、礼拜三/nt、礼拜四/nt、礼拜五/nt、礼拜六/nt、礼拜天/nt、礼拜日/nt、周一/nt、周二/nt、周三/

nt、周四/nt、周五/nt、周六/nt、周日/nt、周末/nt、双休日/nt

"牛年"、"虎年"等都不切分,合在一起标注为时间名词 nt,如:

鼠年/nt、牛年/nt、虎年/nt、兔年/nt、龙年/nt、蛇年/nt、马年/nt、羊年/nt、猴年/nt、鸡年/nt、狗年/nt、猪年/nt

"甲午年"、"庚子"、"戊戌"等,"甲"、"乙"等与"子"、"午"等之间不切分,标注为 m,但与其他词要切分开,如:

甲子/m 年/nt、甲午/m 战争/n

"年"、"月"+"初"、"末"、"底"等一律切分,"初"、"末"、"底"等标注为名词 n,如:

一九九九/m 年/nt 初/n、三/m 月/nt 末/n、月/nt 底/n

"年"、"月"+"前"、"中"、"后"等一律切分,"前"、"中"、"后"等标注为方位名词 nd,如:

三/m 年/nt 前/nd、三/m 月/nt 后/nd、十二/m 月/nt 中/nd

节日名,除了词表中已经收录的不分外,其他都将节日名与"节"切分,"节"标注为 nt,如:

春节/nt、圣诞/nt 节/nt、国庆/nt 节/nt、复活/v 节/nt、三八/jt 妇女/n 节/nt、"/w 六一/jt "/w 儿童/n 节/nt、服装/n 节/nt、电影/n 节/nt、啤酒/n 节/nt

朝代名与"朝"、"代"都不切开,标注为 nt,如:

唐/nt、唐代/nt、唐朝/nt、三国/nt、两晋/nt、东周/nt、西汉/nt

1.3　方位名词(nd),表示位置的相对方向。

方位名词是名词中的一个小类,可以分为单音节方位名词和双音节方位名词两类,如:

上/nd、下/nd、左/nd、右/nd、前/nd、后/nd、东/nd、南/nd、西/nd、北/nd、上下/nd、左右/nd、前后/nd、东南/nd、西北/nd、上面/nd、下面/nd、左面/nd、右面/nd、前面/nd、后面/nd、东面/nd、南面/nd、西面/nd、北面/nd

"前"、"后"、"上"、"下"、"大前"、"大后"、"头"+"天"或"上"、"下"+"月"、"周"、"星期",一般都切分,分别标注为方位名词 nd 和时间名词 nt,但"大前天"、"前天"、"大后天"、"后天"不切分,如:

上/nd 周/nt、下/nd 星期/nt、前/nd 三/m 天/nt、上/nd 半/m 年/nt、上/nd 个/q 月/nt、大前天/nt、前天/nt、大后天/nt、后天/nt

1.4　处所名词(nl),表示处所、位置。

处所名词,这里是指表示处所的普通名词,不包括地名(专名),如:

近郊/nl、两侧/nl、高处/nl、隔壁/nl、山头/nl、路口/nl、墙脚/nl、门口/nl

1.5　人名(nh),表示人的名称(姓名)。

1.5.1　汉族人名(包括与汉族取名方式相同的人名)

姓与名先切分开,姓标注为 nhf,名标注为 nhg,然后用方括号括起来,标注为 nh,如:

[毛/nhf　泽东/nhg]nh、[司马/nhf　迁/nhg]nh、[金/nhf　大中/nhg]nh

1.5.2　姓或名加称谓

姓或名与称谓切分开,姓标注为 nhf,名标注为 nhg,称谓标注为 n,如:

江/nhf　主席/n、小平/nhg　同志/n、张/nhf　教授/n　[毛/nhf　泽东/nhg]nh　主席/n

1.5.3　对人的简称、尊称

姓与"小、大、老、氏、某、某某"先切分开,然后用方括号括起来,标注为 nh,如:

[陈/nhf　老/n]nh、[小/a　李/nhf]nh、[大/a　刘/nhf]nh、[老/a　刘/nhf]nh、[李/nhf　氏/k]nh、[张/nhf　某/r]nh、[张/nhf　某某/r]nh

1.5.4　带排行的亲属称谓

将"大"、"小"及数字与"哥"、"弟"、"姐"、"妹"、"叔"、"婶"、"爷"、"嫂"等切分开,如:

大/a　哥/n、小/a　弟/n、二/m　姐/n、三/m　爷/n、十三/m　妹/n

1.5.5　笔名,艺名,别名

不切分,一律标注为人名 nh,如:

鲁迅/nh、茅盾/nh、巴金/nh、三毛/nh、琼瑶/nh、白桦/nh

1.5.6　外国人或少数民族的译名(含日本人的姓名)

能区别姓与名的(即带有明显的区别标志,如一个小圆点)与普通汉族人名同样处理(先分别标注姓与名,然后再用方括号合起来),不能区别姓与名的不切分,如:

［乔治/nhg ·/w 布什/nhf］nh、［赛福鼎/nhg ·/w 爱则孜/nhf］nh、高尔基/nh

1.6 地名(ns),表示地理区域的名称(包括国名、族名等)。

1.6.1 国名(包括族名)

全部不切分,全称(包括俗称、通称,如英国、日本等)标注为地名ns,简称标注为处所性缩略语js,如:

中华人民共和国/ns、中华/ns、中国/ns、大不列颠及北爱尔兰联合王国/ns、美利坚合众国/ns、日本国/ns、俄国/ns、美国/ns、英国/ns、意大利/ns、中/js 日/js 关系/n、巴/js 以/js 和谈/n、汉族/ns、蒙古族/ns、哈萨克/ns

1.6.2 "专名+通名"式地名

专名可以单独使用的(并且不改变原意),专名与通名先切分,分别标注为地名ns与普通名词n,然后用方括号括起来,标注为ns;否则,在专名与通名之间不切分,标注为ns,如:

忻县/ns、［北京/ns 市/n］ns、［北京/ns 市/n 朝阳/ns 区/n］ns、台湾海峡/ns、印度洋/ns、黑龙江/ns、中关村/ns、长安街/ns、北京路/ns、朝阳门内南小街/ns、东长安街/ns、南京东路/ns、共和新路/ns

1.7 团体机构名(ni),表示团体、机构、组织的专有名称。

凡是能够切分的,先尽量切分,然后用方括号括起来,标注为ni,如:

［中国/ns 计算机/n 学会/n］ni、［上海/ns 手表/n 厂/n］ni、［上海/ns 图书馆/n］ni、［北京/ns 大学/n］ni、联合国/ni、国务院/ni

1.8 其他专有名词(nz),对于不能区别属于哪类专名(如人名或地名)的专有名词,归入此类。如:

［华盛顿/nz 中学/n］ni、［左权/nz 中学/n］ni

此外标注为其他专有名词nz的还有:

菜名:宫保肉丁/nz、木樨肉/nz、松鼠鳜鱼/nz、红烧肉/nz、鸡蛋汤/nz、芝麻饼/nz、鸡丝面/nz

术语:多弹头导弹/nz、物理化学/nz、航空母舰/nz

商标或品牌:将商标或品牌和"牌"、"型"切开,商标或品牌标注为商标名nz,"牌"、"型"标注为n,如:

中华/nz 牌/n、海棠/nz 牌/n、联想/nz 电脑/n、西门子/nz 电器/n

2. 动词(v),表示动作、行为,人或动物的心理活动、生理状态,事件的存现、变化等,在句子中主要充当谓语。如:

吃、打、借、喂、洗、说、爱、是、有、来、开始、游行、同意、喜欢、听见、发动、实验、调查、报告、团结

动词除了规定必须合成的外,一律切分开来。

2.1 普通动词(v),表示动作、行为,人或动物的心理活动、生理状态等。如:

取得、喜欢、游泳、咳嗽、写、踢、哭、饿、保卫、团结、描绘、实验、放假、睡觉、坚持、希望、怀疑、觉得、强迫、争取、告诉、递交、调查

2.2 趋向动词(vd),表示趋向。如:

出来、回来、起来、上去、下去、下来

2.3 系词(vl),表示关系的判断。如:

是、系(xi4)、为(wei2)

2.4 助词(vu),表示可能、意愿。如:

应该、能、可以、能够、肯、应当、可能、愿意

2.5 离合动词

离合动词,不论离或合都切分,其中粘着的成分标注为语素 g,如:

洗/v 澡/g、洗/v 了/u 一/m 个/q 澡/g

离合动词的 AAB 式重叠,切分为 AA/B,如:

理理/v 发/n

2.6 动词重叠形式

2.6.1 AA 重叠形式

一律不切分,仍标注为动词,如:

说说/v、看看/v、做做/v、走走/v

2.6.2 "A一A"、"A了A"、"A了一A"重叠形式

作为动词短语都切分开,如:

谈/v 一/m 谈/v、想/v 了/u 想/v、读/v 了/u 一/m 读/v

2.6.3 ABAB 重叠形式

切分为 AB/AB,如:

研究/v 研究/v

3. 形容词(a),表示事物的性质、状态,在句中主要充当谓语和定语。如:

好、高、紫、大、勇敢、危险、漂亮、干净、伟大、热情、突然、经常、雪白、殷红、冰凉、绿油油、典型、安全、团结、权威、方便

AA 式重叠,不切分,标注为 a,如:

高高/a、小小/a、大大/a、轻轻/a

AABB 式重叠,不切分,标注为 a,如:

干干净净/a

ABAB 式重叠,切分成 AB/AB,标注为 a,如:

干净/a 干净/a

ABB 式重叠,不切分,标注为 a,如:

亮堂堂/a、干巴巴/a

4. 区别词(f),表示事物的区别,只能做定语直接修饰名词。

区别词,能直接加在名词前作定语或加"的"组成"的"字结构,如"急性"、"初等"、"淡红"、"公共"等。

区别词 + 名词,全都切分,分别标注为 f 和 n,如:

雄/f 鸡/n、雌/f 象/n、女/f 魔/n、古/f 币/n、女/f 司机/n、金/f 手镯/n、慢性/f 病/n、慢性/f 胃炎/n、古/f 钱币/n

5. 数词(m),表示数目。

数词是表示数目、顺序等的词,一般不单独充任句子成分,在一定条件下能充任主语或宾语,如:"一"、"百"、"零"、"百万"、"乙"、"俩"等。

5.1 基数词(m)

基数词,如"三"、"五十"、"二百零三"等表示数目的数词,含阿拉伯数字。

基数、小数、分数、百分数,只要是一个连续数字串就不切开,整体标注为 m,如:

三/m、零/m、三〇五/m、一百二十三/m、120 万/m、三点四五/m、123.54/m、三十五/m、20%/m、三分之二/m、千分之三十/m、一百零一/m、一九〇六/m

成数、倍数形式,将基数与"成"、"倍"等切开,如:

五/m 倍/q 半/m、一百/m 倍/q、七/m 成/q

约数,前加副词、形容词或后加"来"、"多"、"余"、"左右"等,将基数词与副词、形容词或"来"、"多"、"余"、"左右"等切开,如:

约/d 一百万/m、仅/d 一百/m 个/q、近/a 20/m 年/nt 来/nd

四十/m 来/nd 个/q、一百/m 多/a 万/m、二十/m 余/n 只/q、三十/m 左右/nd

两个数词相连的及"成千"、"上千"等,数词与后面的名词或量词,切分开,如:

十五六/m 年/nt、上千/m 年/nt 的/u 历史/n

"好些"、"好多"、"好几"、"许多"等,都不切分,如:

好些/m、好几/m、好多/m、许多/m

包含"几"的基数、小数、分数、百分数,不切开,整体标注为 m,如:

几十/m、一百二十几/m 倍/q、一百二十几万/m

5.2 序数词(m)

"第"、"其" + 基数词,把"第"、"其"与基数词切分开来,"第"标注为前缀 h,"其"标注为代词 r,如:

第/h 一/m、第/h 二/m、第/h 一百二十一/m、其/r 一/m、其/r 三/m

"初" + 基数词"一"至"十",都不切分,合在一起标注为数词 m,如:

初一/m、初三/m、初五/m、初十/m、初一/m 年级/n、大/a 年/nt 初一/m

天干地支也标注为数词 m,如:

甲/m、子/m、戊/m、戌/m、甲子/m、戊戌/m

表序列的天干、地支名(含字母),凡是能够切分的,尽量切分,如:

甲/m 方/n、乙/m 班/n、丙/m 座/n、A/ws 座/n、B/ws 座/n

5.3 数量数词(m)

数量数词,指不能带量词的数词,即已包含量词意义的数词。数量数词与名词等之间只能切分开,如:

俩/m 人/n、我们/r 仨/m、许多/m 人/n"

6. 量词(q),表示事物的单位或动作的量。

量词一般不能单独充任句子成分,常跟数词或指示代词组成数量短语或指量短语。一般说来,量词与数词和名词之间都切分开,复合量词不切分。量词 AA 重叠形式不切分,仍标注为量词,如:

个个/q、回回/q、天天/q

量词可以细分为名量词、动量词、时量词等等,还有复合量词,都不作区分,全部标注为 q,如:

个/q、群/q、克/q、把/q、次/q、种/q、些/q、人次/q、人次/q、架次/q、吨公里/q

7. 副词(d),说明动作行为或状态性质等所涉及的范围、时间、程度、频率以及肯定或否定的情况,在句中只能充当状语。如:

不/d、很/d、都/d、忽然/d、最/d、刚刚/d、好像/d、不过/d、刚/d、已经/d、曾经/d、早/d、就/d、才/d、正在/d、将/d、立刻/d、老是/d、总/d、终于/d、忽然/d、总共/d、仅/d、唯独/d、单/d

8. 代词(r),起替代和复指作用,在句中替代名词、形容词、动词、副词等。

代词能替代名词、形容词、动词、副词等词或短语,能在篇章中起联系作用,能在语境中起指别作用,如"你"、"我"、"他们"、"这"、"那儿"、"哪儿"、"谁"、"什么"、"怎样"、"这样"等。

"某"、"该"、"各"、"每"、"本"、"此"、"诸"+名词,都切分,如:

该/r 同学/n、各/r 公司/n、本/r 校/n、诸/r 领域/n、每/r 年/n、某/r 部/n

"有的"、"有些"、"别的",不切分,标注为代词 r,如:

有的/r、有些/r、别的/r

疑问词语,都不切分,标注为代词 r,如:

什么/r、怎样/r、怎么/r、怎么样/r、怎么办/r、怎么着/r、怎么的/r、为什么/r、干什么/r、干吗(嘛)/r、哪儿/r、几儿/r、多少/r、多久/r、多会儿/r、多咱/r、什么样/r

但下面情况中的"为什么"、"干什么"要切分开来:

你/r 为/p 什么/r 事情/n 着急/v 呀/u ?/w

你/r 干/v 什么/r 工作/n ?/w

9. 介词(p)

介词不能单独充当句子成分,必须带上名词,构成介词短语才能充当句子成分。介词短语一般充任状语,有的还能充任补语,有的加"的"后可以充任定语,如"把/p"、"被/p"、"以/p"、"于/p"、"对于/p"、"关于/p"、"在/p"、"为了/p"、"为着/p"、"朝着/p"、"向着/p"、"对着/p"、"跟着/p"、"沿着/p"、"靠着/p"、"凭着/p"、"冲着/p"、"趁着/p"、"随着/p"、"本着/p"等都是介词,要单独切分开来,并标注为介词 p。

10. 连词(c)

用来连接词、短语或句子,以显示被连接的成分之间的逻辑关系。例如,"和"、"与"、"而且"、"或者"、"虽然"、"但是"、"只要"、"因为"等。连词都要单独切分开来,并标注为连词 c。

11. 助词(u),帮助表示结构关系、动作时态、比况和语气。

助词不能单独充任句子成分,大都附着在词、短语或句子后面,个别的附着在词前面,起不同的句法作用。例如"啊/u"、"吧/u"、"吗/u"、"呢/u"、"的/u"、"地/u"、"得/u"、"了/u"、"着/u"、"过/u"、"所/u"、"似的/u"、"等等/u"、"罢/u"、"的话/u"、"罢了/u"、"来着/u"、"似的/u"、"得了/u"、"也好/u"、"看来/u"、"也罢/u"、"不成/u"、"来说/u"、"来讲/u"、"而言/u"、"而论/u"等。助词都要单独切分开来,并标注为助词 u。

12. 叹词(e),表示应答呼唤或感叹。

叹词在句中的位置比较灵活,通常不与其他词发生特定的关系,也不充任句子成分,能独立成句;叹词后一定有停顿,因此书面上叹词后常有标点符号。例如"唉/e"、"哎呀/e"、"嗯/e"、"哼/e"、"喂/e"等。叹词都要单独切分开来,并标注为叹词 e。

13. 拟声词(o),模拟事物或自然界的声音,在句中充当状语、定语、谓语或补语。

拟声词可以独立成句或在句中作插入语。拟声词加"的"可以作定语,加"地"可以作状语,如"哗啦/o"、"唧哩咕咚/o"、"扑通通/o"、"滴答/o"、"轰轰/o"等。拟声词都要单独切分开来,并标注为拟声词 o。

14. 习用语(i),是固定结构,包括成语、惯用语。

习用语包括成语、惯用语、谚语、格言等。它们在汉语中语义内容丰富,稳定性强。习用语都不切分,作为一个切词单位,分别标注为体词性习用语 in、谓词性习用语 ip、连词性习用语 ic。

14.1　名词性习用语(in),如:

海市蜃楼/in、井底之蛙/in

14.2　谓词性习用语(ip),如:

众口难调/ip、吃老本/ip、碰钉子/ip、通情达理/ip

14.3 连词性习用语(ic),即在句段间起关联作用并且习惯上常在一起搭配使用的词或短语,如:

总而言之/ic、由此可见/ic、一方面/ic……,一方面/ic……、一则/ic……,二则/ic……

15. 缩略语(j),是专有名词或常用语的简缩形式。

缩略语是汉语中专有名词或常用语的简略表达形式。一般具有地域性或行业性,有的简称、缩略语使用的范围很广,生命力很强。缩略语都不切分,作为一个切词单位,分别标注为体词性缩略语 jn、谓词性缩略语 jp、时间性缩略语 jt、处所性缩略语 js。

15.1 体词性缩略语(jn),起名词作用的缩略语,如:

人大/jn、作协/jn、奥运会/jn

15.2 谓词性缩略语(jp),起谓词作用的缩略语,如:

离退休/jp、短平快/jp、中小(型)/jp

15.3 时间性缩略语(jt),表示时间的缩略语,如:

五四/jt、三八/jt、八一/jt、九一八/jt

15.4 处所性缩略语(js),表示处所的缩略语,如:

平/js 津/js、淮/js 海/js、晋/js 察/js 冀/js

16. 前接成分(h)

前接成分(前缀)是一种辅助的构词成分,加在某些语素或语素组的前面,构成合成词。一般说来,只表示某种附加意义或语法意义,如"阿"、"总"、"反"、"超"等。

凡是词表中已经收录的都不切分,没有收录的,前接成分独立标注为 h,如:

阿爸/n、老虎/n、反/h 种族/n、超/h 导体/n、副/f 主任/n、总/f 公司/n、总/f 书记/n

17. 后接成分(k)

后接成分(后缀)是一种辅助的构词成分,加在某些语素或语素组的后面,构成合成词。一般说来,只表示某种附加意义或语法意义,如"子"、"头"、"性"、"学"、"论"、"界"等。

凡是词表中已经收录的都不切分,没有收录的,后接成分独立标注为 k,如:

桌子/n、针头/n、人性/n、桌子儿/n、盖儿/n、玩儿/v(注："-儿/"一律不切分)、物理/n 学/k、学术/n 界/k、地理/n 学/k 家/k

18．语素字(g)

语素字指汉字字符集里,可以成为语素但不能单独成词的汉字。如"讯/g"、"究/g"、"洁/g"等是不成词语素。只有在特殊情况下(单独使用,即左右都已经是很明确的词),才单独成为一个切词单位,标注为语素字 g。

19．非语素字(x)

非语素字指汉字字符集里单独使用时不具有意义的汉字,如"垃/x"、"萄/x"、"琵/x"、"琶/x"等。

只有在特殊情况下(单独使用,即左右都已经是很明确的词),才单独成为一个切词单位,标注为非语素字 x。

20．其他(w)

20.1　标点符号(w),如:

?/w、"/w、;/w

20.2　其他字符串,如拉丁字母串等(ws),如:

100/m、℃/ws、office/ws、128/m、MB/ws

20.3　未知词(wu)

指在文本的处理过程中,无法归入上述类别的词,这些词往往要在后面的处理步骤中做进一步的加工处理。

下面是根据本切词标注规范加工的一个语料样本。

斯大林/nh 认为/v ,/w [生产/v 关系/n]/n 有/v 三/m 种/q 基本/a 情况/n ,/w 即/vl 可能/vu 是/vl 不/d 受/v 剥削/v 的/u [人/n 们/k]/n 彼此/r 间/nd 的/u 合作/v 和/c 互助/v 关系/n ,/w 可能/vu 是/vl 统治/v 和/c 服从/v 的/u 关系/n ,/w 最后/nt ,/w 也/d 可能/vu 是/vl 由/p 一/m 个/q [生产/v 关系/n]/n 形式/n 过渡/v 到/v 另/r 一/m 个/q [生产/v 关系/n]/n 形式/n 的/u 过渡/v 关系/n 。/w 斯大林/nh 进一步/v 阐述/v 了/u 《/w 德意志/ns [意识/n 形态/n]/n 》/w 中/nd 关于/p "/w [所有/v 制/k]/n 的/u [各/r 种/q]/r [不/d 同/a]/a 形式/n "/w 的/u 论断/n ,/w 他/r 明确/v [指/n 出/vd]/v :/w "/w [历史/n 上/nd]/n [生产/v 关系/n]/n 有/v

五/m 大/a 类型/n :/w ［原始公社/n 制/k]/n 的/u √/w
［［奴隶/n ［占/v 有/v]/v]/v 制/k]/n 的/u √/w ［封建/a
制/k]/n 的/u √/w ［资本/n 主义/n]/n 的/u √/w ［社会/n
主义/n]/n 的/u 。/w "/w 并/c 描述/v 了/u 这/r 五/m 种/q
［生产/v 关系/n]/n 的/u 特征/n 。/w 斯大林/nh 还/d 指明/v
了/u ［生产/v 关系/n]/n 和/c ［生产/v 方式/n]/n 之间/nd
的/u 关系/n ,/w 认为/v ［生产/v 关系/n]/n 是/vl 构成/v
［生产/v 方式/n]/n 的/u 一/m 个/q 重要/a 内容/n 或/c 方面/n
,/w 他/r 说/v :/w "/w 生产/v √/w ［生产/v 方式/n]/n
既/c 包括/v ［社会/n ［生产/v 力/n]/n]/n ,/w 也/d 包括/v
［人/n 们/k]/n 的/u ［生产/v 关系/n]/n ,/w 而/c 体现/v
着/u ［两/m 者/k]/n 在/p 物质/n 资料/n 生产/v 过程/n 中/n
的/u 统一/v 。/w "/w ［本/r 世纪/nt]/nt 五十/m 年代/nt ,/w
斯大林/nh 又/d 把/p ［生产/v 关系/n]/n 概括/v 为/v 三/m
个/q 基本/a ［组成/v 部分/n]/n 。/w 他/r 在/p 《/w 苏联/ns
［社会/n 主义/n]/n 经济/n 问题/n 》/w 一/m 书/n 中/nd
写道/v :/w "/w ［政治/n ［经济/n 学/k]/n]/n 的/u 对象/n
是/vl ［人/n 们/k]/n 的/u ［生产/v 关系/n]/n ,/w 即/vl 经济/n
关系/n 。/w ［这/r 里/nd]/r 包括/v :/w (/w 一/m)/w ［生产/v
资料/n]/n 的/u ［所有/v 制/k]/n 形式/n ;/w (/w 二/m)/w
由/p 此/r 产生/v 的/u ［各/r 种/q]/r ［不/d 同/a]/a 社会/n
集团/n 在/p 生产/v 中/nd 的/u 地位/n 以及/c ［他/r 们/k]/r
的/u 相互/d 关系/n ,/w 或/c 如/v 马克思/nh 所/u 说/v 的/u
'/w 互相/d 交换/v 其/r 活动/v '/w ;/w (/w 三/m)/w
完全/a 以/p ［它/r 们/k]/r 为/v 转移/v 的/u 产品/n 分配/v
形式/n 。/w "/w 同时/v 还/d 说明/v 了/u 他/r "/w ［没/d
有/v]/v 用/v 恩格斯/nh 定义/n 中/nd 的/u '/w 交换/v '/w
一/m 词/n "/w ,/w 是/vl 因为/c "/w 恩格斯/nh 用/v '/w
交换/v '/w 一/m 词/n 所/u 指/v 的/u 东西/n ,/w 显然/a
在/p 上述/f 定义/n 中/nd 已/d 作为/v 其/r ［组成/v 部分/n]/n
包括/v 在内/v 了/u 。/w 因而/c ,/w ［政治/n ［经济/n
学/k]/n]/n 对象/n 的/u 这/r 个/q]/r 定义/n ,/w 就/p 其/r

内容/n 讲来/v ,/w 是/vl 和/p 恩格斯/nh 的/u 定义/n 完全/a
符合/v 的/u 。/w "/w 如果/c 把/p 恩格斯/nh 的/u [生产/v
关系/n]/n 定义/n 和/c 斯大林/nh 的/u 定义/n 做/v 比较/v
,/w 就/d 会/vu 发现/v ,/w 恩格斯/nh 的/u 定义/n 中/nd
[没/d 有/v]/v "/w [所有/v 制/k]/n 形式/n "/w 的/u 用语/n
,/w 但/c 这/r [并/d 不/d]/d 等于/n 恩格斯/nh 的/u 定义/n
不/d 包含/v [所有/v 制/k]/n 形式/n 的/u 思想/n 。/w

3.2　汉语人名标注及其方法

　　以上我们从整体上列举了词性标记规范与切词标注规范,本节专
门讨论与汉语人名有关的切分标注问题。

　　在中文信息处理研究中,目前关注较多的一个关键问题是专名识
别,尤其是人名识别。但是现有的研究大多集中在人名识别的技术方
面,而对人名识别后的标注问题还未见有人进行专门的讨论。或许人
们认为,汉语姓名的标注问题只是一个姓与名的分合问题,其实并不尽
然,它还牵涉到很多的理论与实践问题。

　　汉语人名标注问题主要是标注中的分与合问题,即姓与名以及姓
与名与其他名词的组合是否分开标注,如何标注,分与合的标准在哪
儿。如"欧阳修"、"雷锋"、"毛泽东"等人名,是标注成"[欧阳/nhf 修/
nhg]nh"、"[雷/nhf 锋/nhg]nh"、"[毛/nhf 泽东 nhg]nh"还是"欧阳/
nhf 修/nhg"、"雷/nhf 锋/nhg"、"毛/nhf 泽东/nhg"或者"欧阳修/nh、
雷锋/nh、毛泽东/nh"(nh 表示人名,nhf 表示姓,nhg 表示名)。这种或
分或合的标注问题,直接影响到语料库加工的质量以及加工语料库的
应用问题。比如,在信息检索中,有时希望有很高的准确率,这就要求
切词标注系统的颗粒度大一些,而有的时候又希望有很高的查全率,这
就要求切词标注系统的颗粒度小一些。我们认为汉语人名切词标注规
范与汉语整个文本的切词标注规范是密切相关的,汉语人名标注规范
牵涉到汉语文本切词标注规范的主要方面——如"专名＋通名"(或说
类名)的分合问题,例如"玫瑰花"、"苹果树"是标注成"[玫瑰/n 花/
n]n"、"[苹果/n 树/n]n"还是"玫瑰/n 花/n"、"苹果/n 树/n"或者"玫

瑰花/n"、"苹果树/n";又如由名词/形容词＋名词组合成新的名词的分合问题,例如"牛肉"、"薄纸"是标注成"[牛/n 肉/n]n"、"[薄/a 纸/n]n"还是"牛/n 肉/n"、"薄/a 纸/n"或者"牛肉/n"、"薄纸/n"。本节主要是从汉语语言学方面来进行研究(同时兼顾计算语言学的方法与要求)。这与以往主要是从计算机技术实现角度来研究人名识别问题有着很大的不同,即本节主要是研究在已经识别出汉语人名的前提下,如何切词标注这些人名,并讨论对人名的不同切词标注会对整个汉语文本的切词标注带来什么样的影响,如何把人名的切词标注规范与整个切词标注规范一致起来(最好是能采取一个内部一致的切词标注规范)。本研究既考虑到人名标注的技术实现问题,更着重考虑汉语人名标注规范中相关的理论问题、原则问题。

为使讨论的问题更集中,本节只讨论最为常见的汉族人名的标注以及与其相关的一些问题。

3.2.1　汉语人名标注的基本问题

一个完整的汉语人名是由姓和名两部分组成的,所以汉语人名标注的基本问题就是姓与名是否要分开标注的问题。

从语言学理论角度看,由于姓和名在汉语中都是可以单独运用的语言单位,而且姓加名的意义也等于姓名的意义,因而姓和名应该看作是两个词,或是一个短语。但是一个完整的人名具有唯一的指称(同名现象除外),所以汉语人名又可以看作是由两个相对自由的词组成的一个短语词(说它是短语,是因其符合叠置原理,说它是词,是因其在意义上仅相当于一个专有名词,有唯一的指称,在形式上其内部也不能扩展,姓名之间一般也没有语音停顿)。当然从实际使用看,姓和名的单独运用还要受到音节的影响,单名或单姓都很少单独作为称呼使用(除非在个别小说以及亲密口语中)。

从实际处理看,大多数的人名识别软件或方法都是把姓和名分开来处理的,即先分别考察某个字串作姓或名的可能性,再综合考虑二者组成姓名的可能性,输出时又把它们合并在一起作为一个整体。在汉语作为母语的教学实践中,汉语人名也是被看作由姓和名两部分组成,因为姓和名在很多方面都有不同的句法表现。

可见,汉语人名标注不论分或合都有其一定的道理,所以汉语人名标注有两种,一种是分,一种是合。如"欧阳修"、"雷锋"、"毛泽东"等人名,既可以标注成"欧阳/nhf 修/nhg"、"雷/nhf 锋/nhg"、"毛/nhf 泽东/nhg",又可以标注成"欧阳修/nh"、"雷锋/nh"、"毛泽东/nh"。

分与合的问题其实也是汉语切词标注中的基本问题。汉语切词标注要解决的首要问题就是分与合的问题,即某个特定的字串是看作一个切词单位还是看作两个(或多个)切词单位的问题。

与汉语人名标注中的分与合问题相类似,由"专名+通名"组成的名词如"玫瑰花"、"苹果树"等也有个是标注成"玫瑰/n 花/n"、"苹果/n 树/n"还是"玫瑰花/n"、"苹果树/n"的问题;由"名词/形容词+名词"组合成的名词如"牛肉"、"薄纸"等也有个是标注成"牛/n 肉/n"、"薄/a 纸/n"还是"牛肉/n"、"薄纸/n"的问题。可以说它们与人名在形式与内容上都非常相似,都可以认为是短语词。

在汉语中,由"专名+通名"组成的专有名词也有不少,如地名、团体机构名等。一般说来,其中的专名是举不胜举的,而通名是有限的。从理论上来说,汉语中的姓氏是可以穷尽的,这与"省"、"市"、"县"、"街道"、"路"等通名是相似的,甚至与"树"、"鱼"、"小学"等通名也是相似的。而"松树"、"青鱼"、"上溪小学"中的"松"、"青"、"上溪"等是无法穷举的。

由此看来,汉语姓名也可以看作是一种特殊形式的"专名+通名"(专有名词的结构)格式的短语词,只不过其通名居于专名之前,是"通名+专名"的格式。姓是可以看作通名的,它是相对封闭的,名可以看作专名,它是绝对开放的。这与普通的"专名+通名"格式的专有名词结构是相似的(其中,专名是开放的,通名是封闭的)。所以我们认为姓名的处理应该与其他专有名词(以及类似的普通名词)的处理保持一致,它们都可以看作是短语词。

3.2.2 汉语人名标注的方法

那么对于汉语中像人名这样的短语词应该如何进行切词标注呢?

对于短语,切词原则是把其组成成分切分开来,分别标注一个词性;对于词,切词原则是不把其组成成分切分开来,整体标注一个词性。

对于人名这样的短语词该怎么办呢？

我们想到的办法是把二者结合起来,把对于短语的切词原则和对于词的切词原则结合起来,先把姓与名切分开来,而后再用方括号合起来。这就是我们主张的汉语人名切词标注的方法——先分后合的结构化标注方法。这样的方法是切实可行的,也是必要的。说它可行,是因为汉语人名在其识别之初是姓与名分开识别的,专名识别软件是能够区分姓与名的。这一点是汉语人名可以分开标注的技术基础。说它必要,是因为这样能保留尽可能多的信息:一方面,分开标注可以区分汉语中的姓与名,以方便汉语的后续处理(尤其是语义分析),可以减少语义分析时所需要的资源;另一方面,汉语人名基本上是作为一个整体来运用的,有必要把姓与名合起来作为一个整体标注,这样也对汉语的后续处理(尤其是句法分析)有很大的好处,可以减少分析中的歧义。

对于汉语人名,应该先把姓与名分别标注为 nhf 和 nhg,而后再用方括号合起来,标注为人名 nh。如"欧阳修"、"雷锋"、"毛泽东"等人名,应该标注成"[欧阳/nhf 修/nhg]nh"、"[雷/nhf 锋/nhg]nh"、"[毛/nhf泽东 nhg]nh",而不是"欧阳/nhf 修/nhg"、"雷/nhf 锋/nhg"、"毛/nhf 泽东/nhg"或"欧阳修/nh"、"雷锋/nh"、"毛泽东/nh"。

但汉语人名标注的问题远不止这么简单。与此相关的问题,还有很多,如一些带"老"、"小"、"大"、"阿"等的称呼也是被看作人名的,它们又如何处理? 还有"姓名/姓/名＋职务/称谓"等是否也被看作人名? 又该如何标注? 等等。

对于"老张"、"小李"、"陈总"、"郭老"等简称、尊称,国家标准GB/T13715-92《信息处理用现代汉语分词规范》规定为分词单位,看作一个词,不作切分。此后北大先后发表的三次(1999、2002、2003)语料库加工规范以及北语、清华联合制定的语料库加工规范也都是这样规定的。然而这与后面谈到的拼写规范却是不一致的。所以我们认为应该同样把它们进行结构化标注,即标注成"[老/a 张/nhf]nh"、"[小/a 李/nhf]nh"、"[陈/nhf 总/a]nh"、"[郭/nhf 老/a]nh"。具体理由将在后面加以阐述。

而对于"姓名/姓/名＋职务/称谓",如"毛泽东主席"、"毛主席"、"小平同志"等,大多主张在加号"＋"处切分开来,先分成两部分再来处理,即它们至少都是两个切词单位。我们也赞成先这样切分处理,再按照普通人名标注。值得注意的问题可能是一些个别的特例,如"毛主席"几乎成为一个专有名词,即只有唯一指称,专指"毛泽东主席",而不是别的一个姓毛的主席。类似的例子还有"周总理"、"朱总司令"等。

总的来说,在理论上,汉语人名只要能够合成的(有规则可循),就应该切分开来,这样可以减少语言工程(如句法语义词典)的规模,提高资源的利用率;但从切分标注之后的句法分析实践看,为了提高正确率与效率,切分的单位又需要大一点儿好,这样更便于机器自动处理。从现有的实际操作系统看,大多数汉语姓名识别软件或方法都是把姓和名分开来处理的。问题是还有没有必要再合起来。由于姓名可以看作是一种特殊形式的"专名 + 通名"的格式[①],所以姓名的处理应该与其他专名及类似的普通名词的处理保持一致,都应该是先切分而后用方括号合起来。不必考虑音节的问题,不论多少,都按姓与名切分标注。

此外,还有一个值得注意的问题是,人名不作为人名使用,即不是用来指称某个人,而用来表示其他的意思,如用来命名,"左权县"、"任弼时中学"、"列宁号"、"毛泽东时代"、"后毛泽东时代"、"雷锋班"、"阿明瓜子",或者用作谓语,"比林彪还林彪"、"比阿 Q 还阿 Q"。这类人名其实已经不是特殊形式的"专名 + 通名"格式的人名了,而是整个作为一个专名用来命名或者表示某种属性了。所以此时应该把它们看作一个单纯的专名,作为一个切词单位。如上面的例子应该标注成"[左权/ns 县/n]ns"、"任弼时/nh 中学/n"、"列宁/nh 号/n"、"毛泽东/nh 时代/n"、"后/nd 毛泽东/nh 时代/n"、"雷锋/nh 班/n"、"阿明/nh 瓜子/n"。

3.2.3　汉语人名的拼写

国家标准《汉语拼音正词法基本规则》对一些人名的拼写规定得很清楚,如"4.2.3 汉语人名按姓和名分写,姓和名的开头字母大写。

---

① 对此,前面已有论述,只不过其通名居于专名之前,是"通名 + 专名"的格式。

笔名、别名等,按姓名写法处理"。还举了许多例子,如 Lǐ Huá(李华)、Wáng Jiànguó(王建国)、Dōngfāng Shuò(东方朔)、Zhūgě Kǒngmíng(诸葛孔明)、Lǔ Xùn(鲁迅)、Méi Lánfāng(梅兰芳)、Zhāng Sān(张三)、Wáng Mázi(王麻子)等。

对于"老张"、"小李"、"陈总"、"郭老"等简称、尊称,《汉语拼音正词法基本规则》也有相关规定:"老"、"小"、"阿"等称呼开头大写。也举了许多例子,如 Xiǎo Liú(小刘)、Lǎo Qián(老钱)、Dà Lǐ(大李)、A Sān(阿三)、Wú Lǎo(吴老)等。这就意味着是把它们看作两个词来处理的。问题是"老"、"小"、"大"三字又都是姓,尽管是不太常用的姓。还有如果一旦去掉声调,"小"与常用的姓"肖"或"萧"就很容易混淆了——"Xiao Li"究竟是"小李"还是"肖莉"或别的? 再加上现有的姓名在拼写时还有人倒置姓与名,那么"Xiao Li"还可能是"李晓/骁/笑"等。当然这其中有的混淆在不标声调时是不可避免的,但有的是可以通过拼写规则来消除的,比如规定在"老张"、"小李"、"陈总"、"郭老"等简称、尊称间加短横或者在加短横的同时,"老"、"小"、"阿"等开头不大写(如 Xiao-Liu、Lao-Qian、Da-Li、A-San、Wu-Lao 或者 xiao-Liu、lao-Qian、da-Li、a-San、Wu-lao),以区别于姓名间的空格,或规定汉语姓名不允许倒置,以避免"肖莉"与"李晓"的混淆。

这样虽与前面谈到的切分标注通常的做法不一致,却与我们的结构化标注是可以基本一致的。这就是我们主张对于"老张"、"小李"、"陈总"、"郭老"等简称、尊称也应该进行结构化标注的原因。因为通过结构化标注,既可以区分姓和名,又不会把姓名分开。这样在进行汉语书面语的音字转换时就可以很好地把人名的切分标注与人名的拼写对应起来。具体见下面表格中的比较。

表 3-2　人名的标注与拼写对照表

通常的标注	本节的标注	人　名	国标的拼写	本节的拼写
左权/nh	[左/nhf 权/nhg]nh	1 左权	Zuo Quan	**Zuo Quan**
左权县/ns	[左权/ns 县/n]ns	2 左权县		**Zuoquan Xian**
雷锋班/nt	**雷锋/nh 班/n**	3 雷锋班		**Leifeng ban**

（续表）

通常的标注	本节的标注	人　名	国标的拼写	本节的拼写
李晓/nh	［李/nhf 晓/nhg］nh	4 李晓	Li Xiao	**Li Xiao**
肖莉/nh	［肖/nhf 莉/nhg］nh	5 肖莉	Xiao Li	**Xiao Li**
小李/nh	［小/a 李/nhf］nh	6 小李	Xiao Li	**Xiao-Li/ xiao-Li**
小刘/nh	［小/a 刘/nhf］nh	7 小刘	Xiǎo Liú	**Xiao-Liu/ xiao-Liu**
老钱/nh	［老/a 钱/nhf］nh	8 老钱	Lǎo Qián	**Lao-Qian/ lao-Qian**
大李/nh	［大/a 李/nhf］nh	9 大李	Dà Lǐ	**Da-Li/da-Li**
阿三/nh	［阿/h 三/nhg］nh	10 阿三	A Sān	**A-San/a-San**
吴老/nh	［吴/nhf 老/a］nh	11 吴老	Wú Lǎo	**Wu-Lao/ Wu-lao**
李/nh 华/nh	［李/nhf 华/nhg］nh	12 李华	Lǐ Huá	**Lǐ Huá**
王/nh 建国/nh	［王/nhf 建国/nhg］nh	13 王建国	Wáng Jiànguó	**Wáng Jiànguó**
东方/nh 朔/nh	［东方/nhf 朔/nhg］nh	14 东方朔	Dōngfāng Shuò	**Dōngfāng Shuò**
诸葛/nh 孔明/nh	［诸葛/nhf 孔明/nhg］nh	15 诸葛孔明	Zhūgě Kǒngmíng	**Zhūgě Kǒngmíng**
张/nh 三/nh	［张/nhf 三/nhg］nh	16 张三	Zhāng Sān	**Zhāng Sān**
王/nh 麻子/nh	［王/nhf 麻子/nhg］nh	17 王麻子	Wáng Mázi	**Wáng Mázi**
鲁迅/nh	［鲁/nhf 迅/nhg］nh、鲁迅/nh	18 鲁迅	Lǔ Xùn	**Lǔ Xùn/Lǔxùn**
梅兰芳/nh	［梅/nhf 兰芳/nhg］nh、梅兰芳/nh	19 梅兰芳	Méi Lánfāng	**Méi Lánfāng/ Méilánfāng**

　　此外,我们认为讨论汉语人名的拼写问题时不要笼统地说应该如何如何处理,还需要区别不同情况尤其是要区别不同使用环境来具体

问题具体分析。比如,我们必须考虑到汉语拼音给谁看的问题:是中国人还是外国人,是普通大众还是专家,是小学生还是成人,是学习辅助(只是注音)还是用来交流(作为文字)? 我们还必须考虑到汉语拼音用在什么地方:是用在英语等外语中还是用在用拼音写的汉语中? 在这样的背景下考虑问题就会更有针对性,也更有实用价值。

第4章 基于语料库的汉语
字词统计与分析

本章把在语料库加工过程中积累的一些统计数据列出来,并加以分析讨论。

4.1 HowNet 的词语统计

为了比较,我们对知网 HowNet(version 1.0 beta)的词条进行了数据统计。下面是其统计结果。

HowNet 总记录数(record count)116533。其中汉语不同的词(words)共 53335 个,词条(entries)65953 个;英语不同的词(words)共 57151 个,词条(entries)75356 个。下面是一些缩写的说明:

W_X = word/phrase form(词形)

G_X = word/phrase syntactic class(词性)

E_X = example of usage(示例)

DEF = concept definition(定义)

这里"X"代表 C 或 E,分别表示汉语和英语。

"G_C = G_E"(词性相同)者有 99280 条,占 85.2%(99280/116533),"G_C≠G_E"(词性不同)者有 17076 条,占 14.7%,其中有 176 条"W_C"是因为没有对应的英语词条"W_E"。

DEF 中共有不同定义 17213 条,7669 条不重复,9544 条重复,其中重复 2 次的 3621 条,重复 3 次的 1432 条,重复 4 次的 970 条,重复 5 次的 492 条,重复 6 次的 398 条,重复 7 次的 265 条,重复最多的达 571,是 571 个姓的定义。这说明其所有姓的定义是相同的。

W_C 中 26938 条重复,即有多个英语对译词,其中重复 2 次的

13713 条,3 次的 5708 条,4 次的 2952 条,5 次的 1558 条,6 次的 1011 条,7 次的 568 条,最多的是"打",共 51 次,26397 条不重复,不计重复共有不同词 53335 个。

W_E 中 17776 条重复,即有多个汉语对译词,其中重复 2 次的 8176 条,3 次的 3255 条,4 次的 1765 条,5 次的 1028 条,6 次的 739 条,7 次的 530 条,最多的是"STOP",共 99 次,也就是有 99 种不同的汉语对译词,39375 条不重复,不计重复共有不同词 57151 个。

W_C 最长者为 18 个汉字(查尔戈加戈格曼乔加戈格舍巴纳甘加马湖)。

W_E 最长者为 137 个字符(one of the 12 two-hour periods into which the day was traditionally divided, each being given the name of one of the 12 Earthly Branches)。

4.1.1 词性统计

4.1.1.1 汉语词性统计

下表是按词条数倒序排列的。从表中可以看出,名词 N 最多,占 39.06%,动词 V 次之,占 37.47%,形容词再次之,占 20.36%,这 3 类词就占了 96.89%,其他 16 类词总共占 3.11%,这其中副词又占了一半多,占 1.72%,其余 15 类词总共才占 1.39%。

表 4-1 HowNet 汉语词性统计表

G_C	词条数	百分比	G_C	词条数	百分比
N	45520	39.06	ECHO	76	0.07
V	43661	37.47	EXPR	68	0.06
ADJ	23722	20.36	STRU	66	0.06
ADV	2004	1.72	COOR	34	0.03
CONJ	374	0.32	PUNC	10	0.01
CLAS	327	0.28	PP	9	0.01
PREP	308	0.26	SUFFIX	3	0.00

（续表）

G_C	词条数	百分比	G_C	词条数	百分比
NUM	132	0.11	PREFIX	1	0.00
PRON	127	0.11	P	1	0.00
AUX	90	0.08			

4.1.1.2　英语词性统计

下表是按词条数倒序排列的。从表中可以看出,名词 N 最多,占 45.36%,动词 V 次之,占 30.59%,形容词再次之,占 16.00%,这 3 类词就占了 91.95%,其他 16 类词总共占 8.05%,这其中副词又占了一半,占 5.34%,其余 15 类词总共才占 2.71%。与汉语相比,英语前 3 大词类所占比率要低一些,其中名词比汉语高(说明有的英语名词译成汉语时不再是名词了),而动词和形容词则比汉语低(说明有的汉语动词和形容词译成英语时不再是动词和形容词了)。另外占第 4 位的副词比汉语高许多(说明许多英语副词译成汉语时不再是副词了)。

表 4-2　HowNet 英语词性统计表

G_E	词条数	百分比	G_E	词条数	百分比
N	52778	45.36	AUX	121	0.10
V	35595	30.59	CLAS	82	0.07
ADJ	18615	16.00	ECHO	80	0.07
ADV	6216	5.34	COOR	34	0.03
PP	1512	1.30	INFSIGN	14	0.01
EXPR	366	0.31	PUNC	10	0.01
CONJ	344	0.30	PREFIX	8	0.01
PREP	317	0.27	SUFFIX	5	0.00
NUM	130	0.11	P	1	0.00
PRON	129	0.11			

4.1.2 词长统计

4.1.2.1 汉语词长统计

汉语词长统计(包括个别短语,以字为计算单位):总词长为250070,平均词长2.1459,最小词长为1,最大为18。

下面是按词条数倒序排列的汉语词长统计表。

表 4-3 HowNet 汉语词长统计表

词　长	词条数	百分比	词　长	词条数	百分比
2	70746	60.71	8	78	0.07
1	21967	18.85	9	39	0.03
4	11477	9.85	10	9	0.01
3	11010	9.45	13	3	0.00
5	822	0.71	11	2	0.00
6	241	0.21	14	1	0.00
7	137	0.12	18	1	0.00

从这个表中可以看到,汉语双音词最多,占60.71%,其次是单音词,占18.85%,然后是四音词和三音词,分别占9.85%和9.45%,1-4音节词加在一起总共占98.86%,其余5-18音节词加在一起总共才占1.14%。这反映出汉语静态词表中双音词化趋势非常明显,同时四音词和三音词也占不少比率,二者加在一起与单音词数量相当(略微超过一点点)。

为了看得更清楚,我们把这个表中的数据做成了一个图。

汉语词长统计图

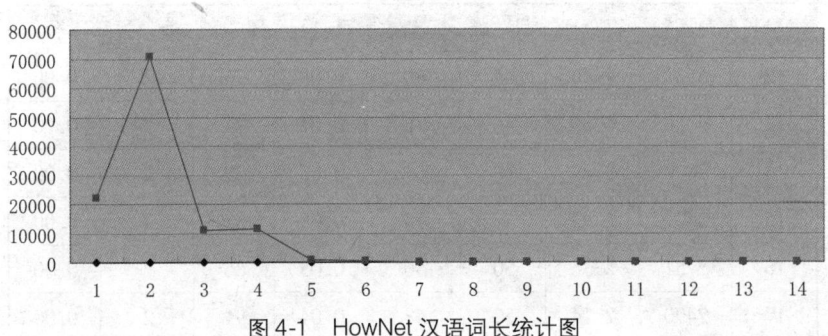

图 4-1　HowNet 汉语词长统计图

4.1.2.2　英语词长统计

英语词长统计(包括个别短语,以字母为计算单位):总词长为1312359,平均词长 11.2788,最小词长为 1,最大为 137。

下面是按词条数倒序排列的英语词长统计表。

从这个表中可以看到,英语 7 字母词最多,占 9.35%,其次是 6 字母词,占 8.85%,再次是 8 字母词,占 8.54%,再次是 9 字母词,占8.19%,1–21 字母词加在一起总共占 91.00%,其余 22–137 字母词加在一起总共占 9.00%。

表 4-4　HowNet 英语词长统计表

词　长	词条数	百分比	词　长	词条数	百分比	词　长	词条数	百分比
7	10880	9.35	39	195	0.17	71	6	0.01
6	10294	8.85	37	192	0.17	72	6	0.01
8	9932	8.54	38	191	0.16	74	5	0.00
9	9531	8.19	40	149	0.13	75	5	0.00
5	9132	7.85	41	143	0.12	78	5	0.00
10	8485	7.29	43	127	0.11	80	3	0.00
4	8472	7.28	42	125	0.11	89	3	0.00
11	7156	6.15	44	93	0.08	73	2	0.00

（续表）

词 长	词条数	百分比	词 长	词条数	百分比	词 长	词条数	百分比
12	5532	4.75	45	90	0.08	76	2	0.00
13	4756	4.09	46	78	0.07	77	2	0.00
14	3806	3.27	48	63	0.05	79	2	0.00
15	3402	2.92	47	58	0.05	82	2	0.00
16	2751	2.36	50	56	0.05	86	2	0.00
17	2490	2.14	52	48	0.04	91	2	0.00
3	2460	2.11	49	44	0.04	92	2	0.00
18	2128	1.83	51	43	0.04	121	2	0.00
19	1877	1.61	56	43	0.04	81	1	0.00
20	1521	1.31	1	39	0.03	83	1	0.00
21	1295	1.11	55	38	0.03	87	1	0.00
22	1127	0.97	54	37	0.03	88	1	0.00
23	968	0.83	53	28	0.02	90	1	0.00
24	800	0.69	59	25	0.02	94	1	0.00
26	644	0.55	57	20	0.02	95	1	0.00
25	643	0.55	61	20	0.02	96	1	0.00
27	615	0.53	60	17	0.01	99	1	0.00
2	520	0.45	64	17	0.01	101	1	0.00
28	497	0.43	58	16	0.01	103	1	0.00
29	478	0.41	62	14	0.01	104	1	0.00
30	374	0.32	65	14	0.01	107	1	0.00
31	355	0.31	66	14	0.01	110	1	0.00
32	308	0.26	68	12	0.01	111	1	0.00
33	298	0.26	67	11	0.01	112	1	0.00

（续表）

词 长	词条数	百分比	词 长	词条数	百分比	词 长	词条数	百分比
34	229	0.20	70	10	0.01	123	1	0.00
35	227	0.20	63	7	0.01	137	1	0.00
36	222	0.19	69	7	0.01			

为了看得更清楚,我们把这个表中的数据做成了图,如下:

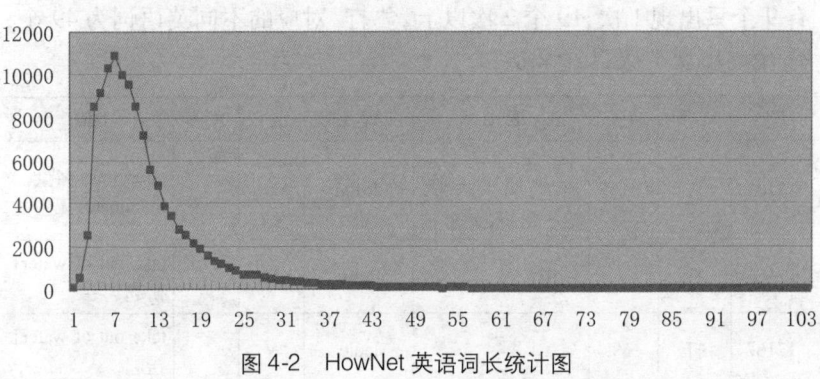

图 4-2 HowNet 英语词长统计图

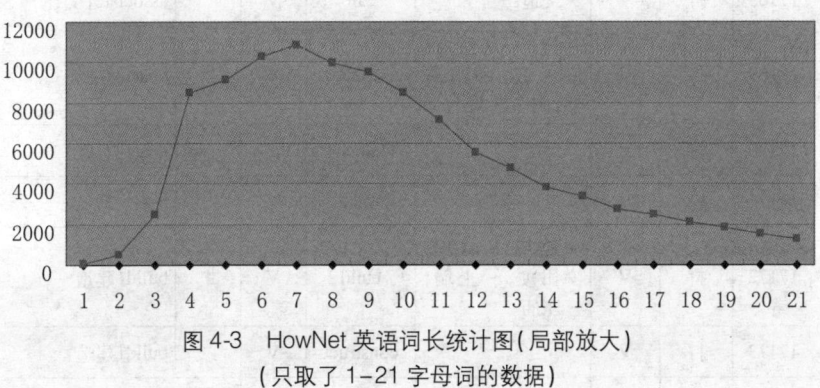

图 4-3 HowNet 英语词长统计图(局部放大)
(只取了 1-21 字母词的数据)

从这个图中可以看出英语静态词表中 7 字母词最多,然后 4 - 10
字母词基本上以 7 字母词为基准呈对称分布,11 字母词以后,随着字
母数的增多,词数逐渐减少。

4.1.3 最多释义词

在统计 HowNet 数据的时候,我们发现了一个比较有趣的现象,就是汉语和英语中有最多释义的词语的释义数量大大超出我们平时的直觉,于是我们顺便把它们的数据在此做一个比较统计。

4.1.3.1 汉语"打"51 个释义

汉语最多释义的词是"打",共有 51 个释义,其不同定义为 28 个,有 9 个只出现 1 次,19 个 2 次以上。"打"对应的不同英语词为 49 个,47 个只出现 1 次,2 个 2 次。

NO	W_C	G_C	E_C	W_E	G_E	E_E	DEF
17165	打	CLAS	十二个一~,一~铅笔,两~鸡蛋,论~出售,买两~	dozen	N		noun unit|名量,inanimate|无生物
17166	打	V	~捞	draw	V		take out of water|捞起
17167	打	V		ladle	V		take out of water|捞起
17168	打	V	~交道	call	V		associate|交往
17169	打	V	~门,~铁匠,敲锣~鼓,~击乐器,雨~在脸上	hit	V		beat|打
17170	打	V		knock	V		beat|打
17171	打	V		strike	V		beat|打
17172	打	V	~地基,~堤坝,~田埂,~土墙,~座庙	build	V		build|建造
17173	打	V		construct	V		build|建造
17174	打	V	~酱油,~张票,~饭,去~瓶酒,醋~来了	buy	V		buy|买,commercial|商
17175	打	V	~进成本,~进预算,~进工龄	reckon	V		calculate|计算

（续表）

NO	W_C	G_C	E_C	W_E	G_E	E_E	DEF
17176	打	V	~猎，~到只驯鹿，~鸟	catch	V		catch丨捉住，agricultural丨农
17177	打	V		hunt	V		catch丨捉住，agricultural丨农
17178	打	V	~草稿，~腹稿	work out	V		compile丨编辑
17179	打	V	~破，~碎，~了一个碗，~了个杯子，小心别把碗~了，谁~了玻璃，~得粉碎	break	V		damage丨损害
17180	打	V		smash	V		damage丨损害
17181	打	V	~井，~洞，~眼儿	dig	V		dig丨挖掘
17182	打	V		open	V		dig丨挖掘
17183	打	V	~方格，~个格子	draw	V		draw丨画
17184	打	V		make a mark on	V		draw丨画
17185	打	V		paint	V		draw丨画
17186	打	V	~工，~短工，~长工，~杂儿，~埋伏，~游击	do	V		engage丨从事
17187	打	V		engage in	V		engage丨从事
17188	打	V	~网球，~牌，~秋千，~太极，球~得很棒	play	V		exercise丨锻练，sport丨体育
17189	打	V	~架，~斗，~仗，~敌人，~死，~伤，~得好	attack	V		fight丨争斗
17190	打	V		fight	V		fight丨争斗
17191	打	V	~柴，~草，~麦子，~粮食，~了好几千斤庄稼	collect	V		gather丨采集
17192	打	V		gather in	V		gather丨采集

（续表）

NO	W_C	G_C	E_C	W_E	G_E	E_E	DEF
17193	打	V		reap	V		gather｜采集
17194	打	V	~灯笼，~伞，~着别人的幌子,把队旗~起来	hoist	V		lift｜提升
17195	打	V		raise	V		lift｜提升
17196	打	V	~鸡蛋，~浆糊，~卤面，~糨子，~酱	beat	V		mix｜混合
17197	打	V		mix	V		mix｜混合
17198	打	V		stir	V		mix｜混合
17199	打	V	~造，~把刀，~把剑，~烧饼	forge	V		produce｜制造
17200	打	V		make	V		produce｜制造
17201	打	V	~蛔虫	get rid of	V		remove｜消除
17202	打	V		remove	V		remove｜消除
17203	打	V	~电报，~手电，~信号，~连发，~炮	project	V		send｜发送
17204	打	V		send	V		send｜发送
17205	打	V	~农药，~敌敌畏，~一下空气清新剂,给地板~蜡，~消毒水	spray	V		spray｜洒下
17206	打	V		spread	V		spray｜洒下
17207	打	V	~着他的名义	make use of	V		use｜利用
17208	打	V	~毛衣，~毛裤，~双毛袜子，~草鞋，~一条围巾，~麻绳，~条辫子	knit	V		weave｜辫编
17209	打	V		weave	V		weave｜辫编

102

NO	W_C	G_C	E_C	W_E	G_E	E_E	DEF
17210	打	V	～行李,～成捆儿,～绑腿,～并东西,～包	pack	V		wrap|包扎
17211	打	V		tie up	V		wrap|包扎
17212	打	V	～介绍信,～证明	write	V		write|写
17213	打	PREP	～哪儿来,～这边走,～这扇门跑出一条狗	from	PREP		{LocationIni}
17214	打	PREP	～从,自～,～今天起	from	PREP		{TimeIni}
17215	打	PREP		since	PREP		{TimeIni}

4.1.3.2 英语"STOP"99 个释义

英语有最多释义的词是"STOP",共有 99 个释义,其不同定义为 12 个,4 个只出现 1 次,8 个 2 次以上。"STOP"对应的不同汉语词为 57 个,29 个只出现 1 次,28 个 2 次以上。

NO	W_C	G_C	E_C	W_E	G_E	E_E	DEF
1476	罢	V		stop	V		cease|停做
4829	闭	V	～灯,把空调～了,～电视,～了收音机,风扇～了没有,机器没～	stop	V		turn off|止动
11880	车站	N		stop	N		facilities|设施, space|空间, land vehicle|车, stay|停留, take vehicle|搭乘
17655	打住	V		stop	V		cease|停做
22729	逗	V		stop	V		stay|停留
22730	逗	V		stop	N		stay|停留
22740	逗留	V		stop	V		stay|停留

（续表）

NO	W_C	G_C	E_C	W_E	G_E	E_E	DEF
22741	逗留	V		stop	N		stay|停留
22979	杜	V		stop	V		obstruct|阻止
22980	杜	V		stop	N		obstruct|阻止
22985	杜绝	V		stop	V		obstruct|阻止
22986	杜绝	V		stop	N		obstruct|阻止
23195	断	V		stop	V		cease|停做
32074	关	V		stop	V		turn off|止动
32102	关掉	V		stop	V		turn off|止动
43692	截	V		stop	V		obstruct|阻止
44201	戒	V		stop	V		prohibit|禁止
44209	戒除	V		stop	V		prohibit|禁止
44210	戒除	V		stop	N		prohibit|禁止
50872	拦住	V		stop	V		block|拦住
70097	刹	V		stop	V		cease|停做
70098	刹	V		stop	N		cease|停做
70222	煞	V		stop	N		cease|停做
70223	煞	V		stop	V		cease|停做
70252	煞住	V		stop	V		cease|停做
71292	少	V	~来这套,~废话	stop	V		cease|停做
74711	收	V		stop	N		cease|停做
74712	收	V		stop	V		cease|停做
74742	收场	V		stop	N		finish|完毕
74743	收场	V		stop	V		finish|完毕
74845	收起	V		stop	N		cease|停做
74846	收起	V		stop	V		cease|停做
80846	停	V		stop	N		cease self move|终止自移

（续表）

NO	W_C	G_C	E_C	W_E	G_E	E_E	DEF
80847	停	V		stop	V		cease self move | 终止自移
80851	停	V		stop	V		cease|停做
80852	停	V		stop	N		cease|停做
80855	停	V		stop	N		end|终结
80856	停	V		stop	V		end|终结
80863	停	V		stop	V		stay|停留
80864	停	V		stop	N		stay|停留
80867	停摆	V		stop	N		end|终结
80868	停摆	V		stop	V		end|终结
80879	停步	V		stop	V		cease self move | 终止自移
80886	停车	V		stop	N		stay|停留
80887	停车	V		stop	V		stay|停留
80902	停顿	V		stop	N		end|终结
80903	停顿	V		stop	V		end|终结
80925	停靠	V		stop	V		stay|停留
80926	停靠	V		stop	N		stay|停留
80931	停留	V		stop	N		stay|停留
80932	停留	V		stop	V		stay|停留
80938	停息	V		stop	N		end|终结
80939	停息	V		stop	V		end|终结
80940	停息	V		stop	V		stay|停留
80941	停息	V		stop	N		stay|停留
80942	停下	V		stop	V		cease self move | 终止自移
80947	停歇	V		stop	N		end|终结
80948	停歇	V		stop	V		end|终结

（续表）

NO	W_C	G_C	E_C	W_E	G_E	E_E	DEF
80970	停止	V		stop	N		cease self move丨终止自移
80971	停止	V		stop	V		cease self move丨终止自移
80977	停止	V		stop	V		cease丨停做
80978	停止	V		stop	N		cease丨停做
80981	停止	V		stop	N		end丨终结
80982	停止	V		stop	V		end丨终结
86952	息	V		stop	V		end丨终结
90002	歇	V		stop	V		cease丨停做
90015	歇手	V		stop	V		cease丨停做
91637	休	V		stop	V		cease丨停做
91682	休止	V		stop	N		cease丨停做
91683	休止	V		stop	N		cease丨停做
102764	站	V		stop	V		cease self move丨终止自移
102767	站	N	下一~，车进~了，一共几~，这~不停	stop	N		facilities丨设施，space丨空间，#①land vehicle丨车
102798	站住	V		stop	V		cease self move丨终止自移
102802	站住脚	V		stop	V		cease self move丨终止自移
105467	止	V		stop	V		cease self move丨终止自移
105474	止步	V		stop	V		cease self move丨终止自移
105486	止息	V		stop	V		end丨终结
105860	制止	V		stop	V		obstruct丨阻止
106537	终止	V		stop	V		cease丨停做

---

① "#"是一个指针（pointer），表示"与……有关的"的意思（indicates "relevant"）。

（续表）

NO	W_C	G_C	E_C	W_E	G_E	E_E	DEF
106538	终止	V		stop	N		cease|停做
107558	住	V	雨~了,风~了	stop	V		finish|完毕
107580	住手	V		stop	N		cease|停做
107581	住手	V		stop	V		cease|停做
107701	驻足	V		stop	V		cease self move	终止自移
110165	阻挡	V		stop	V		obstruct|阻止
110166	阻挡	V		stop	N		obstruct|阻止
110168	阻断	V		stop	V		obstruct|阻止
110171	阻遏	V		stop	V		obstruct|阻止
110172	阻遏	V		stop	N		obstruct|阻止
110182	阻截	V		stop	V		obstruct|阻止
110185	阻拦	V		stop	V		obstruct|阻止
110186	阻拦	V		stop	N		obstruct|阻止
110205	阻止	V		stop	N		obstruct|阻止
110206	阻止	V		stop	V		obstruct|阻止
112761	湮	V		stop	V		block up|堵塞
113594	辍	V		stop	N		cease|停做
113595	辍	V		stop	V		cease|停做
113596	辍	V		stop	N		end|终结
113597	辍	V		stop	V		end|终结

就这两个最多释义的汉语和英语词反映出的数据比较而言,汉语

的同义词比英语要多,这可以从对应的词条数与定义数之比看出来:"打"对应的词条数与定义数之比为 49:28,即 49 个英语词分享 28 个定义(即义项),平均每个定义有 1.75 个词(即同义词),"STOP"对应的词条数与定义数之比为 57:12,即 57 个汉语词分享 12 个定义,平均每个定义 4.75 个词。但就这两个最多释义的汉语和英语词不同定义的数据看,可以发现多义词的情况又是另一番景象:汉语多义词的义项(即不同定义数)要比英语多义词的义项多得多(二者的义项数之比为28:12,即汉语"打"有 28 个定义,而英语"STOP"只有 12 个定义)。

4.2 结构化词表的统计与分析

我们加工过一个结构化词表,即 SJTU 8 万词表(有时简称为SJTU),共收 86321 词条。

下面是与 **HowNet** 比较统计的结果。

HowNet(version 1.0 beta)共有 116533 记录(按词形、词性及义项与英语对译情况计),其中有 58976 记录在 SJTU 中,这些记录除去重复(即按词形与词性归并)后只有 27504 词条(1 个词形与 1 个词性一起决定 1 个词条,即如果同 1 个词形有 2 个词性,即为 2 个词条),如以词形计则只有 27293 个。

这说明 SJTU(86321 词条)中 31.86% 的词条(27504)占了 How-Net 全部 116533 记录中的 50.61%(58976)。由此可见,SJTU 中的这些词条的平均义项约为 2.14(58976/27504)。

4.2.1 结构类型统计

结构类型是 SJTU8 万词表中用来表示该词语是不是原子词或叠合词以及是什么类型的原子词或叠合词,其中所有 0 类词(原子词)共 64205 个,占 74.38%;所有 1 类词(叠合词)共 22116 个,占25.62%。

下面是按词条数倒序排列的数据表(结构类型代码说明见 52 页表2-8)。

表4-5　SJTU8 万词表结构类型统计表

结构类型	词条数	所占总词条的百分比	结构类型	词条数	所占总词条的百分比
012	29471	34.14	15	1825	2.11
00	16680	19.32	013	1814	2.10
12	10959	12.70	011	1175	1.36
014	7964	9.23	027	725	0.84
01	5993	6.94	16	341	0.40
13	4161	4.82	0122	239	0.28
11	2670	3.09	05	129	0.15
14	2160	2.50	0112	15	0.02

　　从这个统计表中,可以看出:012 类即偏正结构是最多的,超过总词条的三分之一,其次是 00 类即其他类结构,占总词条的近二成,说明汉语中有近二成的词不能分析或说难以分析结构类型。在叠合词中,12 类即偏正结构是最多的,超过总词条的八分之一。这说明,不论是在原子词还是在叠合词中,偏正结构都是所占百分比最高的。

　　下面分成原子词和叠合词两个表分别进行统计。

表4-6　SJTU 原子词结构类型统计表

结构类型	词条数	所占总词条的百分比	结构类型	词条数	所占总词条的百分比
012	29471	45.90	011	1175	1.83
00	16680	25.98	027	725	1.13
014	7964	12.40	0122	239	0.37
01	5993	9.33	05	129	0.20
013	1814	2.83	0112	15	0.02

　　从这个统计表中,可以看出:012 类即偏正结构是最多的,占了原子词的45.90%,其次是 00 类即其他类结构,占原子词的四分之一强,

再次是 014 类即动宾结构,占原子词的近八分之一,01 类即并列结构也不少,占了近十分之一。这四种结构类型占了原子词的 93.61%。如果加上排第五的 013 类即补充结构,则五种结构类型占了原子词的 96.44%。

表 4-7　SJTU 叠合词结构类型统计表

结构类型	词条数	所占总词条的百分比	结构类型	词条数	所占总词条的百分比
12	10959	49.55	14	2160	9.77
13	4161	18.81	15	1825	8.25
11	2670	12.07	16	341	1.54

从这个统计表中,可以看出:12 类即偏正结构最多,占了叠合词的 49.55%,其次是 13 类即补充结构,占叠合词的近二成,再次是 11 类即附加结构,占叠合词的近八分之一,14 类即动宾结构也不少,占了近十分之一。这四种结构类型占了叠合词的 90.20%。如果加上排第五的 15 类即方位结构,则五种结构类型占了叠合词的 98.45%。

表 4-8　SJTU 原子词与叠合词结构类型对比表

原子词			叠合词		
结构类型	词条数	所占总词条的百分比	结构类型	词条数	所占总词条的百分比
一、012	29471	45.90	一、12	10959	49.55
五、013	1814	2.83	二、13	4161	18.81
六、011	1175	1.83	三、11	2670	12.07
三、014	7964	12.40	四、14	2160	9.77
四、01	5993	9.33	五、15	1825	8.25

　　说明:结构类型中的汉字数目是表示其排序。为便于比较,我们以叠合词结构类型为参照,排除了 00 类,加进了 01 类即并列结构。

从这个表中,我们可以看到,偏正结构是比率最高的一种构词方式,而且具有继续上升的趋势。而上升趋势最明显的则属于补充和附加这两种结构。从上升后的比率看,补充结构更高一些,而从上升的速度看,附加结构更快一些。而动宾结构则有下降的趋势。如果把叠合词看成是由短语转化而成的"新词",那么我们可以认为汉语构词方式正在发生着明显的变化:偏正结构的比率还在继续上升,而上升最快则是补充和附加这两种结构,尤其是补充结构所占比率较高,而附加结构的比率上升速度很快。

4.2.2 词性统计

词性是词表当中很重要的信息。下面是加工后结构化词表中按词条数倒序排列的词性统计表(词性代码说明见 71 页表3-1)。

表4-9 SJTU 8万词表词性统计表

序号	词性	词数	百分比	序号	词性	词数	百分比	序号	词性	词数	百分比
1	n	37380	43.30	12	f	393	0.46	23	vu	67	0.08
2	v	27292	31.62	13	r	391	0.45	24	u	40	0.05
3	i	7065	8.18	14	q	251	0.29	25	k	32	0.04
4	a	4889	5.66	15	nz	225	0.26	26	nhf	23	0.03
5	ns	1811	2.10	16	o	192	0.22	27	e	18	0.02
6	j	1293	1.50	17	m	157	0.18	28	vd	11	0.01
7	d	1024	1.19	18	c	149	0.17	29	h	10	0.01
8	nt	1001	1.16	19	p	112	0.13	30	x	9	0.01
9	g	968	1.12	20	ni	101	0.12	31	nhg	3	0.00
10	nh	688	0.80	21	nd	86	0.10				
11	nl	573	0.66	22	vl	67	0.08				

从表上可以看出,名词所占比率最高,占43.30%,其次是动词,占31.62%,再次是习用语,占8.18%,形容词占5.66%,形容词后面是地名,占2.10%,另外还有简称,占1.50%,这7种词类加在一起占93.55%,其余的25类词占6.45%。

最近有人认为汉语形容词太少是造成"副词 + 名词"结构增多的一个原因①。这里的统计数据也说明汉语中的形容词所占比率太低,远不及名词和动词的比率。

4.2.3　词长统计

表4-10　SJTU 8万词表词长统计表

词　长	词　数	百分比
1	3002	3.48
2	61109	70.79
3	11892	13.78
4	9421	10.91
5－15	897	1.04

从表上可以看出,在汉语词汇中,双音词占有绝对的优势,比率高达70.79%,其次是三音词,占13.78%,再次是四音词,占10.91%,单音词占3.48%,其余5-15个音节的词仅占1.04%。由此我们认为可以考虑把词表中的词长定在小于等于4,5-15音节词要么删去,要么收入一个特殊的词表中。

---

① 最近,邵敬敏在《探索新的理论与方法　重铸中国修辞学的辉煌》中指出"其实,根本的问题就是我们的形容词系统比较狭窄,而我们需要表达的感情、需要评价的类型太丰富了。"我们理解他的意思就是在说形容词数量太少了,至少包含了这样的意思在里面。

4.2.4　词性与词长交叉统计

由下表(按词条数倒序排列)可知,双音节的名词和动词最多,其次是三音节的名词和四音节的习用语,再次是双音节的形容词和四音节的名词。

表 4-11　SJTU8 万词表词性与词长统计表

词　性	词　长	词条数	词　性	词　长	词条数	词　性	词　长	词条数
n	2	26014	j	2	847	nh	2	291
v	2	25371	v	1	818	n	5	286
n	3	8438	nt	2	725	i	3	284
i	4	6497	ns	3	645	j	3	274
a	2	4162	nl	2	553	nt	3	237
n	4	2076	n	1	434	ns	4	221
v	3	1004	a	3	344	a	4	194
g	1	968	nh	3	333	a	1	189
d	2	865	r	2	330	q	1	157
ns	2	863	f	2	296	o	2	155

说明:共有 135 种情形,这里只列出了前 30 种。

4.2.5　结构类型与词性交叉统计

结构类型与词性交叉统计,就是每类词性的结构类型情况及每种结构类型的词性情况。

从下表(按词条数倒序排列)中可以看出,排在前 3 位的全是偏正结构,其中原子名词最多,其次是叠合名词,再次是原子动词。排在第 4 位的是习语,接下去是动宾结构的原子动词。

表4-12　SJTU 8万词表结构类型与词性统计表

词　性	结构类型	词条数	词　性	结构类型	词条数	词　性	结构类型	词条数
n	012	19560	v	01	1930	n	011	693
n	12	8626	v	013	1760	a	00	667
v	012	7229	n	01	1736	nl	15	478
i	00	7029	v	00	1423	a	014	418
v	014	6897	ns	00	1113	ns	012	418
v	13	4149	v	12	1105	nt	012	409
n	00	2691	n	15	1079	n	014	366
n	11	2435	j	00	994	d	00	343
v	14	2124	g	00	968	v	027	342
a	01	2066	a	012	861	nh	00	338

说明：共有195种情形，这里只列出了前30种。

4.3　网络汉字的大规模统计与分析

随着互联网的迅速发展，互联网上汉字文本的比率越来越大，汉语电子文本也越来越容易获得。正是在这样的背景下，本节想对近年来互联网上的汉字使用情况做一个大规模的统计与分析，希望此举能够得到汉字使用的一些总体数据：互联网上汉字使用的字种有多少？这些汉字的使用频率如何？它们是如何分布的？哪些是最常用的汉字？

它们在文本中所占的比率如何？等等。

　　本节研究的目的在于：一方面提供互联网上汉字使用情况的一些总体数据及其分析；另一方面又用具体数据分析了语料统计的局限性。

　　本节统计的语料全部是从互联网网站上下载来的生语料，这些网站有的是专门的门户网站，有的是文学网站，有的是报纸网站。收集语料的时间从 2002 年至 2004 年，收集的生语料的信息量约为 6GB。

4.3.1　网络语料总体统计

　　下面先看一下这些语料统计的总体情况（见"网络语料统计总表"）。

　　表中"编号及项目名称"一列中"累计频率"（简称"累频"）是指汉字按使用频率从高到低排列时，把某个字前面出现的总字次数与文本总字次数相除得到的比率，这个比率就是到该字时的累计频率。比如第一字（最高频的字）的累频就是它自己的使用频率，第二字的累频就是第一字的累频加上第二字自己的使用频率，第三字的累频就是第二字的累频加上第三字自己的使用频率，依此类推。累频实际上反映了汉字在文本中的覆盖率。

　　A 列是整个生语料库的数据，它是由 B 列（文学语料）和 E 列数据合并而来。B 列数据则是由 C、D 两列合并而来，E 列数据则是由 F、G（报刊语料）两列合并而来，H 列是根据清华大学计算机系在网上发布的统计数据得到的（原来只有各字的使用次数）。I 列是一个经贸教材语料库[①] 的统计数据。J 列是国家语委核心语料库的统计数据[②]。列出 B 到 G 列数据是为了显示整体中部分的一些数据。列出 H、I 和 J 三列数据是为了显示一些对比数据。

---

① 该语料库由对外经济贸易大学国际学院季瑾老师提供，特此致谢。

② 此为国家语委"通用语料库·核心语料库"（2000 万字）的用字统计，其原始统计数据由厦门大学苏新春教授提供，特此致谢。

表 4-13 网络语料统计总表

编号及项目名称	A	B	C	D	E	F	G	H	I	J
1. 统计时取的文档名称	1.55G	1G	600M	400M	550M	325M	225M	6763	1M	20M
2. 所统计文档的总字次数	14.06亿	8.90亿	5.26亿	3.64亿	5.15亿	3.08亿	2.07亿	0.86亿	91.6万	0.19亿
3. 不同的总字数	6932	6861	6804	6668	6767	6652	6454	6479	3603	6932
4. 文档中只出现1次的字数	60	39	30	129	89	134	87	203	462	402
5. 只出现1次的字占总字次的亿分比	4	4	6	35	17	43	42	235	50430	2172
6. 只出现1次的字占总字万分比	86.6	56.8	44.1	193.0	131.5	201.4	134.8	313.0	1282.3	580.0
7. 文档中只出现2次的字数	31	37	51	86	63	106	66	174	285	195
8. 只出现2次的字占总字次亿分比	4	8	19	47	24	69	64	201	62219	2108
9. 文档中只出现2次的字占总字万分比	44.7	53.9	75.0	129.0	93.1	159.4	102.3	269.0	791.0	281.3
10. 只出现1或2次的字数	91	76	81	215	152	240	153	377	747	597
11. 只出现1或2次的字占总字次亿分比	8	13	25	83	42	112	106	436	112649	4280

（续表）

编号及项目名称	A	B	C	D	E	F	G	H	I	J
12. 只出现 1 或 2 次的字占字总字万分比	131.2	110.8	119.0	322.4	224.6	360.8	237.1	582.0	2073.3	861.3
13. 累计频率 50% 的字数	158	150	100	159	164	167	152	160	135	161
14. 累计频率 60% 的字数	246	237	175	234	251	254	235	240	204	250
15. 累计频率 70% 的字数	379	371	300	340	376	376	361	353	299	384
16. 累计频率 80% 的字数	592	591	529	506	571	567	561	533	448	598
17. 累计频率 90% 的字数	1001	1015	1017	816	941	923	952	883	730	1043
18. 累计频率 95% 的字数	1471	1501	1543	1180	1367	1329	1397	1283	1039	1547
19. 累计频率 96% 的字数	1629	1663	1718	1305	1512	1465	1550	1421	1148	1719
20. 累计频率 97% 的字数	1835	1872	1945	1468	1705	1650	1750	1603	1287	1951
21. 累计频率 98% 的字数	2124	2168	2257	1712	1977	1910	2033	1862	1488	2280
22. 累计频率 99% 的字数	2616	2661	2765	2148	2442	2349	2521	2314	1836	2862
23. 累计频率 99.9% 的字数	4195	4209	4262	3686	4025	3881	4101	3889	2914	4841
24. 累计频率 99.99% 的字数	5410	5405	5399	5039	5264	5093	5283	5148	3512	6076
25. 累计频率 99.999% 的字数	6264	6249	6209	5960	6103	5947	5986	5984	3594	6693

从 A 列可以看到:本节所统计的语料库总字次数是 14.06 亿,总的用字量是 6932 个。其中有 91 个字只出现了 1 次(60 个)或 2 次(31 个),仅占总字次(14.06 亿)的亿分之八(即覆盖率),占总字(6932)的万分之一百三十一点二,比率非常小。从 A 列 24 行的数据(5410)可以看到,占总字数 21.96% 的 1522(总字数 6932 与 5410 之差)个低频汉字,其覆盖率仅为万分之一。

再看累频的数据,最常用的 158 个汉字已经覆盖了语料的 50%,1001 个最常用的汉字则覆盖了语料的 90%。这说明高频汉字的使用效率非常高,21% 的高频常用汉字(1471 个)就覆盖了语料的 95%,而其余 79% 的低频汉字则仅覆盖语料的 5%。这说明只要掌握了 1500 个左右的高频常用汉字就可以认识语料库中 95% 以上的汉字。

因此,我们想在此强调在对外汉语教学中一定要重视常用汉字的教学,不要只是整个地把一个个的汉语词教给留学生。这就跟我们在汉语母语教学(包括扫盲教学和正常的语文教学)中做的一样:教会一个个的汉字,并且教会组词造句。这样可以大大提高对外汉语教学的效率,快速掌握汉语汉字。

把 H 和 I 两列对比一下,可以看出:语料规模越小,只出现 1 或 2 次的字所占的比率就越大,尤其是在经贸教材语料中。该教材语料库中有将近 21% 的汉字只出现 1 或 2 次。这说明这些汉字的复现率太低,如果是具体到某一册教材,其复现率则会更低。这势必要影响到留学生学习汉语汉字的效果。所以在编写教材时一定要考虑到汉字的复现率问题,尽量提高汉字的复现率,尤其是生字的复现率。

仔细观察累计频率数据的变化则会发现,在如此大规模的统计中,其统计结果与过去人们在较小规模(当然在当时来看也已经是大规模了)下统计得出的规律是基本一致的:累频越高,字数上升的速度越快。此外,通过这里列出的各列数据的对比尤其是 A 和 J 列的对比还可以看出:从完整文章中抽样而来的语料,随着累频的升高,汉字使用越来越分散。这让我们看到语料抽样带来的一个问题。

为此,我们认为,过去对于语料样本大小进行限制的做法[1] 应该改变。在早期的语料库,如英语用法调查语料库和布朗语料库,前者限制为每个样本为 500 词,后者及此后的许多语料库都把样本大小限制为 2000 词(字)。其中很大的一个原因应该是由于当时条件(如缺乏电子文本)的限制。现在时代发展了,电子文本的获得变得非常容易,这条选材原则应该相应地改进为:每个样本都必须是完整的。至于由此带来的平衡性问题,可以通过加权的方式来改善:如原来要求每个样本大小只能 2000 词,现在某个完整样本的实际大小为 20000 词,那么可以把样本的数据乘上 0.1 的权值,要是另一个完整样本的实际大小为 10000 词,那么可以把样本的数据乘上 0.2 的权值。这样仍然可以保证样本之间的平衡。

4.3.2　与通用语料的比较

下面我们比较一下 14 亿的网络语料与 2 千万的通用语料所用汉字的情况。

根据前面统计总表的数据,可以看到:

网络语料与通用语料,二者使用的字种数是一样的,都是 6932 个,但是它们的语料规模相差却非常大,约为 70∶1。这可以说明一个系统的平衡语料库比普通非平衡语料库更具代表性,也可以认为建设系统的平衡语料库是一种更经济的做法。

网络语料与通用语料,在低频用字方面差别也非常明显,表明语料库规模越大,只出现 1 次或 2 次的低频汉字就越少。

网络语料与通用语料,在高频用字方面则几乎没有差别,这一点从累计频率为 50% 到 90% 的字数方面二者数据非常接近可以得到证明。这说明语料库规模的大小对高频常用汉字的数量变化影响不大。

网络语料与通用语料虽然使用的字种数量相同,但并不是使用了完全相同的字种,下面是其在不同字秩(相同次数的字种字秩相同)数

---

[1]　当然也有全文收录或长篇选录的语料库,如 COBUILD 语料库,但是这种做法较少,而样本大小限制为 2000 词(字)的做法则更为普遍。

情况下二者相同字种的统计表。

表 4-14　相同字种统计表

A 字秩小于等于	B 相同字种数	C 占字秩百分比（B/A）
25	23	92.00
50	39	78.00
100	83	83.00
200	167	83.50
300	260	86.67
400	345	86.25
500	435	87.00
600	533	88.83
700	631	90.14
800	723	90.38
900	817	90.78
1000	912	91.20
2000	1836	91.80
3000	2800	93.33
4000	3775	94.38
5000	4703	94.06
6000	5751	95.85
6932	6538	94.32

　　这个表中的数据告诉我们,除了最常用的前 25 个汉字外,其余汉字基本上是随着使用汉字的增多(即字秩的增高,常用性的减弱),二者相同的字种所占的比率(C 列数据)也在逐渐增高。这说明语料库规模的大小虽然对高频常用汉字的数量变化影响不大,但对具体的高频常用汉字来说,影响还是有的,而且是越高频常用的汉字受到的影响则越大(相同字种越少,不同字种越多)。

4.3.3　最高频网络汉字表

接下来,再看具体的最常用汉字是哪些? 为节省篇幅,这里只列出 5 个文档中最高频的 30 个汉字(见"最高频 30 个汉字表",其中频率是万分比)。

从这个表中,可以看到:汉语中最高频的 30 个汉字其累计频率(即第 30 个字的累计频率)已经达到21%以上。这意味着,每 5 个字中就有一个是这最高频的 30 个汉字之一。其中"的"是最高的,每 25 个汉字中就要出现 1 次。比较这些不同的文档数据可以发现,具体的 30 个最高频汉字不完全相同,即使是相同的汉字其排列序号也不尽相同。

表 4-15　最高频 30 个汉字表

文档名	1550M			1000M			550M			6763			经贸		
序号	汉字	频率	累计频率	汉字	频率	累计频率	汉字	频率	累计频率	汉字	频率	累计频率	汉字	频率	累计频率
1	的	402	402	的	412	412	的	386	386	的	341	341	的	382	382
2	一	148	550	一	160	572	一	127	513	一	113	454	是	136	518
3	是	125	676	我	147	719	是	115	628	国	107	561	一	127	644
4	了	117	792	是	131	850	在	101	729	在	82	643	我	116	761
5	我	112	905	了	131	981	人	93	822	人	81	723	国	115	875
6	不	109	1013	不	119	1100	了	92	914	了	79	803	有	93	969
7	在	99	1112	在	98	1198	有	91	1006	有	78	880	不	92	1061
8	人	95	1207	人	96	1294	不	90	1096	中	77	957	们	91	1152
9	有	93	1300	有	93	1387	国	71	1167	是	76	1033	在	88	1240
10	他	62	1361	他	69	1456	中	69	1236	年	71	1105	了	88	1328
11	这	61	1422	个	62	1518	这	61	1296	和	68	1172	中	87	1415

（续表）

文档名	1550M			1000M			550M			6763			经贸		
序号	汉字	频率	累计频率	汉字	频率	累计频率	汉字	频率	累计频率	汉字	频率	累计频率	汉字	频率	累计频率
12	个	59	1481	这	61	1579	大	59	1356	大	66	1238	这	76	1491
13	上	57	1539	上	59	1638	为	59	1415	业	65	1304	业	73	1564
14	中	57	1596	来	53	1692	和	55	1469	不	63	1367	人	63	1627
15	和	53	1649	和	52	1743	上	54	1524	为	54	1421	经	61	1687
16	国	52	1700	中	50	1794	个	54	1578	发	53	1475	方	59	1747
17	大	51	1751	到	48	1842	我	53	1631	会	52	1526	大	56	1802
18	为	50	1802	大	46	1888	他	48	1679	工	50	1576	以	55	1857
19	来	50	1851	地	46	1934	到	46	1725	经	49	1626	要	53	1911
20	到	47	1898	为	45	1980	时	45	1770	上	48	1674	和	53	1964
21	时	44	1943	你	45	2025	来	43	1814	地	48	1722	为	52	2016
22	地	44	1987	着	44	2068	以	43	1857	市	47	1768	生	50	2066
23	会	42	2029	时	44	2112	会	43	1900	要	45	1813	公	48	2114
24	以	40	2069	会	42	2154	要	42	1942	个	44	1857	产	48	2162
25	要	40	2110	说	42	2196	发	42	1984	产	44	1901	上	47	2209
26	们	40	2149	就	40	2236	对	41	2025	这	43	1944	年	47	2256
27	出	39	2188	国	40	2276	年	41	2066	出	43	1987	个	45	2302
28	就	39	2227	她	40	2316	地	40	2106	行	42	2028	来	45	2346
29	说	38	2265	时	40	2356	们	40	2146	作	41	2069	品	44	2390
30	也	36	2301	那	39	2395	出	40	2186	生	40	2109	可	43	2433

把这 5 个文档中所有出现的最高频汉字加起来,共 49 个。它们几

乎都是单音词,而且大多是虚词。其中只有 16 个字(不、大、的、个、国、和、了、人、上、是、为、一、有、在、这、中)是在所有 5 个文档中都出现的,另有 6 个字(地、会、来、们、我、要)出现在 4 个文档中,有 6 个字(出、到、年、时、他、以)出现在 3 个文档中,有 7 个字(产、发、经、就、生、说、业)只出现在 2 个文档中,有 14 个字(对、方、工、公、她、可、那、你、品、市、行、也、着、作)只出现在 1 个文档中。这说明数据统计也是有其固有的缺陷的:不同语料会得出不尽相同的统计结果。

4.3.4 语料库统计方法的局限

下面用一些具体数据来进一步说明语料库统计的局限性。

从互联网上获取语料,方便当然是方便,但是有其明显的局限性。这里通过一组语料的对比数据来加以说明。

表 4-16 语料对比统计总表

编号及项目名称	A	B	C	D
1. 统计时取的文档名称	680M	630M	370M	325M
2. 所统计文档的总字次数	6.69 亿	6.12 亿	3.42 亿	3.08 亿
3. 不同的总字数	7243	7175	6709	6652
4. 文档中只出现 1 次的字数	62	62	136	134
5. 只出现 1 次的字占总字次的亿分比	9	10	40	43
6. 只出现 1 次的字占总字万分比	85.6	86.4	202.7	201.4
7. 文档中只出现 2 次的字数	88	88	107	106
8. 只出现 2 次的字占总字次亿分比	26	29	63	69
9. 文档中只出现 2 次的字占总字万分比	121.5	122.6	159.5	159.4
10. 文档中只出现 1 或 2 次的字数	150	150	243	240
11. 只出现 1 或 2 次的字占总字次亿分比	36	39	102	112

（续表）

编号及项目名称	A	B	C	D
12. 只出现 1 或 2 次的字占总字万分比	207.1	209.1	362.2	360.8
13. 累计频率 50% 的字数	171	188	143	167
14. 累计频率 60% 的字数	261	280	226	254
15. 累计频率 70% 的字数	387	407	346	376
16. 累计频率 80% 的字数	577	601	535	567
17. 累计频率 90% 的字数	932	956	885	923
18. 累计频率 95% 的字数	1330	1357	1289	1329
19. 累计频率 96% 的字数	1464	1494	1423	1465
20. 累计频率 97% 的字数	1645	1675	1606	1650
21. 累计频率 98% 的字数	1902	1929	1867	1910
22. 累计频率 99% 的字数	2333	2355	2308	2349
23. 累计频率 99.9% 的字数	3821	3829	3854	3881
24. 累计频率 99.99% 的字数	5106	5091	5091	5093
25. 累计频率 99.999% 的字数	6204	6178	5967	5947

　　A 列是 325M 文档最原始的来源,它是把网页文件转换成文本文件后汇总得到的原始语料(以下称为 A 类语料),其中有许多是网站栏目名称等不成句的文字。B 列是 A 列去掉标点后的数据(B 类语料)。C 列则是从 A 列中提取出来的成句的语料(C 类语料)。D 列是 C 列去掉标点后的数据(D 类语料)。

　　从"语料对比统计总表"可以看到一些数据的变化情况。变化最大的 A2、B2 与 C2、D2 格的数据,A、B 类语料基本上是 C、D 类语料的两倍。在 A 类语料中,其标点占整个语料的 8.52%[(A2 - B2)/A2];在 C 类语料中,其标点占整个语料的 9.94%[(C2 - D2)/C2]。比较 A3、B3 与 C3、D3 可以看到 A、B 类语料中有 500 多(A3 - C3 或 B3 - D3)个低频汉字未在 C、D 类语料中出现。这说明我们舍弃的那些网站栏目名称等不成句的文字语料中含有较多低频汉字。

下面再看看上述语料中最高频的 30 个汉字("最高频 30 个汉字对比表")。

从"最高频 30 个汉字对比表"可以看出,在 C 类语料中每 21 个汉字中要出现 1 次逗号,每 45 个汉字中要出现 1 次句号。这说明在互联网上,除栏目名称等不成句的语料外,汉语句长大约是 42 个汉字,外加 2 个逗号。仔细比较具体的最高频汉字还可以看到:哪些汉字比较常出现在那些栏目名称等不成句的语料中,如"新"、"闻"、"网"、"日"、"报"5 个字,看来就是经常用在那些栏目名称等不成句的地方。

表 4-17　最高频 30 个汉字对比表

序号	A 680M			B 630M			C 370M			D 325M		
文档名	汉字	频率	累计频率	汉字	频率	累计频率	汉字	频率	累计频率	汉字	频率	累计频率
1	,	309	309	的	253	253	,	463	463	的	367	367
2	的	231	540	一	94	347	的	331	794	一	118	485
3	。	136	676	人	80	426	。	220	1014	在	101	586
4	一	86	762	国	80	506	一	106	1120	是	98	684
5	人	73	835	新	77	583	在	91	1211	人	87	772
6	国	73	908	中	75	658	是	88	1300	有	86	858
7	、	72	980	有	74	732	、	87	1387	了	86	944
8	新	70	1050	大	73	805	人	79	1466	不	78	1022
9	中	69	1119	在	72	877	有	78	1544	国	76	1098
10	有	68	1186	是	63	940	了	78	1622	中	71	1169
11	大	67	1253	日	62	1002	不	70	1692	大	60	1229
12	在	66	1319	不	60	1062	国	68	1760	为	59	1288
13	:	59	1378	了	58	1120	中	64	1824	和	57	1345
14	是	58	1436	报	52	1172	"	58	1882	上	54	1400

文档名	A 680M			B 630M			C 370M			D 325M		
序号	汉字	频率	累计频率	汉字	频率	累计频率	汉字	频率	累计频率	汉字	频率	累计频率
15	日	57	1492	年	50	1222	大	55	1937	这	53	1453
16	不	55	1547	上	46	1268	”	54	1991	年	51	1503
17	了	53	1600	网	44	1313	为	53	2044	个	50	1553
18	"	53	1653	发	42	1355	和	52	2096	到	46	1599
19	”	53	1705	会	42	1397	上	49	2145	时	44	1643
20	·	49	1754	为	41	1438	这	48	2193	会	43	1687
21	报	47	1801	闻	41	1480	年	46	2239	他	43	1730
22	年	46	1847	业	41	1521	个	45	2283	发	42	1772
23	上	42	1890	和	40	1561	到	41	2325	要	42	1813
24	网	41	1931	市	40	1601	时	40	2365	对	41	1855
25	发	39	1969	时	40	1641	会	39	2404	以	41	1896
26	会	38	2008	经	39	1680	他	39	2443	出	41	1937
27	为	38	2046	个	37	1717	发	38	2480	我	40	1977
28	闻	38	2083	我	36	1754	要	38	2518	地	40	2017
29	业	38	2121	生	36	1790	对	37	2555	业	40	2057
30	和	37	2158	到	34	1824	以	37	2592	行	40	2097

　　问题是这4个文档中具体的最高频的30个汉字相差很大，特别是在A、B类语料和C、D类语料之间。这进一步说明选取什么样的语料以及如何选取这些语料都会直接影响到统计的最终结果。

4.3.5　小结

　　现在把本节的统计分析择要小结如下：

1. 高频汉字的使用频率非常高,反之低频汉字的使用频率非常低,而且低频汉字的数量远大于高频汉字。因此应该加强高频常用汉字的研究与教学,提高汉语汉字的教学效果。

2. 在语料库选材中对于语料样本大小进行限制的通行做法应该改进为:通过对每个完整样本进行相应的加权的方式来保证样本之间的平衡性。

3. 统计数据诚然有其客观性,然而选材时的主观性与随机性会直接影响到数据的变化。所以语料库的加工统计中应该努力避免加工者的主观性。

当然本节只是对网络汉字的总体使用情况进行了一些统计分析,这些统计与分析都还不够细致,还有待于进一步的分析讨论。

4.4 800 万标注语料统计

4.4.1 字词总数

800 万标注语料(实际为 7979508 汉字,含全角非汉字符号),共有不同汉字 7735 个,其中 6259 个出现在 GB2312 中,1476 个未出现在 GB2312 中,平均每个字出现 1031.61 次。总词次有 5791093(由此可知平均词长为 7979508/5791093 = 1.38 字),共有不同词条 122114 个,平均每个词条出现 47.42 次。从平均出现次数可以看出,汉语中字的使用效率比词的使用效率高得多。

4.4.1.1 词性统计

表 4-18 800 万标注语料词性统计表

词 性	词 数	百分比	词 性	词 数	百分比	词 性	词 数	百分比
n	43079	35.28	tn	1202	0.98	u	288	0.24
v	28125	23.03	ni	780	0.64	f	281	0.23
nh	10647	8.72	q	744	0.61	p	246	0.20

（续表）

词 性	词 数	百分比	词 性	词 数	百分比	词 性	词 数	百分比
a	7509	6.15	x	641	0.52	k	175	0.14
ns	7459	6.11	nd	626	0.51	vu	168	0.14
i	6536	5.35	o	566	0.46	vl	145	0.12
d	2077	1.70	r	556	0.46	e	121	0.10
m	2020	1.65	w	526	0.43	mq	89	0.07
nl	1550	1.27	c	465	0.38	h	71	0.06
nt	1528	1.25	nhf	375	0.31	tv	43	0.04
nhg	1416	1.16	vd	334	0.27	jn	12	0.01
j	1383	1.13	nz	314	0.26	g	3	0.00

从表上可以看出,名词最多,占 35.28%,动词次之,占 23.03%,人名再次之,占 8.72%,形容词占 6.15%,地名占 6.11%,习用语占 5.35%,其余的只占 15.36%。

4.4.1.2 词长统计

表 4-19 800 万标注语料词长统计表

词 长	词 数	百分比	词 长	词 数	百分比	词 长	词 数	百分比
1	10603	8.68	7	319	0.26	13	3	0.00
2	73410	60.12	8	99	0.08	14	1	0.00
3	23344	19.12	9	58	0.05	15	3	0.00
4	12256	10.04	10	24	0.02	21	1	0.00
5	1476	1.21	11	14	0.01	23	2	0.00
6	490	0.40	12	10	0.01	24	1	0.00

从表上可以看出,双音词占 60.12%,三音词占 19.12%,四音词占 10.04%,单音词占 8.68%,其余的占 2.04%。

4.4.2　低频词统计

下表中是出现次数最少(出现次数小于 10 次)的汉语词的统计数据。

表 4-20　800 万标注语料低频词统计表

出现次数	词　数	百分比	累计词数	累计百分比
1	44806	36.70	44806	36.70
2	15698	12.86	60504	49.55
3	9206	7.54	69710	57.09
4	6363	5.21	76073	62.30
5	4707	3.86	80780	66.16
6	3666	3.00	84446	69.16
7	2965	2.43	87411	71.59
8	2528	2.07	89939	73.66
9	2180	1.79	92119	75.45
10	1787	1.46	93906	76.91

这里的百分比是指与总的不同词(122114)的比率。

这说明有相当多(76.91%)的词在语料中出现的次数不大于 10,这其中又有 36.70% 的词只出现 1 次,12.86% 的词只出现 2 次,这两者相加就占了约一半(49.55%),可是它们在整个语料库中的覆盖率仅为 1.32%。而所有这 76.91% 的词在整个语料库中的覆盖率也仅有 4.37%。

4.4.3　高频词统计

下表中是出现次数最多的 20 个汉语词的统计数据。

表 4-21　800 万标注语料高频词统计表

序　号	词	词　性	出现次数	词　频	累计次数	累　频
1	，	w	455196	7.86	455196	7.86
2	的	u	340166	5.87	795362	13.73
3	。	w	210189	3.63	1005551	17.36
4	了	u	72569	1.25	1078120	18.62
5	、	w	65090	1.12	1143210	19.74
6	是	vl	64755	1.12	1207965	20.86
7	在	p	62185	1.07	1270150	21.93
8	"	w	49265	0.85	1319415	22.78
9	"	w	48921	0.84	1368336	23.63
10	和	c	46420	0.80	1414756	24.43
11	一	m	45665	0.79	1460421	25.22
12	他	r	31293	0.54	1491714	25.76
13	这	r	29945	0.52	1521659	26.28
14	有	v	28056	0.48	1549715	26.76
15	我	r	27202	0.47	1576917	27.23
16	不	d	25641	0.44	1602558	27.67
17	：	w	23845	0.41	1626403	28.08
18	着	u	23233	0.40	1649636	28.49
19	也	d	22335	0.39	1671971	28.87
20	就	d	21153	0.37	1693124	29.24

　　表中数据说明出现次数最多的 20 个汉语词在语料中出现的次数占到总词次数的 29.24%，这其中有 6 个是标点符号(，。、" "：)，3 个是助词(的、了、着)，3 个代词(他、这、我)，3 个副词(不、也、就)，2 个动词(是、有)，1 个介词(在)，1 个连词(和)，1 个数词(一)，这 14 个词全是单音词。如果除去 6 个标点符号，则前 10 个高频词的累频为 12.91%。

4.4.4　低频字统计

下表中是出现次数最少(出现次数小于 10 次)的汉字的统计数据。

表 4-22　800 万标注语料低频字统计表

出现次数	字　数	累计字数	百分比	累计百分比
1	533	533	6.89	6.89
2	304	837	3.93	10.82
3	249	1086	3.22	14.04
4	211	1297	2.73	16.77
5	174	1471	2.25	19.02
6	177	1648	2.29	21.31
7	141	1789	1.82	23.13
8	146	1935	1.89	25.02
9	137	2072	1.77	26.79
10	130	2202	1.68	28.47

这里百分比是指与总的不同字(7735)的比率。

从表中可以看出,只出现 1 次的字只占 6.89%,而整个不超过 10 次出现的低频字也只占 28.47%。

表 4-23　800 万标注语料低频词与低频字比较表

出现次数	词　数	词百分比	词　次	词　频	字　数	字百分比	字　次	字　频
1	44806	36.70	44806	77.37	533	6.89	533	66.80
2	15698	12.86	31396	54.21	304	3.93	608	76.20
3	9206	7.54	27618	47.69	249	3.22	747	93.61

出现次数	词 数	词百分比	词 次	词 频	字 数	字百分比	字 次	字 频
4	6363	5.21	25452	43.95	211	2.73	844	105.77
5	4707	3.86	23535	40.64	174	2.25	870	109.03
6	3666	3.00	21996	37.98	177	2.29	1062	133.09
7	2965	2.43	20755	35.84	141	1.82	987	123.69
8	2528	2.07	20224	34.92	146	1.89	1168	146.37
9	2180	1.79	19620	33.88	137	1.77	1233	154.52
10	1787	1.46	17870	30.86	130	1.68	1300	162.92
合 计	93906	76.92	253272	437.35	2202	28.47	9352	1172.00

说明：词频数据是万分比，字频数据是百万分比。

从这个比较表可以看出，汉语中低频字与低频词的使用相差很大：只出现 1 次的词占不同词的百分比为 36.7%，覆盖率（"词频"列数据）为 0.77%，而只出现 1 次的字占不同字的百分比为 6.89%，覆盖率（"字频"列数据）为 0.0067%。即使累计到只出现 10 次的字，占不同字的百分比提到 28.47%，覆盖率仍为 0.1172%，从覆盖率来说，几乎可以忽略，而对于词，累计到只出现 10 次，占不同词的百分比高达 76.92%，覆盖率为 4.3735%。

也就是说，与低频字比起来，低频词占不同词的百分比很高，覆盖率也高。这说明：如果从教学角度来看，低频词不能不教，而低频字则完全可以忽略。所以加强（常用）汉字教学比加强汉语（常用）词的教学更有效果。这也正是传统语文教学的做法，汉语的母语语文教学几乎不教词，只教字，然后在此基础上教会学生组词。

4.4.5 高频字统计

下表中是出现次数最多的 10 个汉字数的统计数据。

表 4-24　800 万标注语料高频字统计表

序　号	字	字　次	字频%	累频%	词序号	词　次	词次/字次 * 100
1	的	345075	4.32	4.32	2	340166	98.58
2	一	106457	1.33	5.66	11	45665	42.90
3	是	101269	1.27	6.93	6	64755	63.94
4	了	81123	1.02	7.94	4	72569	89.46
5	不	77963	0.98	8.92	16	25641	32.89
6	在	76374	0.96	9.88	7	62185	81.42
7	有	68360	0.86	10.74	14	28056	41.04
8	人	59509	0.75	11.48			
9	这	53382	0.67	12.15	13	29945	56.10
10	和	51614	0.65	12.80	10	46420	89.94

与前面的高频词统计比较,可以看出,这里前 10 个字,其中有 9 个都是出现次数最多的汉语单音词。再比较一下它们作为字出现的次数与作为词出现的次数,看看最后一列"词次/字次 * 100"的数据,就可以知道,有的字基本上是以单音词出现(字次与词次相差不大,最后一列数据较高),如"的"、"了"、"在"、"和",有的字则除了以单音词身份出现外,还经常以复音词的身份出现,如"人"、"不"、"有"、"这"、"一"、"是"。

与前面的高频词统计比较还可以知道,汉语高频字和高频词的出现频率差不多,这从下面这个数据事实可以看出:词的前 10 个高频词的累频为 12.91% ,而字的前 10 个最高频字的累频为 12.80% ,二者非常接近。这主要是因为高频字几乎同时都是高频词。

4.4.6　与结构化词表比较

800 万标注语料共有不同词条 122114 条,其中 60764 条出现在 SJTU 词表(86321 词条)中(这些词条我们称之为动态与静态共有词条),即还有 61350 词条(约占总词条的 50.24%)不在我们的词表中

（这些词条我们称之为动态仅有词条），我们的词表中还有 25557 条（约占总词条的 29.61%）没有在语料中出现（这些词条我们称之为静态仅有词条）。60764 个词条共出现 4048406 次，平均出现 66.625 次，是语料中词条平均出现次数（47.42）的 1.41 倍，占总词次（5791093）的 69.90%（此即为 SJTU 词表在真实语料中的覆盖率，之所以覆盖率会这么低，其中一个主要原因是由于语言词和言语词的差别造成的）。

4.4.6.1　兼类词静态与动态统计

先看下面两个表。

表 4-25　兼类现象的静态分布特征（对词典统计结果）

总词条数	86321	
平均词长	2.36	
兼类类型	99	
兼类词条数	3417（按词形只有 1707 个）	
兼类词平均词长	1.78	
兼类词占总词数的百分比	3.96	
高频兼类类型占总兼类词百分比（词条数）	名词/动词	50.57（1728）
	形容词/动词	9.19（ 314）
	形容词/名词	7.67（ 262）
	其他（96 种）	32.57（1113）

表 4-26　兼类现象的动态分布特征（对 800 万语料统计结果）

		百分比	平均出现次数
总词次 A	5791093		47.42（A/B）
总词条 B	122114		
平均词长	1.38		
兼类词次 C	3364700	58.10%（C/A）	110.83（C/D）
兼类词条 D	30358	24.86%（D/B）	

（续表）

		百分比	平均出现次数
兼类词词形 E	12646		
兼类类型 F	难以统计		
兼类词平均词长	1.98		

说明: 兼类类型,即不同类型的兼类情况。

比较兼类词的动态与静态分布特征可以看出,在静态词表中,兼类词仅占 3.96% ,平均词长 1.78 字,远低于词表平均词长 2.36 字,在动态语料中,兼类词词条虽仅占 24.86% (这是词表 3.96% 的 6.28 倍),可是兼类词词次却占 58.10% (这就是说语料中有近六成的词是兼类词),兼类词平均词长 1.98 字,比静态的长 0.2 个字,语料平均词长 1.38 字,却比静态词表的短 0.98 个字。从 SJTU 词表出发统计,我们发现出现最多的一个兼类词是"了"(72569 次助词 + 757 次动词 = 73326 次)。

表 4-27　兼类现象的动态分布特征(对经过修正后的语料统计结果)

		百分比	平均出现次数
总词次 A	5791093		47.42(A/B)
总词条 B	122114		
兼类词词次 C	1102146	19.03%(C/A)	440.51(C/D)
兼类词词条 D	2502	2.05%(D/B)	
兼类词词形 E	1551		
兼类词种类 F	77		
兼类词平均词长	1.73		

我们对从语料库得到的兼类词进行了仔细观察与分析,发现其中有不少兼类词是由于词性标注人工校对时的错误引起的。为此我们对从语料库得到的兼类词数据进行了修正,即删去了一些由于校对错误引起的兼类词。

经过修正后,再比较兼类词的动态与静态分布特征可以看出,在动态语料中,兼类词词条虽仅占 2.05%,可是兼类词词次却占 19.03%(即语料中有近两成的词是兼类词),这说明兼类词都是一些高频常用词。兼类词平均词长 1.73 字,比静态的兼类词平均词长仅低 0.05 字。

4.4.6.2 动态与静态共有词条的词性分类统计

动态与静态共有词条的词性分布如何? 按词条数与按词次数来统计又有怎样的差别? 我们对此进行了统计,见下表。

表 4-28 动态与静态共有词条的词性分类统计表

词　性	词条数	词条覆盖率(%)	总词次	词次覆盖率(%)	平均次数
n	26244	43.19	1065659	26.32	40.61
v	20089	33.06	906859	22.40	45.14
i	5061	8.33	24570	0.61	4.85
a	3816	6.28	246918	6.10	64.71
ns	1284	2.11	40947	1.01	31.89
d	862	1.42	268515	6.63	311.50
nt	743	1.22	42461	1.05	57.15
j	459	0.76	7419	0.18	16.16
nh	447	0.74	9869	0.24	22.08
nl	446	0.73	12595	0.31	28.24
r	218	0.36	257289	6.36	1180.22
q	211	0.35	76542	1.89	362.76
o	157	0.26	1788	0.04	11.39
c	133	0.22	149662	3.70	1125.28
m	103	0.17	100385	2.48	974.61
f	88	0.14	2315	0.06	26.31
p	82	0.13	171807	4.24	2095.21

（续表）

词　性	词条数	词条覆盖率(%)	总词次	词次覆盖率(%)	平均次数
nd	61	0.10	31622	0.78	518.39
vl	49	0.08	71360	1.76	1456.33
ni	46	0.08	346	0.01	7.52
vu	44	0.07	18701	0.46	425.02
u	35	0.06	501499	12.39	14328.54
k	30	0.05	15995	0.40	533.17
e	17	0.03	1015	0.03	59.71
nhf	12	0.02	141	0.00	11.75
h	9	0.01	2096	0.05	232.89
vd	9	0.01	20008	0.49	2223.11
nz	5	0.01	13	0.00	2.60
x	2	0.00	5	0.00	2.50
nhg	2	0.00	5	0.00	2.50

说明：(该词性)词条覆盖率＝(该词性)词条数/总词条(60764)*100,(该词性)词次覆盖率＝(该词性)总词次/总词次(4048406)*100。

从表中可看出,不管是论词条还是论词次,名词出现的绝对数,都是最高的,其次是动词。接下来,从词条看,习用语排第三,形容词第四,地名第五,副词第六,时间名词第七;从词次(这里反映的是覆盖率)看,助词排第三,副词第四,代词第五,形容词第六,介词第七。从平均出现次数看,助词是最高的(14328.54),其次是趋向动词(2223.11)、介词(2095.21),再次是系动词(1456.33)、代词(1180.22)和连词(1125.28),而名、动、形三大类词中,都是比较低的,其中形容词(64.71)最高,略低于平均值(66.625),动词(45.14)和名词(40.61)差不多。这与我们的语感接近,实词量多,虚词量少,但就每个词而言,虚词的出现频率远高于实(因此,就出现频率而言,趋向动词和系动词可以看作虚词)。

这些数据表明,我们应该加强一些虚词的研究,尤其是助词、代词、介词等封闭词类的研究。

4.4.6.3 动态与静态共有词条的词性与结构类型分类统计

从下面的动态与静态共有词条的词性与结构类型分类统计表可以看出,偏正式名词(原子词和叠合词)是最多的,其次是偏正式动词(原子词),再次是习用语、动宾式动词(原子词)、动补式动词(叠合词)。

表4-29　动态与静态共有词条的词性与结构类型分类统计表

词性	结构类型	词条数	词性	结构类型	词条数	词性	结构类型	词条数
n	012	13932	v	013	1410	nl	15	375
n	12	5567	n	01	1405	j	00	371
v	012	5345	v	14	1346	d	00	318
i	00	5042	v	00	1299	nt	012	318
v	014	4635	ns	00	854	ns	012	286
v	13	3209	v	12	699	a	014	265
n	00	2079	a	012	645	v	027	238
n	11	1869	a	00	568	nh	16	225
a	01	1732	n	15	555	nh	00	217
v	01	1640	n	011	509	n	014	209

说明:共有173种情形,这里只列出了前30种。

由于这个表的全部统计显得过于琐碎,因此我们将关注点集中在名、动、形三大词类上,得到下节的统计表。

4.4.6.4 动态与静态共有词条的词性与结构类型分类统计(名、动、形三大词类)

从下面的动态与静态共有词条的词性与结构类型分类统计表(名、动、形三大词类)可以看出,几乎每一种结构类型,都有名词、动词、形容词,其中名词具有全部16种结构类型,动词是14种,形容词是

138

15 种。名词中,偏正式原子词是最多的,其次是偏正式叠合词,其次是其他类原子词,再次是派生叠合词、并列式原子词;动词中,偏正式原子词是最多的,其次是动宾式原子词,其次是动补式叠合词,再次是并列式原子词、动补式原子词和动宾式叠合词;形容词中,并列式原子词是最多的,其次是偏正式原子词,其次是其他类原子词、动宾式原子词,再次是 ABB 式原子词、派生式原子词、主谓式原子词和偏正式叠合词。这可以看出,叠合词中主要是偏正式名词。

表 4-30　动态与静态共有词条的词性与结构类型分类统计表
（名、动、形三大词类）

词　性	结构类型	词条数	词　性	结构类型	词条数	词　性	结构类型	词条数
n	012	13932	v	012	5345	a	01	1732
n	12	5567	v	014	4635	a	012	645
n	00	2079	v	13	3209	a	00	568
n	11	1869	v	01	1640	a	014	265
n	01	1405	v	013	1410	a	0122	189
n	15	555	v	14	1346	a	011	126
n	011	509	v	00	1299	a	027	122
n	014	209	v	12	699	a	12	119
n	027	58	v	027	238	a	013	17
n	05	41	v	011	149	a	15	10
n	013	8	v	11	109	a	11	8
n	14	5	v	05	4	a	0112	7
n	16	3	v	15	3	a	05	5
n	13	2	v	0112	3	a	13	2
n	0112	1				a	14	1
n	0122	1						

4.5 500 万标注语料校对记录统计

500 余万标注语料,共计 2800 个文件,留下了 25 万余条的校对记录①。校对记录主要是记录下了词性修改和合并单位两种类型的校对操作,单位拆分和歧义切分校对等记录没有包括进去。但这里主要是对词性修改的记录进行分析,合并单位的主要是人名的合并,拟另文讨论,这里就不细作分析了。本节的讨论基于对词性修改的 204088 条记录(即我们讨论的修改总次数为 204088〈只出现 1 次的修改记录未被计算在内〉,这些修改记录共涉及 4003 个词形,6641 个词条)。

4.5.1 词性改变的重复数

下表中给出的是词性修改次数大于 50 次的,按重复数倒序排列,实际上词性修改次数大于 2 次的共有 313 种情况。

表 4-31 词性校对重复数统计表

原词性	校对后词性	重复数	原词性	校对后词性	重复数
x	n	569	w	n	76
v	n	562	n	nhg	73
n	v	456	v	d	73
a	v	293	n	ns	71
x	v	256	n	nh	71
a	n	195	d	v	69
v	a	148	n	nhf	65
a	d	122	n	nt	64

---

① 该校对记录的原始文档由教育部语用所肖航先生提供,谨致谢忱。

（续表）

原词性	校对后词性	重复数	原词性	校对后词性	重复数
n	q	110	d	n	64
n	a	108	v	q	62
x	a	107	q	n	62
nh	n	106	n	d	58
ns	n	101	v	v	57
d	a	79			

4.5.2　修改最多的前 30 个词形

被修改最多的前 30 个词形（次数都大于 1000）中，只有 4 个是双音节词（就是、没有、一定、作为），其余 26 个都是单音词。这 30 个词共被修改 71808 次，占总修改次数（204088）的 35.18%，平均被修改 2393.6 次，是总平均修改数（总修改词形为 4003，71808/4003 = 50.98 次）的 46.95 倍。这意味着有三分之一的校对工作量是校对这 30 个词形。

下表中的百分比是指与总修改次数（204088）的比率。

表 4-32　修改最多的前 30 个词形表

序　号	词	修改次数	累计修改次数	百分比	累计百分比
1	种	7629	7629	3.74	3.74
2	对	6501	14130	3.19	6.92
3	和	5634	19764	2.76	9.68
4	为	5434	25198	2.66	12.35
5	等	4910	30108	2.41	14.75
6	或	4248	34356	2.08	16.83
7	了	2865	37221	1.40	18.24

（续表）

序　号	词	修改次数	累计修改次数	百分比	累计百分比
8	地	2565	39786	1.26	19.49
9	的	2562	42348	1.26	20.75
10	用	2340	44688	1.15	21.90
11	过	1946	46634	0.95	22.85
12	较	1937	48571	0.95	23.80
13	便	1653	50224	0.81	24.61
14	得	1651	51875	0.81	25.42
15	就是	1616	53491	0.79	26.21
16	多	1585	55076	0.78	26.99
17	没有	1524	56600	0.75	27.73
18	跟	1450	58050	0.71	28.44
19	在	1394	59444	0.68	29.13
20	上	1385	60829	0.68	29.81
21	长	1239	62068	0.61	30.41
22	性	1204	63272	0.59	31.00
23	将	1177	64449	0.58	31.58
24	里	1108	65557	0.54	32.12
25	真	1087	66644	0.53	32.65
26	老	1063	67707	0.52	33.18
27	一定	1046	68753	0.51	33.69
28	量	1031	69784	0.51	34.19
29	作为	1021	70805	0.50	34.69
30	儿	1003	71808	0.49	35.18

4.5.3　修改最多的前 30 个词条

被修改最多的前 30 个词条(次数都大于 950)中,只有 5 个是双音节词(就是、没有、一定、作为、表现),其余 25 个都是单音词。这 30 个词条共被修改 64278 次,占总修改次数(204088)的 31.50%,平均被修改 2142.6 次,是总平均修改数(30.73 次)的 69.72 倍。

如果我们好好研究一下这些修改最多的实例,并在此基础上提出更好的自动切分标注建议的话,那么将可以大大地减少校对的工作量,提高校对的效率。

表 4-33　修改最多的前 30 个词条表

序号	词	修改前词性	修改后词性	修改次数	累计修改次数	百分比	累计百分比
1	种	v	q	7403	7403	3.63	3.63
2	对	a	p	6271	13674	3.07	6.70
3	为	p	vl	5134	18808	2.52	9.22
4	等	v	u	4698	23506	2.30	11.52
5	和	p	c	4628	28134	2.27	13.79
6	或	d	c	4232	32366	2.07	15.86
7	了	v	u	2585	34951	1.27	17.13
8	用	v	p	2251	37202	1.10	18.23
9	的	v	u	2017	39219	0.99	19.22
10	较	v	d	1920	41139	0.94	20.16
11	便	a	d	1617	42756	0.79	20.95
12	就是	d	vl	1592	44348	0.78	21.73
13	没有	v	d	1526	45874	0.75	22.48
14	地	n	u	1411	47285	0.69	23.17
15	跟	c	p	1317	48602	0.65	23.81
16	过	vd	u	1249	49851	0.61	24.43

序号	词	修改前词性	修改后词性	修改次数	累计修改次数	百分比	累计百分比
17	性	n	k	1185	51036	0.58	25.01
18	将	d	p	1143	52179	0.56	25.57
19	老	a	h	1069	53248	0.52	26.09
20	一定	d	a	1045	54293	0.51	26.60
21	真	a	d	1041	55334	0.51	27.11
22	地	u	n	1035	56369	0.51	27.62
23	作为	n	v	1034	57403	0.51	28.13
24	在	p	d	1029	58432	0.50	28.63
25	量	v	n	986	59418	0.48	29.11
26	儿	n	k	981	60399	0.48	29.59
27	及	v	c	979	61378	0.48	30.07
28	表现	n	v	976	62354	0.48	30.55
29	去	v	vd	969	63323	0.47	31.03
30	带	n	v	955	64278	0.47	31.50

4.6 词缀使用统计

我们曾对词缀在实际语料中出现的情况进行统计，下面是对"22个高频词缀在9803RMRB（1998年3月份人民日报语料）中出现的字次与词次比较表"的分析。

"业"共构词341个，其中双音节是99个，多音节是242个，以"业"结尾的有145个，大多数是可以看作是词缀的，如"林业"、"奶业"、"鞋业"、"保险业"、"餐饮业"等。我们做最保守的估计，假设只有三分之一的"业"的出现是词缀，也就是3422次，将排在4544

（9803RMRB 中的总字种数）个汉字的第 132 位，占总数的 0.166%。

"员"共构词 242 个，其中双音节是 57 个，多音节是 185 个，只有 3 个词是以"员"字开头的，其余大多数是可以看作词缀的，如"党员"、"团员"、"演员"、"学员"、"办事员"、"侦察员"、"保密员"等。我们做最保守的估计，假设只有三分之二的"员"的出现是词缀，也就是 3629 次，将排在 4544 个汉字的第 125 位，占总数的 0.176%。

如此高频的词缀的分与合的不同标注必然影响到相关的统计数据，如词频、词性转移概率等等。

就"者"、"性"、"子"等比较纯粹（除了作词缀很少构词）的词缀而言，它们在文本中的出现频率还是很高的，把它们单独标注为后缀，还是与前面的词干一起标注为名词？这两种不同的选择势必影响到词频等的统计数据。

表 4-34　22 个高频词缀在 9803RMRB 中出现的字次与词次比较表

ID	字	字　次	词　性	词　次	字次－词次	词次/字次 * 100
19	业	10266	Ng	27	10239	0.26
28	工	8129	n	27	8102	0.33
41	家	6768	q	466	6302	6.89
59	长	5457	a	163	5294	2.99
60	员	5443	q	10	5433	0.18
63	学	5297	v	206	5091	3.89
78	者	4821	k	39	4782	0.81
86	制	4525	v	39	4486	0.86
107	化	4010	v	16	3994	0.40
108	机	3975	Ng	4	3971	0.10
216	子	2300	Ng	19	2281	0.83
255	界	1990	n	17	1973	0.85
277	性	1862	Ng	17	1845	0.91
279	论	1841	v	19	1822	1.03

（续表）

ID	字	字　次	词　性	词　次	字次－词次	词次/字次＊100
365	式	1377	k	11	1366	0.80
439	头	1098	n	99	999	9.02
447	率	1068	v	56	1012	5.24
464	感	1014	Vg	19	995	1.87
544	型	780	k	22	758	2.82
635	师	633	n	39	594	6.16
769	器	458	n	1	457	0.22
1991	剂	40	q	4	36	10.00
合计		73152		1320	71832	1.80

　　根据这个比较表，我们可以看到，词缀字的出现频率是很高的，而现有的标注语料中，其单独出现的概率却很低（平均只有1.80%），这意味着这些词缀字很多时候是以词的组成成分出现的。

4.7　校对结果的比较统计

　　在语料加工的初期（2001年底），为检验词表与加工规范及校对者的正确性，对一批一校语料，我们进行了部分二校。下面是二校与一校的比较结果。

表4-35　校对结果比较表

A	B	C	D	E	F	G	H	I	J	K	L
文件名及校对者编号	总字数	二校字数	总词数	二校词数	二次机器比较	一校次数	二比机器次数	二比一校次数	一校比率%	二比机比率%	二比一比率%
0000203 甲	2285	2285	1598	1598	170	123	184	87	7.70	11.48	5.41

（续表）

A	B	C	D	E	F	G	H	I	J	K	L
文件名及校对者编号	总字数	二校字数	总词数	二校词数	二次机器比较	一校次数	二比机器次数	二比一校次数	一校比率%	二比机比率%	二比一比率%
00005.b 乙	6414	3275	4485	2290	481	630	651	64	14.05	14.51	2.77
00008.b 丙	5754	4151	4024	2903	524	146	246	156	3.63	6.10	5.37
0001204 丁	2021	2021	1413	1413	127	349	370	74	24.69	26.14	5.24
00095.b 丙	5469	3154	3824	2206		374	530	221	9.78	13.85	10.00
00108 戊	6441	3421	4504	2392		358	505	206	7.95	11.21	8.61
00111 甲	7921	3173	5539	2219		533	659	187	9.62	11.90	8.43
00273 乙	6412	3446	4484	2410		635	803	274	14.16	17.91	11.37
00292.b 己	8564	3414	5989	2387		1386	1398	74	23.14	23.34	3.08
00303.b 庚	8397	3055	5872	2136		575	785	286	9.79	13.37	13.36
总计或平均	59678	31395	41733	21955	1302	5109	6129	1627	12.24	14.69	7.41

部分列名的说明: F 是两次机器输出结果比较不同的次数,H 是二校与机器比较不同的次数,I 是二校与一校比较不同的次数,J 是一校的校对率(一校次数 G 除以总词数 D),K 是 H(二校与机器比较不同的次数)除以 E(二校词数)的结果,L 是 I(二校与一校比较不同的次数)除以 E(二校词数)的结果。

　　从表中可以知道,我们选了 10 个文件,共有 59678 字/41733 词(根据实际语料抽样统计而得,汉语平均词长为 1.43 字),对其中的 52.6%(共 31395 字/21955 词,每个文件二校了 5 页)进行了二校。在二校中共做了 1627 处(每个文件都是由两个语言学博士生来校,这里的数字是二人的平均数)修改,其中有 607 处(5109 + 1627 - 6129)是纠正一校中的错误(一校中把对的改成了错的)。从前后两次来看(看 L 列),第一次校对的前 4 篇误改率较低,后几篇较高。这说明校对者不是越校越正确,而是反之。

　　如果我们假设(这仅仅是假设,根据我们对二校语料的抽查,还是有一些错误),二校语料全都正确,那么一校后的语料词性标注的平均正确率为 92.59%（1-7.41%）。这个结果看起来还是比较令人满意的。

但是，如果从校对得比较好的两个文件（校对率超过 20%）来看，机器的原始输出结果，其正确率约为 75%（从 10 个文件的平均值来看是 85.31%），即校对率应该在 25% 左右，而实际上，如除去这两个校得较好的文件，其余的校对率平均在 10% 左右。这就是说，还有 15% 的错误没有校对出来。如果再考虑到一校中还存在约 5% 的错误率（包括机器输出结果中的一些相同的错误，如"是 vi"应为"是 vl"等，一校中不要求校对），这样一来，一校后的语料词性标注的正确率就要大打折扣了，只有约 80%，比机器输出的结果只提高了 5 个百分点。

从各个校对者的正确率来看，情况如下：

A	B	C	D	E	F	G	H	I
文件名	总词数	二校词数	一校次数	二比机次数	二比一次数	一校比率%	二比机比率%	二比一比率%
0001204 丁	1413	1413	349	370	74	24.69	26.14	5.24
00292.b 己	5989	2387	1386	1398	74	23.14	23.34	3.08
00273 乙 2	4484	2410	635	803	274	14.16	17.91	11.37
00005.b 乙 1	4485	2290	630	651	64	14.05	14.51	2.77
00303.b 庚	5872	2136	575	785	286	9.79	13.37	13.36
00095.b 丙 2	3824	2206	374	530	221	9.78	13.85	10.00
00111 甲 2	5539	2219	533	659	187	9.62	11.90	8.43
00108 戊	4504	2392	358	505	206	7.95	11.21	8.61
0000203 甲 1	1598	1598	123	184	87	7.70	11.48	5.41
00008.b 丙 1	4024	2903	146	246	156	3.63	6.10	5.37

校对率（G 列）和二校率（H 列，与机器比较而言）最高的前三位是丁、己、乙 1，二校率（I 列，与一校比较而言）最低的（即最好的）前三位是乙 1、己、丁；校对率（G 列）和二校率（H 列，与机器比较而言）最低的三位是丙 1、甲 1、戊，二校率（I 列，与一校比较而言）最高的（即最差

的)前三位是庚、乙 2、丙 2。

　　另外,我们还比较了改正词表标记集前后机器输出的结果。结果如下:

文件名及校对者	总字数	总词数	二次机器比较	一校次数	一校比率%	二次机器比率%
0000203 甲	2285	1598	170	123	7.70	10.64%
00005.b 乙	6414	4485	481	630	14.05	10.72%
00008.b 丙	5754	4024	524	146	3.63	13.02%
0001204 丁	2021	1413	127	349	24.69	8.99%
总计或平均	16474	11520	1302	1248	12.52%	10.84%

　　这里的两个平均比率应该修正:实际上平均比率为一校(相对于第一次机器输出结果)10.83%、两次机器(第二次机器输出结果相对于第一次机器输出结果)11.30%,也就是说第二次机器输出的结果比一校后的结果相对于第一次机器输出的结果而言,改动的地方还多 54 处(1302-1248),改动率比一校的结果高 0.53%。这说明,在语料库的加工过程中,提高机器输出结果的正确率非常重要,而人工校对的正确率还有待于进一步提高,尤其是需要加强人工校对的培训,以提高其正确率与一致性。

4.8　本章小结

　　本章主要是对一些与词表相关数据的统计分析,通过分析比较,可以得出如下一些结论:

　　从词的结构类型统计看,偏正结构、动宾结构和动补结构是汉语构词中的三大结构类型。

　　从词性上看,名词所占比率最高,占 43.30%,其次是动词,占31.62%,再次是习用语,占 8.18%,形容词占 5.66%,其余的 27 类词占 11.24%。

从词长上看,双音词占有绝对的优势,比率高达 70.79%,其次是三音词,占 13.78%,再次是四音词,占 10.91%,单音词占 3.48%,其余 5-15 个音节的词仅占 1.04%。

从词表结构类型与词性的交叉统计看,偏正式名词(原子词和叠合词)是最多的,其次是偏正式动词(原子词),再次是习用语、动宾式动词(原子词)、动补式动词(叠合词)。就名词、动词、形容词看,几乎每一种结构类型都有。名词中,偏正式原子词是最多的,其次是偏正式叠合词;动词中,偏正式原子词是最多的,其次是动宾式原子词;形容词中,并列式原子词是最多的,其次是偏正式原子词。叠合词中主要是偏正式名词。

以上是静态词表(SJTU 8 万词表)的统计结论。

静态词表的词与动态的语料词表的词存在较大差异,尤其是兼类词的比率相差较大。在静态词表(SJTU 8 万词表)中,兼类词仅占 3.96%,在动态的语料词表中,兼类词词条虽仅占 2.05%,可是兼类词词次却占 19.03%。SJTU 词表在真实语料(800 万标注语料)中的覆盖率为 69.90%,我们的词表中还有 25557 条(约占总词条的 29.61%)没有在真实语料中出现,而真实语料中出现的词条中有 61350 词条(约占总词条 122114 的 50.24%)不在我们的词表中。当然这其中有不少是由于所谓言语词和语言词的差别而造成的。

在真实语料中,不管是论词条还是论词次,名词出现的绝对数,都是最高的,其次是动词。接下来,从词条看,习用语排第三,形容词第四,地名第五,副词第六,时间名词第七;从词次(反映的是覆盖率)看,助词排第三,副词第四,代词第五,形容词第六,介词第七。

在真实语料中,从词的平均出现次数看,助词是最高的,其次是趋向动词、介词,再次是系动词、代词和连词,而名、动、形三大类词中,都是比较低的,其中形容词最高,略低于平均值,动词和名词不到平均值的三分之二。这说明虚词的出现频率远高于实词。从这个数据事实可以看出,我们应该加强虚词的研究,尤其是助词、代词、介词等的研究。

在真实语料中,有 36.70% 的词只出现 1 次,12.86% 的词只出现 2 次,两者相加占了近一半(49.55%)。

在真实语料中,高频汉字的使用频率非常高,反之低频汉字的使用频率非常低,而且低频汉字的数量远大于高频汉字。

　　从词性修改的校对记录看,被修改最多的前 30 个词形(次数都大于 1000)或词条(次数都大于 950),分别占总修改次数(204088)的 35.18% 和的 31.49%。即有三分之一的校对工作量是校对被修改最多的前 30 个词形或词条。

第5章 语料库在对外汉语教材超纲词研究中的应用

5.1 对外汉语教材生词中的超纲词

5.1.1 超纲词的界定

超纲词就是超出大纲词汇表的词。这里指的是超出 HSK 词汇大纲词汇表（共 8822 个）的词。语料以教材编写者给出的生词为准。

5.1.2 超纲词的现状分析

5.1.2.1 对词汇大纲的分析

本人对《汉语水平词汇与汉字等级大纲》（2001 修订本）进行了一些统计分析。大纲共有 8822 词，如果把其中的等义词及词头词尾的示例也计算进去的话，一共是 8890 词，总共包含字次是 16551，不同的汉字共有 2864 个。其中不在 2905 字（汉字大纲总字数）中的有 8 个：啰、蔓、磋、涵、帕、驼、喧、账；2905 字不在 2864 字中的有 49 个，除去汉字大纲中的 41 个人名（姓氏）地名用字后的还有 8 个：哩、鸵、馋、绸、蹉、啥、喧、咋。这说明在《汉语水平词汇与汉字等级大纲》内部词汇大纲与汉字大纲之间存在着一些不一致的地方：某些纲内字只能出现在超纲词中，同样某些纲内词中却包含一些超纲字。尽管这些不一致所占的比率很小，但作为一个教学和考试用的大纲显然是应该避免这些不一致的情况的。

李英在《关于〈汉语水平词汇与汉字等级大纲〉的几个问题》一文中对大纲中词语的筛选、词语的分级、词语的切分和词性的标注等问题

进行了论述,指出大纲中存在的不少问题。为引起大家的重视,择要列举如下:

在词语筛选上,(1) 口语词相对不足。例如,《汉语水平词汇与汉字等级大纲》中收了"案情"、"把手"、"暗中"、"自行车"等,却没有相应的常用口语词"案子"、"把儿"、"背地里"、"单车"等。另外,口语中有很多带"子"的词,像"锤子"、"铲子"等,但《汉语水平词汇与汉字等级大纲》只有"锤"、"铲"等。(2) 新词新语选用不多。《汉语水平词汇与汉字等级大纲》收进了一些新词,但吸收的还很不够,像"巴士"、"曝光"、"炒鱿鱼"、"打的"、"贺卡"、"名片"等新词新语没有收入。(3) 易联想词添加不够。《汉语水平词汇与汉字等级大纲》收入了"姥姥"、"姑姑"、"外婆",却没有收入"姥爷"、"姑父"、"外公"。

在词语分级上,有些令人不解的现象。如在《汉语水平词汇与汉字等级大纲》中,"白天"是乙级词,"晚上"是甲级词;"学生"是甲级词,"教师"是乙级词,"旅行"是甲级词,"旅游"是丙级词;"爷爷"、"奶奶"属乙级词,"孙子"、"孙女"则是丙级词。

这些问题的存在是因为大纲词汇在很大程度上是根据统计得来的。可见一般的语料统计并不完全可靠。现在的统计语料主要是书面语,而有些在日常生活中相互依存的词语在书面语中出现概率并不相同(对此在传统语言学研究中已有人注意到这种近义词、反义词等的用法及频率的不对称问题,但统计语言学家并没有意识到它对语料统计所带来的影响)。比如前面提到的"爷爷"、"奶奶"与"孙子"、"孙女"等词其反映的概念是相互依存的,但它们在实际使用中的频率却是不对称的:"孙子"、"孙女"们常常开口闭口"爷爷"、"奶奶",但"爷爷"、"奶奶"们却很少"孙子"、"孙女"的叫;而且,"爷爷"、"奶奶"还能作为非亲属称呼,用来尊称老年人。这大大增加了"爷爷"、"奶奶"的使用频率。

在词语切分上,由于大纲制定者从所谓严格的语言学意义上来认定词,使得一些一般不能单用的语素字(粘着语素字)进入大纲词表。如"顾(动)"、"观(动)"、"寒(形)"、"唤(动)"、"怒(形)"、"器(名)"、"室(名)"、"行(名)"、"讯(名)"、"众(形)"等都是粘着语素字,而不是单音节词。

最近,赵金铭等撰文也指出了《汉语水平词汇与汉字等级大纲》存在的一些问题①。

5.1.2.2 超纲词问题的严重性

超纲词问题是现有对外汉语教材尤其是中高级教材中存在的一个严重问题。

根据李清华的研究②,在对外汉语中高级教材中普遍存在超纲词过多的问题,平均约59%③ 的生词是超纲词,而超纲的生字仅有5%。

根据本人自己的研究统计,问题比这还要严重:在一套零起点的对外汉语初级教材《短期汉语教程》中,共有生词1027个,其中纲内词844个,超纲词183个,分别占82%和18%;而在一套对外汉语高级教材《多文体 精泛结合 高级汉语教程》④ 中,共有生词(超出甲级、乙级和丙级的词)932个,其中纲内词184个,超纲词748个,分别占20%和80%。⑤ 这大大超出了《汉语水平等级标准与语法等级大纲》中的规定。下面用表给出这些统计数据。

表5-1　超纲词与超纲字统计表

	总词数	超纲词	超纲词百分比	总字数	超纲字	超纲字百分比
初级教材	1027	183	18%	797	8	1%

① 赵金铭等,《关于修订〈(汉语水平)词汇等级大纲〉的若干意见》。

② 李清华,《〈汉语水平词汇与汉字等级大纲〉的词汇量问题》。

③ 李清华论文中是64%,这里是我自己根据其论文中的数据加在一起后重新计算的结果。

④ 感谢该书主编肖奚强先生无偿提供其生词总表。该书突破以往的高级汉语教材文体单一(多是文学作品)、偏重(或只有)精读训练的编写模式,在多文体、精泛结合编写高级汉语教材方面进行了成功的尝试,首次引进了系统的修辞教学内容、对生词直接用汉语注释。该书在正式出版前试用过两学年,而且"教学效果良好,从形式到内容都受到留学生的欢迎和好评"(见该书前言)。就是这样一部精心打造的教材,其超纲词的比率还是很大,这不能不说,对外汉语教材中超纲词问题确实严重。

⑤ 这里的超纲词都是指超出《汉语水平词汇与汉字等级大纲》中8822词的词。如果在初级教材中限于甲级词和乙级词的话,超纲词则更多:287个,占28%;如果在零起点教材中限于甲级词的话,超纲词为519个,占50.5%。

（续表）

	总词数	超纲词	超纲词百分比	总字数	超纲字	超纲字百分比
中级教材	92	50	54.35%	162	7	4.32%
高级教材 1	116	64	55.17%	220	5	2.27%
高级教材 2	35	29	82.86%	83	9	10.84%
高级教材 3	932	748	80%	1302	303	23%

　　（表中"中级教材"和"高级教材 1"、"高级教材 2"是李清华的统计数字〈分别统计了一篇课文〉，"初级教材"和"高级教材 3"是本人对《短期汉语教程》和《多文体 精泛结合 高级汉语教程》的统计数字〈分别统计了全部课文〉）

　　统计数据表明：

　　1. 超纲词在对外汉语中高级教材中比率很大，甚至在初级教材也有 18% 的超纲词。

　　2. 超纲字在对外汉语中高级教材中比率则要小得多，超纲字和超纲词的比率相差很大。

5.1.2.3　超纲词问题严重的原因

　　为什么超纲字比超纲词要少得多？这主要是因为高频汉字在语料中的覆盖率极高，而且语料规模越大，高频汉字在语料中的覆盖率越高。这一点可以从实际语料的统计数据得到证实：2905 个高频汉字在 887 万字语料中的覆盖率高达 98.6323%，在 8640 万字语料（清华大学计算机系公布在网上的统计数据）中的覆盖率则更高，达到 99.579%。

　　为什么会出现大量的超纲词呢？原因无非是两个方面：一方面可能是大纲词汇量太小，一方面可能是教材词汇量太大。究竟是哪方面的原因呢？还是二者都有？

　　前面我们已经提到大纲中存在的一些问题，这里再补充一些关于词汇量方面的研究。

　　李清华在《〈汉语水平词汇与汉字等级大纲〉的词汇量问题》一文中，实际考察了中、高级阶段教材中三篇课文的生词情况，并与大

155

纲中的词进行了比较。数据分析表明大纲所定的 8822 个词的词汇量偏低,应该达到 15000 个左右才合适。李据此认为,《汉语水平词汇与汉字等级大纲》词汇量偏低是造成中高级汉语教材超纲词过多的重要原因。

根据本人对切分标注通用语料的统计,对于一个 20 万字的语料库,8822 个词的覆盖率可以达到 96.02%;而对于一个 422 万字的语料库,8822 个词的覆盖率可以达到 89.89%;对于一个 465 万字的语料库,8822 个词的覆盖率可以达到 87.56%;对于一个 887 万字的语料库,8822 个词的覆盖率可以达到 86.62%。这些数据表明,随着语料库的增大,8822 个词的覆盖率逐渐降低,有收敛的趋势,预计将收敛在 80%-85% 之间。从这些数据可以看出,8822 个词在大规模语料库中的覆盖率是很低的,并不能达到大纲制定者所称的 95%。要达到 95%,对于一个 465 万字的语料库,需要 25630 个词,对于一个 887 万字的语料库,需要 33000 个词。[①] 这些数据表明,大纲词汇量确实偏低,这自然会造成对外汉语教材超纲词过多了。

如果仅仅从教材的词汇量来看,不论是初级还是高级教材,1000 左右的词汇量是合适的。根据《汉语水平等级标准与语法等级大纲》,初级的总词汇量应该达到 3051 个(最低的甲级词也有 1033 个),而高级的总词汇量则应该达到 8822 个,其中生词数是 3569 个丁级词,按照《汉语水平等级标准与语法等级大纲》的要求,三年级要求掌握其中的一半,也就是 1785 个。我们前面统计到的教材中的词汇量是小于或者远小于这个标准的(因为这毕竟只是一门课中的生词)。但从超纲词的比率看,也许教材选择的课文过难也是超纲词太多的一个重要原因,这从我们对初、高级教材统计数据可以看得出来。一套只有 797 个生字、1027 个生词的初级教材,其中的超纲词竟占到 18%,超纲字也有 1%。而在高级教材中比率则更高,超纲词达到 80%,超纲字达到 23%。这一方面是由于教材编写者是母语使用者,很容易低估课文的难度,另一方面则是由于教材编写者在编写教材时没有意识到超纲词的问题,未能有意识地控制超纲词的数量。

---

① 这里"8822 个词"并非指大纲中的 8822 词,而是指语料中最高频的 8822 个词。如果是指大纲中的 8822 词,则覆盖率还要低。

5.1.3　控制超纲词的策略

既然超纲词的数量是如此之大,那么怎样才能有效控制超纲词的数量呢? 我们认为首先可以考虑采用以下策略。

1. 修订大纲词汇表,增加大纲词汇量。

治标需治本。根据前面的分析,大纲词汇量偏低。李清华在 1999 年曾经提出应该把大纲词汇量提高到 15000 左右,但是这个问题似乎没有引起有关方面的注意。最近赵金铭等提出了一些修订词汇大纲的意见,但他们主要是从质的方面提出来的,没有从量的方面去考虑,这势必会造成捉襟见肘的局面。

2. 规范教材编写,严格控制超纲词。

在教材编写中,大家都觉得,到了中高级以后应该选用未经删改的经典原文作为课文。这对于提高留学生的汉语水平显然是有帮助的。但是随之而来的问题是,超纲词太多,尽管其中有些是因为大纲词汇量偏低造成的,但也不乏一些偏词、难词,有的还是过时的词语。所以我们建议,在编写教材时,对于课文中出现的生词,可以采取两种不同的处理方式。一种是作为正式的生词,列入生词总表,要求留学生掌握。这些生词应该严格控制超纲词的数量。考虑到现有的大纲词汇量偏低,我们觉得就现有大纲而言,超纲词的数量以控制在 25% 左右为宜。一种是不作为正式的生词,可以称之为注释词,不要求留学生掌握,只需在课文中采用加注的方式,使得留学生能够顺利理解课文就行。如一些人名、地名等专有名词,或者是个别作家使用的词语,像鲁迅先生用的"猹"字,这些都不必作为正式生词来教学。

3. 加强对外汉字教学以及构词法教学。

由于汉字在汉语中的特殊地位,在对外汉语教学中,应该加强对外汉字教学,同时向学生讲授汉语中主要的构词法知识[①]。认识汉字、懂得构词法之后,许多词语也许就不必作为生词来教学了。在中小学语文教学中就是这样做的,尤其是在小学,几乎只有生字教学,而很少生

---

① 参看白乐桑《汉语教材中的文、语领土之争:是合并,还是自主,抑或分离?》中的相关论述。

词教学。不过与此相应,汉语母语教学中,还有一个对外汉语教学中不大用的练习方式——组词。这是一种以字带词的教学方式。这样自然会大大降低超纲词的数量。因为绝大多数的汉字都是既表音又表义的,学习掌握每一个汉字的音形义,对于学习掌握汉语词汇有着重要的作用。我们曾经做过一个调查,发现掌握汉字数量的多少,在很大程度上能够反映留学生汉语水平的高低,尤其是读写水平的高低。

4. 调整切分标注词表。

如果是用软件来自动检测对外汉语教材中的超纲词,在目前的情况下,可以先调整切词词表中的部分词语,如不收"我国"、"我校"、"我所"这一类词。这样统计出来的超纲词数量也会减少。当然这种减少只是技术性的。

5.2 高级教材生词中超纲词的统计与分析

5.2.1 超纲词统计的数据来源

我们收集了三种共5册对外汉语高级精读教材中的生词4286个,其中超纲词2149个,本节的讨论全部是基于这些生词与超纲词的。这些教材分别是肖奚强主编的《多文体 精泛结合 高级汉语教程(上、下册)》、王国安主编的《标准汉语教程(高级,第一、二册)》和姚殿芳主编的《汉语高级教程(第二册)》。前两种是近年出版的,是在1992年出版了《汉语水平词汇与汉字等级大纲》之后编写的,后一种出版得早一些,没有参考《汉语水平词汇与汉字等级大纲》。所以前两种的生词都是在5000常用词(甲、乙、丙三级词)以外的丁级词和超纲词,而后一种的生词中还包括一些丁级词以下的甲、乙、丙级词。

肖奚强主编《多文体 精泛结合 高级汉语教程》上下两册中,共有1036生词,其中有16个生词上下册重复出现,除去后共有1020个,没标注词性的有104个,超纲词839个。

王国安主编《标准汉语教程》(高级,第一、二册)主课文共出现新词语1757个(其中丁级词1401个),专名168个;选读课文中,除去重复的,共出现新词语 526 个(其中丁级词 292 个)。共计 2452 个[①],没标注词性的有 121 个,超纲词 734 个(有一些词按词形来看,在大纲中,未计算在内)。

　　姚殿芳主编《汉语高级教程(第二册)》,全册共 14 课,由于生词太多,我们只是随机选择了其中单数课课文的生词,即 15、17、19、21、23、25、27 共 7 课的生词,共有 814 个生词,其中加了括号的有 50 个,没标注词性的有 150 个,576 个超纲词。

　　下面用表格列出超纲词的总体情况(附超纲字的情况)。

表 5-2　超纲词与超纲字统计表

	总词数	超纲词	超纲词百分比	总字数	超纲字	超纲字百分比
肖教材	1020	839(412 + 427)	82.25	1412	325	23.02
王教材	2452	734(346 + 388)	29.95	1766	102	5.78
姚教材	814	576	70.76	1064	115	10.80
总计	4286	2149	60.99	4242	542	12.78

说明:"超纲词"一列中括号内分别为上、下册或一、二册的超纲词数。

5.2.2.2　超纲词的统计与分析

1. 超纲词词性分布表

表 5-3　超纲词词性分布表

词　性	词　数	词　性	词　数	词　性	词　数
名词	671	副词	37	连词	3
动词	487	动词、名词	19	俗语	3
形容词	319	象声词	16	叹词	3
未标词性	296	动词、形容词	7	名词、量词	2

[①]　第一册课文生词表中注明总生词数为 1262,实际为 1263,我们的统计按实际计算。

（续表）

词 性	词 数	词 性	词 数	词 性	词 数
专名	190	名词、形容词	6	代词	1
成语	83	量词	6		

　　从超纲词词性分布表看，名词最多，动词紧随其后，其次是形容词，最少的是代词。这主要是因为名词、动词、形容词是所谓的开放词类，而代词是封闭词类。但是名词、动词、形容词的比例（671：487：319，即 2.1：1.5：1）却与大纲词表中的名词、动词、形容词比例（3456：2399：1001，即 3.5：2.4：1）不大一样，也与普通词表（约 8 万词）中的名词、动词、形容词比例（37380：27292：4889，即 7.6：5.6：1）相去甚远。这说明在对外汉语教材中所使用到的词与通用语料中所使用到的词在名词、动词、形容词这三大词类上的比例很不一样。为什么会出现这种情况，这还有待于进一步的研究。

　　2. 各课生词数和超纲词数及百分比总表

表 5-4　各课生词数和超纲词数及百分比总表

课文	教材	生词总数	超纲词总数	超纲词百分比	课文	教材	生词总数	超纲词总数	超纲词百分比	课文	教材	生词总数	超纲词总数	超纲词百分比
23	3	171	114	66.67	10	21	66	24	36.36	3F	22	25	11	44.00
27	3	118	101	85.59	4	22	63	24	38.10	4F	22	32	11	34.38
21	3	128	99	77.34	9	11	27	23	85.19	7F	22	27	11	40.74
3	11	87	81	93.10	4	12	35	21	60.00	10F	22	17	11	64.71
17	3	133	77	57.89	14	21	55	21	38.18	11F	22	29	11	37.93
25	3	101	71	70.30	9F	22	26	21	80.77	14F	21	26	10	38.46
8	11	68	63	92.65	3	21	71	20	28.17	6	22	64	10	15.63
2	12	64	60	93.75	13	21	59	20	33.90	11	22	56	9	16.07
19	3	89	59	66.29	1	22	73	20	27.40	13F	22	17	9	52.94

（续表）

课文	教材	生词总数	超纲词总数	超纲词百分数	课文	教材	生词总数	超纲词总数	超纲词百分数	课文	教材	生词总数	超纲词总数	超纲词百分数
7	11	80	59	73.75	3	22	58	20	34.48	8F	21	20	8	40.00
5	12	72	58	80.56	7	22	69	20	28.99	10F	21	31	8	25.81
10	12	62	57	91.94	10	22	64	20	31.25	1F	22	25	8	32.00
15	3	74	55	74.32	10	11	23	19	82.61	5F	22	22	8	36.36
3	12	54	51	94.44	9	22	64	19	29.69	8F	22	19	8	42.11
6	11	45	42	93.33	1	21	72	17	23.61	6F	22	15	7	46.67
8	12	53	42	79.25	7	21	69	17	24.64	8	22	48	7	14.58
7	12	47	40	85.11	11	21	64	16	25.00	14F	22	10	7	70.00
6	12	46	38	82.61	12F	22	19	16	84.21	5F	21	17	6	35.29
2	11	51	37	72.55	4	21	66	14	21.21	12F	21	24	6	25.00
5	11	53	36	67.92	5	21	67	14	20.90	4F	21	25	5	20.00
1	12	40	35	87.50	12	22	53	14	26.42	13F	21	10	5	50.00
8	21	81	34	41.98	2	21	73	13	17.81	2F	22	22	4	18.18
5	22	78	31	39.74	2	21	63	13	20.63	6F	21	25	4	16.00
4	11	54	27	50.00	14	22	62	13	20.97	7F	21	13	4	30.77
13	22	70	26	37.14	12	21	60	12	20.00	9F	22	24	4	16.67
1	11	28	25	89.29	3F	21	36	11	30.56	1F	21	30	3	10.00
9	12	31	25	80.65	6	21	59	11	18.64	2F	22	20	3	15.00
9	21	78	24	30.77	11F	21	19	11	57.89					

　　说明：1. 这个总表是按超纲词总数倒序排列的。2. "教材"一列中的 11、12、21、22、3 分别代表肖奚强主编的《多文体 精泛结合 高级汉语教程》(上、下册)、王国安主编的《标准汉语教程》(高级，第一、二册)和姚殿芳主编的《汉语高级教程》(第二册)，在"课文"一列中数字后标上了"F"的是王国安主编的《标准汉语教程(高级，第一、二册)》副课文。

　　从这个总表,可以看出每课的生词总数相差很大,多的170多个,少的只有20多个。而且,每一课超纲词的百分比也很不相同,高的达到94.44%(正课文)或80.77%(副课文),低的只有14.58%(正课文)或10.00%(副课文)。

　　从这个总表看,姚殿芳主编的《汉语高级教程(第二册)》中有3篇课文超纲词最多,都在100个上下,远高于每课35个的平均数(除副课文之外),这显然是与当时还没有一个标准的大纲及没有有意识地控制超纲词有关。而王国安主编的《标准汉语教程(高级,第一、二册)》有意识地控制超纲词,为此还对课文做了一些修改,使得每课的超纲词都控制在比较合理的范围内,最多的一课也只有34个,少的只有7个。如果把超纲词的数量看作课文的难度之一,那么这些课文的安排顺序也并不完全是按超纲词的数量从少到多排列的,随意性较大。

　　3. 各册相同的超纲词数

表5-5　各册相同的超纲词数

教　　材	相同的超纲词数	
肖教材上	28	小计:48
肖教材下	20	
王教材一	23	小计:47
王教材二	24	
姚教材	31	

　　在所有2149个超纲词中只有62个超纲词是相同的,占2085(2149−62−2)个不同超纲词中的3%不到。62个相同的超纲词共出现了126次,即只有2个词同时出现在三种教材中,其余60个都是只出现在两种教材中。

　　从这个角度可以看出超纲词并不是语言使用中的核心(常用)词汇。我们前一节曾经认为大纲词汇量太低是导致超纲词很多的一个主要原因,但是从这里的数据看来,未必如此。前一节我们也曾说过,超纲词很多,这一方面是由于教材编写者是母语使用者,很容易低估课文的难度,另一方面则是由于教材编写者在编写教材时没有意识到超纲词的问题,未能有意识地控制超纲词的数量。这一点现在从这三种教材的对比也可以清楚地看出:王国安主编的《标准汉语教程(高级,第一、二册)》是注意到了超纲词问题的,所以把超纲词比率控制在合理的范围内①。

这说明即使扩大大纲词汇量(很容易想到的做法是把相同的超纲词增加到大纲词汇表中),也难以避免超纲词太多的问题,因为不同教材中所出现的超纲词不一致,也就是说这些超纲词未必是常用词。因为如果是常用词的话,应该会出现在不同的教材中。下面是 62 个相同的超纲词:

> 巴不得、逼真、瘪、不省人事、不亚于、不知所措、呆板、弹簧、当铺、抵御、电波、独一无二、扼杀、发疯、古朴、灰烬、昏昏沉沉、祭祀、家族、焦灼、侥幸、枯竭、宽恕、懒洋洋、灵性、绿洲、掠、落伍、魅力、朦胧、棉絮、器皿、强行、亲情、轻盈、清脆、全神贯注、赡养、世俗、试图、胎、淌、啼、天平、屠户、推崇、玩耍、惘然、旺盛、稀疏、下巴、摇篮、引人入胜、萦绕、阅历、匀称、缜密、壮胆、着眼、自卑、足够、诅咒

除了"不知所措"、"全神贯注"两个词出现在 3 册教材中,其余 60 个词都是只出现在 2 册教材中。

5.2.3　初步的想法与建议

通过以上统计分析,至此我们得到几点算不上结论的想法。

1. 超纲词问题是对外汉语高级教材编写中的一个重要问题。

2. 有没有超纲词意识直接关系到超纲词的比率是否合理。

3. 超纲词本身是否有出现的必要(指留学生是否有必要学习这些超纲词,学了之后,在多大程度上能够提高其汉语水平),这是一个很值得讨论的问题。因为我们统计的教材还不够多,统计到的现有教材之间相同的超纲词又太少,没法说明这些超纲词的必要性与合理性,不能说应该扩大大纲词汇量。

---

① 这里暂且不去讨论由于局部修改可能带来的问题:有使用该教材的人认为教材中为了减少超纲词而做的一些修改不一定很好,因为改掉了汉语本来的一些面目。

　　但是降低超纲词的比率,确保超纲词的比率控制在比较合理的范围内,这应该是保证教材课文难度、提高教材编写科学性的一个重要方面。为此,我们建议:在教材编写时必须提高科学意识,有意识地控制超纲词的比率,并采取一些有效的措施来控制超纲词的比率。

　　超纲词(和超纲字)的问题是编写对外汉语教材尤其是高级教材中经常会碰到的问题。这个问题的深入研究与逐步解决,有助于促进对外汉语教学由经验型向科学型的转变。但是令人遗憾的是,对于超纲词的研究却还没有引起足够的重视。本节也只是对几本高级教材中的超纲词做了些统计与分析,希望能够起到抛砖引玉的作用。

5.3　《雨中登泰山》的超纲词统计与分析

5.3.1　引言

　　在前两节中,我们从总体上对对外汉语教材尤其是对外汉语高级教材生词中的超纲词问题进行了统计、分析与讨论。本节打算在宏观研究的基础上,进行一次微观的研究,从另一个角度——不是简单地讨论课文生词中的超纲词问题,而是全面地考察、统计、讨论课文全文中的超纲词问题——来具体统计、分析对外汉语教材中的一篇课文《雨中登泰山》的超纲词情况。限于个人手头的资料,本节只分析《雨中登泰山》这篇课文在三种教材中的情况:肖奚强主编《多文体 精泛结合高级汉语教程(上册)》(简称肖著)、姜德梧主编《高级汉语教程(修订本,第一册)》(简称姜著)和北京语言学院外国留学生二系编《高级汉语教程(上册)》(简称系著)①。其中,姜著是根据系著修订而成的。我们之所以选择这篇课文来分析讨论,是因为:这篇课文能够历经十多年的时间,至今还被选用,说明这是得到了大家认可的一篇课文。另外

---

① 　这三种教材的《雨中登泰山》行文略有差别,本节的具体讨论以最近出版的肖著为准,这些不一致的地方并不影响本节的讨论。

这篇课文的生词及超纲词比较多[1]，从分析超纲词的角度，这是一个比较典型的例子。通过对这个具体例子的统计、分析，我们还将进一步讨论在高级汉语教材中如何对现成语料进行加工，从而避免出现课文中生僻词汇过多的问题。

5.3.2　处理步骤及说明

第一步，对《雨中登泰山》切分标注。

首先将课文《雨中登泰山》输入电脑，得到课文的电子版本，然后将这个电子版本自动切词、标注词性，并经过反复的人工校对，尽量减少切词的分歧。以不影响本节的讨论为标准，即凡是教材中列出的生词我们都把它们作为一个切词单位，如"孔子登东山而小鲁，登泰山而小天下"、"会当凌绝顶，一览众山小"、"天公不作美"等都作为一个切词单位，而"吸翠霞而夭矫"则因为三本教材都把"夭矫"列为生词，所以切成了"吸/v　翠/a　霞/n　而/c　夭矫/a"。这一步费时费力，需要反复进行。如果直接按照中文信息处理中通行的做法，那么切分出来的词种数量会比本节下面给出的多。因为中文信息处理中词的颗粒度一般较大，如"地/n 上/nd"、"心/n 里/nd"，在中文信息处理中一般都处理成一个切词单位，而本节作为基于统计的对外汉语教学研究，则把它们都处理成了两个切词单位。我们认为这样更接近实际的教学情况，也符合汉语本身的特点。

第二步，对《雨中登泰山》进行字频、词频统计。

分别对未经加工的《雨中登泰山》生语料及经过校对的《雨中登泰山》熟语料进行字频及词频统计（频率与本节讨论的问题无关，之所以统计频率，是为了方便地得到总字/词次及总字/词种），为了避免词性标注的不一致，使讨论的问题更集中，本节按词种来统计，得到《雨中登泰山》一文的用字总表及用词总表。

第三步，建立生词表。

把三本教材中编者给出的生词分别输入电脑，建立各教材的生词表。

---

[1]　但不是最多的，所以这是一个典型而非个别的例子，具体可参见上一节。

第四步,建立超纲词表。

根据上面的数据与 HSK 词汇大纲中的 8822 词或 2905 字比较,得到超纲词表和超纲字表。

具体数据详见下一小节。

5.3.3 统计结果及分析

首先对切词标注后的《雨中登泰山》进行统计得到"《雨中登泰山》用字、用词统计表"。

表5-6 《雨中登泰山》用字、用词统计表

A	B	C	D(B/A)	E(C/B)	F(C/A)
总字次/字种	生字字次/生字种	超纲字次/字种	生字次/生字种占总字次/字种的百分比	超纲字次/字种占生字次/字种的百分比	超纲字次/字种占总字次/字种的百分比
2649/744	147/103	66/51	5.5/13.8	44.9/49.5	2.5/6.9
总词次/词种	生词词次/生词种	超纲词次/词种	生词次/生词种占总词次/词种的百分比	超纲词次/词种占生词次/词种的百分比	超纲词次/词种占总词次/词种的百分比
1815/794	360/310	311/268	19.8/39.0	86.4/86.5	17.1/33.8

说明:总字/词种指的是不同的用字/词数,生字/词指的是 HSK 甲乙丙级以外的字/词,超纲字/词指的是不在 HSK 大纲中的字/词。

从这个表可以看出,《雨中登泰山》共有 2649 字次,共有不同字种 744 个。其中生字为 103 个,超纲字为 51(这说明生字中有 52 个是丁级字)。比较 B 列生字种数与生词种数,生词种是生字种的 3 倍多,从绝对数看,显然课文中的生字种和生词种都显得多了些。比较字与词两行数据,字的数据值远小于词的数据值。如果只看 E 列的数据,我们会觉得超纲字、词的比率不小,但是如果从 F 列的数据看,超纲字词的比率就不那么大了,尤其是超纲字,比率很小。当然这两种不同比率

166

数据各有其不同的意义。关于这一点后面还会谈到。

　　"《雨中登泰山》用字、用词统计表"中有专名 37 个,包括普通专名
30 个(七真祠、岱宗坊等)、人名 5 个(吕洞宾、何仙姑等)和地名 2 个
(中国、泰山)。将其从表的统计中除去后得到"修正后的《雨中登泰
山》用字、用词统计表"。除去专名是考虑到:一般情况下,专名不要求
留学生掌握,不宜作为超纲词处理。

表 5-7　修正后的《雨中登泰山》用字、用词统计表

A	B	C	D(B/A)	E(C/B)	F(C/A)
总字次/字种	生字字次/生字种	超纲字次/字种	生字次/生字种占总字次/字种的百分比	超纲字次/字种占生字次/字种的百分比	超纲字次/字种占总字次/字种的百分比
2649/744	147/103	66/51	5.5/13.8	44.9/49.5	2.5/6.9
总词次/词种	生词词次/生词种	超纲词次/词种	生词次/生词种占总词次/词种的百分比	超纲词次/词种占生词次/词种的百分比	超纲词次/词种占总词次/词种的百分比
1815/757	302/273	251/229	16.6/36.0	83.1/83.9	13.8/30.3

　　经过修正后的数据,较原来的有所改善,但是并不明显。生词及超
纲词的比率还是很高。另外对于具体超纲词的认定,不同的人也许会
有不同的看法,为此我们在附录中给出全部的 229 个超纲词。比如"白
云"和"桌"一定会有人认为不应该作为超纲词。问题是大纲中确实没
有"白云"和"桌"这两个词。"白云"可以切分成"白"和"云",不作为
超纲词。但"桌"呢? 大纲虽然收有"桌子",但是"桌"和"桌子"显然
不是同一个词的不同写法。就这篇课文而言,课文中的"茶桌"显然不
能说成"茶桌子"。"茶桌"如果不切分成两个词,则"茶桌"是一个超
纲词,如果切分成两个词,那么"桌"是一个超纲词。类似的情况会有
很多,这些问题需要进一步的研究,本节就不展开讨论了。

　　下面来看三种教材中《雨中登泰山》的生词统计表。

表5-8　三种教材中《雨中登泰山》生词统计表

教材	A 总词次/词种	B 生词种	C 超纲词种	D(B/A) 生词种①占总词次/词种的百分比	E(C/B) 超纲词种占生词种的百分比	F(C/A) 超纲词种占总词次/词种的百分比
肖著	1815/757	87	81	4.8/11.5	93.1	4.5/10.7
姜著		47+8	43+8	3.0/7.3	92.7	2.8/6.7
系著		55	53	3.0/7.3	96.4	2.9/7.0

　　说明：姜著中的"+8"是表示有8个专名编者把它们作为注释而不是作为生词处理②。

　　除去"三种教材中《雨中登泰山》生词统计表"中的专名及注释后得到"修正后的三种教材中《雨中登泰山》生词统计表"：

表5-9　修正后的三种教材中《雨中登泰山》生词统计表

教材	A 总词次/词种	B 生词种	C 超纲词种	D(B/A) 生词种占总词次/词种的百分比	E(C/B) 超纲词种占生词种的百分比	F(C/A) 超纲词种占总词次/词种的百分比
肖著	1815/757	83	77	4.6/11.0	92.8	4.2/10.2
姜著		47	43	2.6/6.2	91.5	2.4/5.7
系著		48	46	2.6/6.3	95.8	2.5/6.1

---

① 这里有一个问题：按理应该用"生词次"代替"生词型"来计算更合理，但由于生词次与生词型相差很小（具体可以见表一、表二的数据），因而在此将其差别忽略了。E、F列的超纲词数据也存在同样的问题。

② 我们在第一节中已经提出过类似的处理策略，可以参看。除了专名不应该作为生词外，一些不大常用的词也不应该作为生词，如《雨中登泰山》中的"峻嶒"、"巉岩"、"层峦叠嶂"等，只需给出注释，帮助留学生疏通课文意思就可以了。

　　从"修正后的三种教材中《雨中登泰山》生词统计表"可以看到，E 和 F 列的数据相差很大。如果从 F 列的数据看，超纲词的比率并不高。但如果以 E 列的数据看，超纲词的比率就太高了。我们现在一般的讨论是基于 E 列来进行的。当然要是按 F 列的数据来讨论的话，则应该考虑到课文的实际情况。这个我们可以通过合并"修正后的《雨中登泰山》用字、用词统计表"与"修正后的三种教材中《雨中登泰山》生词统计表"得到"《雨中登泰山》生词比较统计表"来进行比较分析。

表 5-10　《雨中登泰山》生词比较统计表

教材	A 总词次/词种	B 生词词次/生词种	C 超纲词次/词种	D（B/A）生词次/生词种占总词次/词种的百分比	E（C/B）超纲词次/词种占生词次/词种的百分比	F（C/A）超纲词种占总词次/词种的百分比
肖著	1815/757	83	77	4.6/11.0	92.8	4.2/10.2
姜著		47	43	2.6/6.2	91.5	2.4/5.7
系著		48	46	2.6/6.3	95.8	2.5/6.1
实际		302/273	251/229	16.6/36.0	83.1/83.9	13.8/30.3
实际	2649/744	147/103	66/51	5.5/13.8	44.9/49.5	2.5/6.9

说明：最后一行"实际"数据是字的数据。

　　从"《雨中登泰山》生词比较统计表"的比较可以看到，教材编写者们给出的生词数远少于实际的生词数，因而其 F 列的超纲词比率也就远少于实际的超纲词比率。而 13.8% 的实际超纲词比率其实已经很高了：全文共有 1815 个词，89 个(86 个句号，2 个感叹号，1 个问号)句子，平均每句 20 个词，13.8% 就意味着每句中有 2.8 个超纲词，即每 8 个词中就有一个多是超纲词。这说明教材编写者低估了课文的难度

(生词及超纲词的数量),或者也可以说是高估了学生的水平。这"是由于教材编写者是母语使用者,很容易低估课文的难度"[1]。

但是如果是以字作为教学单位,考虑生字、超纲字的比率的话,情形就大不相同了:生字仅占 5.5%,超纲字则仅占 2.5%。这样低的生字、超纲字的比率作为对外汉语高级阶段的教材的课文好像是完全可以的。

通过上面的统计及分析,我们至少可以得到以下两点认识:

1.《雨中登泰山》一文,从生词及超纲词的数量比率看,并不适合作为对外汉语高级教材的课文。如果从生字及超纲字的数量比率看,则适合作为对外汉语高级教材的课文。这或许正是《雨中登泰山》一文能历经 10 多年并得到认可的一个原因吧。因此我们再次重申:即使仅仅考虑对外汉语教材中的超纲词问题,在对外汉语教学中也应该加强汉字教学。最近苏新春在《对外汉语词汇大纲与两种教材词汇状况的对比研究》中也认为应该"加强汉字教学,以弥补词表刚性的不足"。这或许是一个解决教材中生词过多及超纲词过多的根本办法。

2. 现有教材的编写者选择生词时存在着较大的随意性,主要是基于经验的,没有一个确定生词的明确标准。同一篇课文不同编写者给出的生词数量相差很大,甚至同一编写者在修订前后选择的生词也不全相同。一篇课文生词及超纲词的多少应该是课文难度的一个具体表现。在对外汉语教材编写中应该有意识地控制生词及超纲词的数量。

5.3.4　问题讨论与启示

本节虽然只是针对一篇课文的用词情况进行了统计,但是根据我们在前两节中对几种教材整册课文中生词的统计数据,可以发现这一篇课文并非特例。在对外汉语教材编写中有没有超纲词意识,直接关系到课文中超纲词的数量及比率。这从前一节对三种五册教材生词中超纲词的统计数据可以看得很清楚。为了便于说明问题,我们把其中的数据引用如下:

---

[1]　本书第 156 页。

表 5-11   整册教材生词中超纲词数据表①

	总词数	超纲词	超纲词百分比	总字数	超纲字	超纲字百分比
肖教材	1020	839(412 +427)	82.25	1412	325	23.02
王教材	2452	734(346 +388)	29.95	1766	102	5.78
姚教材	814	576	70.76②	1064	115	10.80
总计	4286	2149	60.99	4242	542	12.78

从"整册教材生词中超纲词数据表"可以看出,注意了超纲词问题的王教材,其超纲词比率最小。而另外两种教材则没有注意到超纲词问题,超纲词的比率就很大。

从"整册教材生词中超纲词数据表"数据还可看出,超纲字则要少得多。这也是我们前面提到要加强对外汉字教学的原因。汉语中字种数远比词种数要少,而且从技术的层面看,在实际统计的操作中字也比词更容易确定,当然也更容易统计、更没有分歧(汉语中对于词的判定是一个至今尚未解决的问题)。

面对目前对外汉语教材编写中存在的问题,我们该如何做呢? 在对外汉语教材编写尤其是在对外汉语高级教材编写中,如何对现成语料进行加工,从而避免出现过多的生僻词汇(它们往往是超纲词)呢? 我们的建议是:

首先,在选择教材课文的素材时,应该通过语料库技术来控制课文的难度。王教材在编写中采用的是改写的办法,把教材中出现的超纲

---

① "超纲词"一列中括号内分别为上下册或一二册的超纲词数。这里"肖教材"是指肖奚强主编《多文体 精泛结合 高级汉语教程》(上、下两册),"王教材"是指王国安主编《标准汉语教程》(高级,第一、二册),"姚教材"是指姚殿芳主编《汉语高级教程(第二册)》(全册共 14 课,该文只是随机选择了其中单数课课文的生词,即 15、17、19、21、23、25、27 共 7 课的生词)。

② 814 个总词数包含 145 个丁级词和 576 个超纲词,此外还有 93 个丁级词以下的甲、乙、丙级词,如果除去这 93 个词,那么其超纲词比例为 79.89% (576 ÷ (814 − 93))。

词改写成比较简单的大纲词。我们认为,尽管他们注意到了超纲词问题这一点是值得肯定的,但是采用改写的方法却未必是一个好办法。因为文章经过改写后就缺少了原汁原味,甚至很可能就不是地道的汉语了。因此,应该通过语料库技术来控制课文的难度,在选择教材课文的素材时,就应该有意识地控制课文的长度、句子的长度,控制课文的用字数量,尤其是要控制课文中低频非常用字的数量。这样就不需要通过改写来降低超纲词的比率,而是选取的课文素材本身就是适合留学生已有水平的。

其次,在确定具体课文以及课文排序的过程中,要利用语料库技术以及统计数据来确定标准、合理安排。比如,除了考虑题材、体裁等因素外,一般来说,同一册教材中课文的长度应该逐步增加,生字词的数量也应该逐步增加,以保证每篇课文生字词的数量大致相同或者逐步少量增加——后面课文中的一些生字词可能在前面的课文中已经出现过,这样就可以减少原本生字词数量比较多的课文中的生字词数量。同时尽量选择共有字词比较多的素材来作为课文,以提高生字词的复现率,提高教学效果。

最后,在生字词的具体处理上,可以利用语料库技术以及统计数据来进行不同的处理。比如,利用语料库的频率统计数据,根据常用与否的标准,对于课文中出现的生词,可以采取两种不同的处理方式:作为正式的生词或者不作为正式的生词(注释词)。前一种是高频常用词,后一种则是低频非常用词。

总之,只要教材编写者有超纲词意识,也愿意在这些方面努力,就完全可以借助现代科技手段有效地控制生字词以及超纲字词的数量,从而避免出现对外汉语教材课文中生僻词汇过多的问题。对此,我们还将在第 7 章进行更详细的专门论述。

通过分析讨论,我们可以得到这样的启示:对外汉语教材中的超纲词问题应该引起对外汉语教学界尤其是对外汉语教材编写者的重视。我们应该重视并加强这方面的研究。尽管超纲词研究中目前还存在着许多不确定的因素(如怎样确定超纲词的问题),但这确实是一个长期困扰着对外汉语教师的实际问题,大有研究的必要。因为超纲词数量与比率的多少是衡量课文难度的重要指标之一,也是确定一篇文章是否适合作为教材课文的标准之一。

本节虽只是解剖了一只小麻雀,但是希望借此能引起诸位同仁对研究超纲词问题的重视,进而逐步增强对外汉语教材编写的科学性。

5.3.5 附录:《雨中登泰山》中实际的 229 个超纲词

巴不得 白纱 白云 柏树林 半空 棒棰 逼真 辨识 标记 憋闷 别具一格 别是 不怕 不由 不知去向 层峦叠嶂 潺潺 巉岩 赤黄 传神 淙淙 崔嵬 翠 错过 错落 大坝 大部分 带子 滴滴答答 弟子 帝王 雕塑家 抖擞 陡峭 独得 躲过 而今 发冷 翻山越岭 翻腾 飞瀑 飞泉流布 扶手 高处 高高 低低 高山 格调 跟到 供奉 故居 怪诞 光秃秃 瑰奇 果香 海边 好象 黑忽忽 訇訇 吼声 后脚 乎 虎 灰白 灰烬 灰蒙蒙 回环 回旋 会当凌绝顶,一览众山小 浑身上下 豁然开朗 积雪 叫作 紧贴 锦 经纬 精致 龛 看到 炕儿 孔子登东山而小鲁,登泰山而小天下 苦趣 来到 懒洋洋 老半天 老远 雷鸣 离地 连续不断 莲花 淋漓 嶙嶙 灵性 留宿 龙声虎威 缕 掠 漫 蟒 没事 米黄 棉絮 渺茫 庙宇 名号 明 墨绿 漆河 年月 怒目 盘道 盘龙柱子 飘来漂去 平板 苹果园 坡度 扑鼻 匍匐 奇景 奇形怪状 绮丽 芊芊莽莽 前脚 桥孔 桥下 青烟 轻轻 倾盆大雨 清风 秋高气爽 虹 曲曲折折 去路 趣 日出 山洞 山涧 山里 山石 山势 山峡 闪光 深不可测 深渊 盛况 石 石坊 石缝 石级 石阶 石碣 石坪 石桥 水流 水沫 水墨山水 水势 水珠 说长道短 四下里 耸立 塑像 涛 梯 提防 天边 天公不作美 天日 眺望 童 脱线 万丈 望穿秋水 稳稳当当 汶河 无怪乎 无名 兀立 惜 淅淅沥沥 隙缝 显出 相向 香袋 想象 潇洒 小孩子 兴致勃勃 栩栩如生 悬崖绝壁 蔫 严实 夭矫 遥望 野草 野花 一点 一动不动 一路 一气 一泻千里 意兴盎然 阴森森 暗恶叱咤 鹦鹉 影影绰绰 游来游去 有声有势 有说有笑 右侧 玉女 跃出 越发 赞不绝口 窄小 窄窄 笊篱 峥嵘 支开 枝叶 织女 指手画脚 主峰 柱 转到 装扮 撞个正着 桌 自得其乐 左侧

5.4 试论对外汉语教材中的超纲词

本节打算在前三节讨论的基础上,进一步讨论对外汉语教材中超纲词的一些理论问题。我们打算从超纲词的判定、超纲词的统计、超纲词与超纲字、超纲词研究的意义等四个方面来讨论。

5.4.1 超纲词的判定

超纲词的判定是一个大问题。因为在对外汉语教学中,超纲词是一个内涵明确、外延模糊的概念。

说它内涵明确,是因为超纲词的定义是清楚的:超纲词就是**超**出大**纲**词汇表的**词**,即不在大纲词汇表中的词。具体到对外汉语教学中来说,超纲词就是超出《汉语水平词汇与汉字等级大纲》的词,或者说不在 8822 个词之列的词。不过细究起来,对于这样一个内涵明确的概念,还是可能存在着不同的理解。一种是从字面上来理解,凡是大纲中没有列出的词(即超出大纲的词)都是超纲词。也就是说,只有大纲中的 8822 个词是纲内词(大纲词),其他的都是纲外词(超纲词);另一种是从意义上来理解,把"超出"理解成是从难度上超出,即超纲词是指比大纲词更难的词。这样,一些虽然不在大纲中,但是却很常用的词尤其是常用派生词就不应该被看作超纲词。

说它外延模糊,是因为具体超纲词的判定是不清楚的:在具体操作中,究竟哪些词是超纲词,哪些不是,这是一个见仁见智的问题。除了上述对于定义可能会有不同的理解外(依据这两种不同理解判定出的超纲词显然是不同的),还有一个很大的问题就是汉语中"词"的概念与判定问题。因为汉语中"词"的判定是一个还未完全解决的问题,因而使得超纲词的判定也就随之成为问题。对于某个具体的语言单位,如果作为一个词,按字面上理解往往被判定为超纲词,如果分成两个或更多的词,则可能不被判定为超纲词;当然也有相反的情况。如"我校",如果作为一个词,则是超纲词,如果分成两个词,则只有"校"是超纲词;再如"我国",如果作为一个词,也是超纲词,如果分成两个词,就都不是超纲词了。还有"星期一"等也是这样,作为一个词时是超纲词,如果分成两个词,就都不是超纲词了(大纲中只收了"星期日"与"礼拜天",显然大纲制定者认为"星期一"等虽然没有列入大纲,但是应该不算是从意义上理解的超纲词)。

　　超纲词的外延模糊还表现在另一个方面。过去人们在谈论超纲词时,往往避开了超纲词的判定这个问题,直接拿生词表中的词与大纲词进行比对,得到超纲词。但是根据前一节的研究,编者给出的生词表有很大的随意性。而利用目前的中文信息处理技术来直接处理课文文本的话,也存在着很大的问题:首先因为汉语切词至今没有一个公认的标准;其次中文信息处理界现在实际使用的切词标准与对外汉语教学实践又存在着很大的差异。如在多数中文信息处理系统中"我国"、"二月份"等都是作为一个词来处理,而在对外汉语教学实践中却很少有人这样做。

　　此外,超纲词的外延模糊还表现在对派生词的处理上。派生词的处理也是影响超纲词判定的一个因素。《汉语水平词汇与汉字等级大纲(修订本)》中共有 5 个词头(一般称为前缀,阿、初、第、老、小)、11个词尾(一般称为后缀,感、化、家、界、们、品、性、学、员、长、者)。虽然看上去只有 16 个词缀,可是这些词缀都是非常能产的,由它们可以构成许许多多的派生词,仅在《汉语水平词汇与汉字等级大纲(修订本)》中就有将近 300 个由它们构成的派生词。从理论上来说,由大纲词和词缀构成的派生词是不应该作为超纲词的(大纲制定者给出词头、词尾也应该是出于这样的考虑)。这就意味着在判定超纲词时,除了大纲中已经列出的词语,还应该把那些由大纲词和词头、词尾构成的派生词排除在超纲词外。而在实际操作中,除非有一个由大纲词和词头、词尾构成的派生词的详尽列表,否则是难以掌握其中算与不算超纲词的界线的。也就是说,如果要把派生词考虑进去,在没有一个由大纲词和词头、词尾构成的派生词的详尽列表之前,这种做法缺乏可操作性。因此接下来我们需要根据这种设想来完善作为比较的大纲词表(包括一个由大纲词和词头、词尾构成的派生词的详尽列表)。

5.4.2 超纲词的统计

前面在讨论超纲词的判定问题时,已经说了超纲词是个外延模糊的概念。超纲词判定存在很大的不同。这当然会影响到超纲词的统计,本小节不讨论超纲词的判定对超纲词统计的影响问题,而讨论即使在超纲词判定不成问题的情况下统计中仍可能存在的问题。

过去人们在讨论超纲词时,大多是计算超纲词在生词中占有多大比率[①]。这种做法是很自然的,因为我们相信编者给出的生词都是留学生所不知道的并且需要掌握的词语。既然要考察教材中的超纲词问题,当然要看生词中的超纲词比率是否合适。

但是,根据前一节对《雨中登泰山》一文的讨论,用这种统计方法统计出来的数据并不能够真实反映教材文本的实际情况。为讨论方便,这里把"《雨中登泰山》生词比较统计表"引用如下。

表 5-12 《雨中登泰山》生词比较统计表

教材	A 总词次/词种	B 生词次/生词种	C 超纲词次/词种	D(B/A) 生词次/生词种占总词次/词种的百分比	E(C/B) 超纲词次/词种占生词次/词种的百分比	F(C/A) 超纲词次/词种占总词次/词种的百分比
肖著		83	77	4.6/11.0	92.8	4.2/10.2
姜著		47	43	2.6/6.2	91.5	2.4/5.7
系著	1815/757	48	46	2.6/6.3	95.8	2.5/6.1
实际		302/273	251/229	16.6/36.0	83.1/83.9	13.8/30.3
实际	2649/744	147/103	66/51	5.5/13.8	44.9/49.5	2.5/6.9

---

① 如李清华的《〈汉语水平词汇与汉字等级大纲〉的词汇量问题》、郭曙纶等的《谈对外汉语教材中的超纲词》和郭曙纶的《对外汉语高级教材超纲词统计分析》。

说明： 1. 最后一行"实际"数据是字的数据。

2. 这里教材一列中的"肖著"、"姜著"、"系著"和"实际"分别是指对肖奚强主编《多文体 精泛结合 高级汉语教程(上册)》、姜德梧主编《高级汉语教程(修订本,第一册)》、北京语言学院外国留学生二系编《高级汉语教程(上册)》三本教材中生词表进行统计后得到的数据和用电脑对整个文本进行统计的"实际"数据。

比较表中不同教材的词种统计数据可以看到：

1. 在生词种数方面,教材编写者们给出的生词种数远少于实际的生词种数,而且不同的编写者给出的生词种数相差很大,具有明显的随意性。实际生词种数是273,而编者给出的分别是83、47、48。

与此相应的,在其他方面的数据也就存在明显的差别,下面分别加以说明。

2. 在超纲词种数方面,教材编写者们给出的超纲词种数也远少于实际的超纲词种数。实际超纲词种数是229,而编者所给生词种中的超纲词种数分别是77、43、46。

3. 在生词种与总词种的比率方面,教材编写者们给出的生词种与总词种的比率远小于实际的生词种与总词种的比率。实际生词种与总词种的比率是36.0%,而编者给出的分别是11.0%、6.2%、6.3%。

4. 在超纲词种与生词种的比率方面,情况正好相反,教材编写者们给出的超纲词种与生词种的比率却大于实际的。实际超纲词种与生词种的比率是83.9%,而编者给出的都在90%以上,分别是92.8%、91.5%、95.8%。

5. 在超纲词种与总词种的比率方面,教材编写者们给出的超纲词种与总词种的比率也远小于实际的超纲词种与总词种的比率。实际超纲词种与总词种的比率是30.3%,而编者给出的分别是10.2%、5.7%、6.1%。

从表中还可以看到:按词种计算与按词次计算的数据是不一样的(教材编写者给出的生词及超纲词的数据在表中没有区分词种与词次,因为二者相差很小,具体详见上一节《〈雨中登泰山〉的超纲词统计与分析》中的数据。这说明编者基本上是只给出了只出现1次的生词,重复出现的词语由于常用而不被看作是生词)。下面再从词次角度来对统计数据逐项加以说明与分析。

1. 在生词次与总词次的比率方面,教材编写者们给出的生词次与总词次的比率也远少于实际的。实际生词次与总词次的比率是16.6%,而编者给出的分别是4.6%、2.6%、2.6%。

2. 在超纲词次与生词次的比率方面,情况正好相反,教材编写者们给出的超纲词次与生词次的比率却大于实际的。实际超纲词次与生词次的比率是83.1%,而编者给出的(对于教材编写者给出的生词及超纲词,由于差别不大,因而没有区分词种与词次)仍分别是92.8%、91.5%、95.8%。

3. 在超纲词次与总词次的比率方面,教材编写者们给出的超纲词次与总词次的比率小于实际的。实际超纲词次与总词次的比率是13.8%,而编者给出的则低很多,分别是4.2%、2.4%、2.5%。

通过以上比较分析,可以看到:按词种计算与按词次计算,数据相差很大。如果要把生词的比率作为衡量一个文本阅读难度的重要指标,把超纲词的比率作为衡量一个文本是否适合作为教材课文的合适度的重要指标,那么显然不能只是统计教材编写者们给出的生词以及其中超纲词的比率,也不能只是统计超纲词种与总词种的比率,而应该统计超纲词实际出现的次数与文本总词次的比率,即应该看上表"F"列"实际"行中前面的一个比率数据(13.8%)。因为只有这样的比率数据才能真实反映文本中超纲词比率的实际情况,才可以作为衡量文本合适度的一个重要指标。从13.8%这样的一个比率数据看,《雨中登泰山》作为留学生教材的课文显然是不适合的。因为13.8%的比率对于一个只有1815个词,89个句子的文章,这就意味着每个句子有2.8个超纲词,每8个词中就有一个多是超纲词。

因此,除了超纲词的判定存在问题外,对超纲词(也包括生词)的具体统计方法也直接影响到超纲词的比率数据,进而影响到文本阅读难度的计算与确定,也左右着编者对教材素材文本的取舍。我们认为只有统计文本中实际的生词次和超纲词次与总词次的比率,这样的比率数据才能作为文本阅读难度以及合适度的一个重要指标。

为了说明我们前一节的分析并非是以偏概全的,下面我们给出进一步的数据予以印证。

根据前面第二节的统计,肖著教材编者给出的生词数据及由此得

到的超纲词数及相关比率是这样的(这里没有区分词种与词次,指的都是词种):

表 5-13　教材给出的生词及超纲词统计表

课文序号	101	102	103	104	105	106	107	108	109	110	平均
生词总数	28	51	87	54	53	45	80	68	27	23	51.6
超纲词总数	25	37	81	27	36	42	59	63	23	19	41.2
超纲词百分比	89.3	72.6	93.1	50.0	67.9	93.3	73.8	92.7	85.2	82.6	80.0

说明:"课文序号"一行中 101 到 110 分别表示第 1 课到第 10 课,下表同。

而下表是肖著教材整个上册的统计数据。

表 5-14　教材实际词种与词次比较统计表

课文序号	101	102	103	104	105	106	107	108	109	110	平均
总词种数	278	712	757	432	439	1010	1460	1516	547	427	761.8
总生词种数	103	288	273	137	170	453	704	689	190	135	323.5
超纲词种数	93	245	229	119	133	385	601	570	147	115	273.3
总词次数	448	1729	1815	900	852	2932	4465	3848	1239	909	1896.3
总生词次数	107	346	302	209	223	630	1009	902	284	169	430.1
超纲词次数	96	300	251	179	170	532	857	758	216	143	362.6
总生词种数与总词种数的百分比	37.1	40.4	36.1	31.7	38.7	44.9	48.2	45.4	34.7	31.6	42.5
超纲词种数与总词种数的百分比	33.5	34.4	30.3	27.5	30.3	38.1	41.2	37.6	26.9	26.9	35.9
超纲词种数与总生词种数的百分比	90.3	85.1	83.9	86.9	78.2	85.0	85.4	82.7	77.4	85.2	84.5

总生词次数与总词次数的百分比	23.9	20.0	16.6	23.2	26.2	21.5	22.6	23.4	22.9	18.6	22.7
超纲词次数与总词次数的百分比	21.4	17.4	13.8	19.9	20.0	18.1	19.2	19.7	17.4	15.7	19.1
超纲词次数与总生词次数的百分比	89.7	86.7	83.1	85.6	76.2	84.4	84.9	84.0	76.1	84.6	84.3

说明： 这里生词指的是超出 HSK 大纲中甲、乙、丙三级的词，超纲词指的是超出 HSK 大纲中甲、乙、丙、丁四级的词。

比较上面两个表的数据，可以印证：按词种计算与按词次计算，数据相差很大；同时也印证了：教材编写者给出的生词数远少于实际的生词数，现有教材的编写者选择生词时存在着较大的随意性，主要是基于经验的，没有一个明确的标准来确定生词。由于数据对比非常明显，也限于篇幅，其他方面这里就不多加分析说明了。

5.4.3　超纲词与超纲字

根据前面的讨论，《雨中登泰山》一文的超纲词比率是比较高的。然而如果我们换一个角度来考虑，不是从词的角度，而是从汉语特有的字的角度来考虑，那么，与超纲词比率偏高相比，从"《雨中登泰山》生词比较统计表"中可以看到，超纲字比率要比超纲词比率低很多，前者是 2.5%（按字次）或 6.9%（按字种），后者是 13.8%（按词次）和30.3%（按词种）。就《雨中登泰山》而言，2.5% 意味着每 40 个字才有一个超纲字，每 4 个句子（每个句子约 30 个汉字）才有 3 个超纲字，平均每个句子只有 0.75 个超纲字。

作为一篇课文，其中的生字仅占 5.5%（D 列），平均每个句子只有1.5 个生字，如此算来，《雨中登泰山》也就不算难了。

　　问题是我们现行的对外汉语教材大多采用按词教学的方法,而不强调以字为基础的语素教学(或者说以语素为基础的汉字教学)。所以尽管从字的角度看,其中的生字和超纲字并不高,可是给留学生的印象还是我们的对外汉语教材太难,尤其是对外汉语高级教材。由于汉语中汉字的使用频率相对集中(高频汉字仅有 1000 左右,已经能够覆盖文本的 90% 以上),而汉语中词的使用则分散得多(8822 个词在大规模文本中的覆盖率不到 90%)。而且对于汉字来说,语料库规模的扩大,高频常用汉字的覆盖率变化不大,而对于汉语词来说,语料库规模越大,高频常用汉语词的覆盖率越低[①]。

　　基于上述分析,我们认为在对外汉语教学中一定要加强汉字(语素)教学,要把汉字教学提到比汉语词教学更重要的位置。在没有更充分的根据之前,我们不能贸然提出取消汉语词的教学(这实际上可能根本行不通),但是仅从我们对对外汉语教材中超纲词的对比分析看,我们有理由认为在对外汉语教学中加强汉字教学是必要的,甚至是从根本上解决对外汉语教材中超纲词太多的一条重要途径。

　　就目前对外汉语教学状况来说,除了加强汉字教学外,在前面的讨论中,我们曾经说过,控制超纲词还可以采取如下三种策略:1. 修订大纲词汇表,增加大纲词汇量;2. 规范教材编写,严格控制超纲词;3. 调整切分标注词表。在具体操作上,可以充分利用语料库技术对拟收入对外汉语教材中的候选课文进行一些处理:首先,在选材时,应该通过语料库技术来控制候选课文的难度;其次,在确定具体课文以及课文排序的过程中,要利用语料库技术及统计数据来确定标准、合理安排;最后,在生字词的具体处理上,可以利用语料库技术及统计数据进行不同的处理。

　　这里只是从词汇超纲方面来讨论对外汉语教学中要加强汉字(语素)教学。至于全面讨论对外汉语词汇教学是要把词还是要把字作为基本教学单位,则不是本节的目的。

---

① 参见前面第 1 节和第 4 章第 4 节《网络汉字的大规模统计与分析》中的相关统计数据。

5.4.4 超纲词研究的意义

超纲词研究在许多方面都有直接的应用价值,也具有重要的理论与实践意义。

首先,超纲词研究具有非常明显的实践意义。

超纲词研究可以指导对外汉语教材及辅导材料(如课外读物、汉语水平考试的辅导用书等)的编写,因为超纲词的比率数据在一定程度上反映了汉语文本的合适度:超纲词越多,文本的合适度越差。对外汉语教材及辅导材料的编写者应该为留学生提供适合他们汉语水平的教材或读物。

超纲词研究还可以反观现行汉语水平考试大纲词表的合适与否,进而有助于大纲词表的修订。根据我们对超纲词问题的研究以及李清华、李英和赵金铭等对现行汉语水平考试大纲词表的研究,现行汉语水平考试大纲词表大有修订的必要。一方面,大纲词表的数量有限,8822个词语在大规模现代汉语文本中的覆盖率是比较低的,大约只有85%左右,远没有达到当初大纲制定者所称的95%。另一方面,大纲词表的质量(具体收词上)也有不少问题。比如有许多平行的词语都是收入了这个却没有收入那个。例如《汉语水平词汇与汉字等级大纲》收入了"外祖母"、"外祖父"这样的平行词语,但是有"姥姥"却没有"姥爷",有"外婆"却没有"外公"。[①]

其次,超纲词研究也具有理论意义。教材文本中超纲词的比率等问题不止是一个实践问题,同时也是一个理论问题,还有许多问题需要从理论的高度来进行研究。比如,超纲词有没有出现的必要?超纲词所占比率多少合适?这些也都是在语言教学尤其是在第二语言教学中必须研究的理论问题(当然,对这些理论问题的详细探讨需要另外撰文讨论)。此外,超纲词研究方法的改进本身(由统计生词中的超纲词比率改进为全面统计整个文本中的超纲词比率,由统计超纲词种与总

---

① 参见前面第 1 节的相关统计数据及李清华《〈汉语水平词汇与汉字等级大纲〉的词汇量问题》、李英《关于〈汉语水平词汇与汉字等级大纲〉的几个问题》、赵金铭等《关于修订〈(汉语水平)词汇等级大纲〉的若干意见》中的相关论述。

词种的比率改进为统计超纲词次与总词次的比率)也说明超纲词研究不仅可以为教材编写、大纲词汇的修订等提供数据,而且能够启发我们:既要学会运用定量分析方法,也要不断完善定量分析方法,以提高对外汉语教学研究的科学性。

5.4.5　小结

总之,通过对上述问题的分析讨论,希望本节的研究能够引起对外汉语教学界对超纲词问题的进一步关注:把超纲词研究作为对外汉语教学研究中的一个重要课题,对外汉语教师在对外汉语教学实践中要有超纲词意识,尤其是教材及相关辅导材料(如各类辅导读物,包括汉语水平考试辅导书等)编写者应该要有强烈的超纲词意识,要时时处处注意到超纲词的问题,注意到超纲词对对外汉语教学效果的影响,要通过减少超纲词或者说通过把超纲词控制在一定的比率范围内来提高对外汉语教学效率。

研究超纲词的目的,显然不在于指出某篇课文有多少具体的超纲词,而在于通过具体的数据来说明现行对外汉语教材中超纲词问题的严重性,为对外汉语教学研究,尤其是对外汉语教材研究提供一些比较科学的数据,为教材及相关辅导材料的编写提供词汇方面量的依据,从而使得对外汉语教材编写由传统的经验型逐渐向现代的科学型转变。

5.5　本章小结

本章先从对外汉语教材生词中的超纲词谈起,而后又对课文《雨中登泰山》中的超纲词进行了全面分析,最后又从理论上对超纲词问题进行了探讨。通过讨论,本章得到如下几点结论:

超纲词是一个内涵明确、外延模糊的概念。

对外汉语教材中超纲词问题很严重,这一方面可能是大纲词汇量偏小,另一方面更多地是所选课文太难。

教材编者在选择生词时存在着较大的随意性。教材编写者给出的生词数远少于实际的生词数,因此只有统计文本中实际的生词次和超纲词次与总词次的比率,才能作为课文文本阅读难度以及合适度的一个重要指标。

　　本章还讨论了在对外汉语高级教材中如何对现成语料进行加工,从而避免出现教材课文中生僻词汇过多的问题,并提出了四点建议:首先,在选择课文时,应该通过语料库技术来控制课文的难度,减少超纲词;其次,在确定具体课文以及课文排序的过程中,要利用语料库技术以及统计数据来确定标准、合理安排;再次,在生字词的具体处理上,可以利用语料库技术以及统计数据来进行不同的处理;最后,在对外汉语教学中一定要加强汉字教学(这一点是通过超纲词与超纲字的对比研究得到的)。

第6章　语料库在对外汉语学习词典
编纂中的应用

6.1　基于语料库的 HSK 多功能例解字典:设想与样例

6.1.1　研究现状

本节谈的是一个设想:运用语料库语言学的理论方法来编写一本专为外国学生学习、掌握 HSK(汉语水平考试)甲级汉字而提供的既可供查阅又可供学习的汉语学习词典——基于语料库的 HSK 多功能例解字典。

在国外,利用语料库编写语言学习词典,已经成为常例。其中最著名的就是哈珀·柯林斯出版公司(Harper Collins Publishers)与英国伯明翰大学(Birmingham University)合作推出的柯林斯科比得(Collins COBUILD)英语词典系列。哈珀·柯林斯出版公司是国际知名的跨国出版集团公司,是享有盛名的 Collins COBUILD English Dictionary 的出版者。该公司与英国伯明翰大学合作,建立了 COBUILD 英语语料库。伯明翰大学词典编写组的专家教授根据这个语料库编写了一系列适合各层次读者使用的英语工具书,总数达二三十种(其中的 17 种已于 2000 年由上海外语教育出版社引进出版)。尝试编写基于语料库的 HSK 例解字典就是希望沿用柯林斯科比得英语词典的做法,通过语料库中真实的汉语(real Chinese)实例来说明汉语汉字的实际用法。

在国内,还没有一本利用语料库编写的汉语学习词典。尽管编写的 HSK 词典已经有了好几本,但 HSK 字典却很少。我们看到报道的只有两本:《多媒体汉字教学字典》与《多媒体汉字字典》。二者都采用多媒体技术来讲解汉字音与形及相关汉字知识,还提供字义的英文解释。这两本 HSK 字典在运用多媒体技术方面做了许多有益的尝试,但在释义这个最重要的方面却并没有做出更多的努力,而且没有提供对学习者最需要的"真实的"用例,学生不能通过实例来了解汉字的实际用法。

此外,2002 年出版了一本《说字解词》。该书由北京大学出版社出版,白乐桑主编。按编者的说法,这是一本口语教材,同时又是借用词典形式的基础工具书。该书共收词语约 7000 个,全部用中文采用阶梯式分级解释:第一级用最高频的 200 个字,第二级用 400 个高频字,第三级用 900 个高频字。该书是白乐桑先生长期提倡字本位汉语教学的自然结果,也是他在《汉语教材中的文、语领土之争:是合并,还是自主,抑或分离?》一文中提出的"建立一种以字与词之间的关系以及语和文之间的关系为标准的评估系统去评估所有的汉语教材"观点的一个实践。该书的努力与尝试必将为加强对外汉语教学中的汉字教学提供一部很好的教材,但是美中不足的是书名为"说字解词",其实只是做到了用字(用尽量少的基本字)"解词",并没有进行"说字",这不免让人感到遗憾。希望我们的 HSK 字典能弥补这一缺憾,尽量对汉字本身进行一些尽可能通俗的分析、说明与解释。

6.1.2　基本设想

我们设想在对语料库进行加工、研究的基础上,吸收汉语汉字研究的成果,为汉语学习者编写一本基于语料库的学习字典。

基本设想是:用汉语解释汉字,并利用语料库方法,用真实的汉语实例教会学生理解、使用汉语。具体说来,有以下三个方面:

一、利用语料库的字频、词频统计的数据给汉字标上常用程度,以便把最先用到和最常用到的字、词教给学生。利用语料库技术统计出汉字的构词能力,把构词能力最强的汉字先教给学生。正所谓好钢要用在刀刃上。同时也要考虑到汉语学习者学习的实际需要,把那些有利于学习者掌握汉字的一些基本汉字部件(有的是部首,有的也是汉字)作为附录加以详细的列举说明。如"巴"不是甲级常用字,但却是

"爸"、"把"、"吧"等甲级常用字的组成部件,因此在附录中给出"巴"字,并加上一些包含"巴"字的例字及说明。一些常用的部首如"扌"、"亻"、"氵"、"忄"等也放在附录中进行详细的举例与说明。

二、利用计算机灵活的特点,对汉字提供多种排序检索方法。这也就为学习者认识掌握汉字提供了多条途径。因为每一种排序检索方法都是对汉字的一种分析与分类方法。这些分析与分类方法有利于学习者掌握汉字。

三、多功能。本字典至少具有如下七大功能:1. <u>注音</u>;2. <u>释义</u>,释义的词汇量小,控制在 500 字左右,释义内容全部按词连写、标注词性,并且按义项区分词义与语素义;3. <u>例词</u>,按义项给出 HSK 词汇大纲 8822 词中的所有例词来说明其构词能力;4. <u>例句</u>,按义项给出从语料库中找出的简明、真实的例句来说明其实际用法;5. <u>五笔字型编码</u>,便于学习者电脑输入汉字;6. <u>笔画编码</u>,便于学习者检索汉字,并教给学习者笔画顺序,正确掌握汉字的书写;7. <u>部件检索</u>,便于学习者分类理解、掌握汉字的形音义。

汉字教学是对外汉语教学的一个重要组成部分,搞好汉字教学能够大大提高对外汉语教学效果,而一本基于语料库的学习字典通过提供真实的汉语实例有助于提高对外汉字教学的效率。

利用语料库编写学习字典应该是今后字典、词典编撰的发展方向。

6.1.3　词条样例

说明:切词及词性标注均以 HSK 大纲 8822 词及词性为标准,个别有问题的地方特别加以指出。

符号说明:

1. 词性与词之间用"/"分开,词性代号为:
   名词 n. 动词 v. 形容词 a. ……(后面略)
2. "△"号表示后面的是例句,多个例句之间用竖线"|"分隔。
3. "#"号表示后面的是例词,多个例词之间用顿号"、"分隔。

词条一:爱 ài
EPDC(爫冖友),10(3443451354)│依次为:五笔编码(组成部

件),笔画数(笔画码)⌉

v.,很/d 喜欢/v⌈词性及释义⌉

#爱戴/v、爱好/v、爱好/v 者/k、爱护/v、爱/v 面子/n、爱情/n、爱人/n、爱惜/v、慈爱/a、恩爱/a、敬爱/a、可爱/a、恋爱/v、亲爱/a、热爱/v、喜爱/v、心爱/a、友爱/v

△我/r 爱/v 你/r。|学生/n 们/k 刚/d 来/v 时/n 也/d 爱/v 哭/v。|富/a 家/n 女/n 爱/v 上/v 了/u 穷/a 小子/n。|老年/n 人/n 爱/v上/v 公园/n 茶/n 室/n,爱/v 到/v 小吃/n 广场/n 喝/v 早/a 茶/n。

词条二:安 ān

PVF(宀女:家中有女就是"安"|女在家中很"安"全⌈这是便于记忆汉字的口诀,也是对汉字语义一个通俗的解释⌉),6(445531)

① ga.,安定/a,安全/a

#安定/a、安静/a、安宁/a、安全/a、安全/a 感/k、安稳/a、安详/a、不安/a、公安/n、平安/a、一路平安 ia、治安/n

② gv., 使/v…安定/a

#安排/v、安慰/v、安心/a、安置/v

③ v.,装/v,安装/v

#安装/v

△架/v 电线/n,安/v 电话/n |安/v 玻璃/n |他/r 学/v 会/v 了/u中国/n 话/n,娶/v 了/u 中国/n 妻子/n 何红雨/nh,在/p 中国/n 安/v了/u 家/n。|店/n 主/n 在/p 饭店/n 中/n 装/v 起/v 了/u 空调/n,墙角/n 处/n 又/d 安/v 了/u 一/m 台/q 电视/n。

词条三:抱 bào,不读 bāo

RQNN(X 扌,S 包:用手包就是"抱"⌈XS 分别表示形声字的形旁和声旁⌉),8(12135515)

① v.,用/p 两/m 只/q 手/n 包/v 住/v

#拥抱/v

△他/r 母亲/n 抱/v 着/u 他/r 看/v 电视/n。|男子/n 手/n 中/n抱/v 着/u 一/m 个/q 1/m 岁/q 零/m 3/m 个/q 月/n 的/u 男孩/n。|3/m 位/q 小姐/n 各/r 抱/v 着/u 一/m 只/q 猫/n。|孩子/n 抱/v 着/u玩具/n 大声/n 地/u 说/v:"谢谢/v 叔叔/n 阿姨/n。"

② v.,心/n 中/n 带/v 着(某/r 种/q 想法/n 等/u)

#抱负/n、抱歉/v、抱怨/v

△会/n 前/n 双方/n 都/d 抱/v 着/u "很/d 大/a 的/u 期望/n"。|她/r 抱/v 着/u 试/v 试/v 看/v 的/u 心情/n,打/v 了/u 一/m 个/q 电话/n。|我/r 至少/d 应该/vu 抱/v 着/u 这样/r 的/u 想法/n 来/v 打/v 比赛/n,这样/r 才/d 能/vu 打/v 出/v 最/d 高/a 水平/n。

6.2　语料库在对外汉语学习词典编纂中的应用

——以《基于语料库的 HSK 多功能例解字典》为例

上一节提出了编写《基于语料库的 HSK 多功能例解字典》(为行文简便,以下简称为"例解字典")的设想,本节想结合例解字典编纂过程中碰到的一些具体问题进行分析讨论,着重探讨语料库技术在对外汉语学习词典编纂中的应用。

首先,通过语料库技术来确定字典字头的收字范围。例解字典虽然是以汉语水平考试大纲字为蓝本(计划先做甲级字字典,以后再逐步扩充到汉语水平考试整个 2905 个汉字字典),但是为了更科学而且也更实用,有必要增加一些字。第一类是释义的需要,为了保证释义用字必须作为字头出现,即所有释义用字本身在字典中都有释义,必须把在释义用字中出现但不是汉语水平考试甲级字的字增加进来[①];第二类是留学生生活的需要,因为汉语水平考试大纲中漏收了留学生生活中的部分常用字,如"签"、"证"等;第三类是构字构词的需要,比如"巴",本身虽然不是常用字,但是它可以构成"把"、"吧"和"爸"等常用字。由于时间的关系,在我们目前的实际编纂中,后两类字暂时还没有增加进来,因为这两类字牵涉到比较多的理论与实践问题,需要深入

---

① 释义用字的情况与普通文本的用字情况不同,即使是完全按照字频统计得到的常用汉字与释义用字中的常用字也是不同的,比如"表"、"示"、"指"等在释义用字中频率很高,在普通文本中并不高,而"某"、"量"、"形"等非汉语水平考试甲级字在释义用字中频率也很高,像这样的字必须增加进来作为字头出现。

研究才能解决，不是在短时间内会有确定答案的。第一类字增加的数目是 44 个，以后随着字头的增加应该还会增加一些。因为随着字头的增加释义用到的汉字会略有增加，尤其是某些特殊的字，必须用某些特定的字来解释，比如"钢"必须用"铁"来解释才更简明一些。但是增加的比率肯定会大大缩小。这是因为一方面这些释义用字在普通文本中虽不是很高，但也不是太低，所以当字典规模扩大时，第一类字的数量并不随之同步增加，比如例解字典这次增加的 44 个字中仅有一个"叹"字是丙级字，其余 43 个都是乙级字。这样，这些增加的释义用字其实在扩大字典收字范围后就属于字典本身应该收的收字范围。另一方面释义用字本身的数量也有限制，并不会随着字头的增加而同步增加。

　　其次，通过语料库技术来确定字典例句的用字范围。要确保例句本身不比释义用字更难，至少不能出现字典中没有作为字头出现的字。借助语料库技术可以很好地做到这一点。我们先制作了一个只由 800 个甲级字构成的语料库，然后再从中搜索例句。这样就保证了例句用字不会超出例解字典中的字头字。当然在实际操作中不可能构造一个刚好只由 800 个甲级字构成的语料库，因为有些汉字只与某些汉字同现，一旦与之同现的汉字不是甲级字，那么这些汉字就不可能出现在一个只由 800 个甲级字构成的语料库中。另外有些汉字虽然出现，但是其出现的次数可能会很少，而单独作为词出现的次数则更少，可能只有一两次或根本就没有。比如"袜"字，出现了 2 次，但都是以"袜子"一词出现的，没有一次是单独作为词出现的，这样，例解字典只有把"袜"作为语素处理，并列出相应的例词"袜子"。再比如"钢"字，出现了 3 次，但是其中有一次是以"钢板"一词出现的，单独出现只有 2 次，这样例解字典只能列出 2 个例句。有些汉字虽然出现次数很多，但是它的某个义项用法的例句可能很少。比如"角"字，在我们的语料库中出现了 115 次，但是单独作为名词使用的例句却只有 1 个——再走进一家书店，一进门，迎着我的是"新书之角"。这个例句还可能有人不认为是单独作为名词使用的。因此，有些字头例解字典中所能给出的来源于实际语料中的例句也就只有一两个，甚至没有。这显然是语料库的一个不足。为了弥补语料库的这个不足，我们在考虑酌情自编个别例句。

　　再次,通过语料库技术来保证字典的释义用字控制在一定的范围之内。对此可以从两个方面来看,一方面是释义时尽量使用简单常用的汉字,不随便使用多个意思差不多的同义词,而坚持只使用其中最简单常用的一个词,如"衣服"、"衣裳"、"服装"等就只使用"衣服";一方面是释义完成后通过语料库技术来检查统计使用了多少个汉字,每个字用到了多少次,尽量把只出现 1 次或 2 次的字替换掉,以减少总的释义用字,保证字典的释义用字控制在一定的范围之内。例解字典在我们完成第一稿时,统计发现释义用字高达 914 个(具体数据详见"第一稿释义用字统计表"),远远超出汉语水平考试甲级字 800 个,其中有272 个不是汉语水平考试甲级字(具体数据详见"第一稿非汉语水平考试甲级字释义用字统计表")。

表 6-1　第一稿释义用字统计表

出现次数	字　数	出现次数	字　数	出现次数	字　数	出现次数	字　数
1	253	23	2	46	1	93	1
2	149	24	2	47	2	94	2
3	86	25	7	48	1	96	1
4	61	26	2	49	1	110	1
5	50	27	1	54	1	111	3
6	29	28	2	55	1	118	1
7	23	29	2	56	1	119	1
8	18	30	4	57	1	120	1
9	21	31	2	60	1	125	1
10	18	32	2	61	1	140	1
11	14	34	5	62	1	145	1
12	12	35	4	63	2	146	1
13	12	36	1	64	3	150	1
14	7	37	2	66	1	168	1
15	12	38	3	67	1	169	1
16	5	39	1	68	1	220	1

（续表）

出现次数	字　数	出现次数	字　数	出现次数	字　数	出现次数	字　数
17	10	40	2	69	1	338	1
18	4	41	4	72	1	798	1
19	10	42	1	74	2	共计	914
20	4	43	3	80	1		
21	6	44	3	85	2		
22	2	45	2	92	1		

表 6-2　第一稿非汉语水平考试甲级字释义用字统计表

出现次数	字　数	出现次数	字　数	出现次数	字　数	出现次数	字　数
1	128	7	3	13	1	32	1
2	62	8	1	14	1	34	1
3	29	9	2	15	1	63	1
4	16	10	2	17	2	共计	272
5	11	11	1	19	2		
6	5	12	1	21	1		

　　从"第一稿释义用字统计表"可以看到：只出现 1 次或 2 次的字已经高达 402 个。如果能够把它们都替换掉，那么释义用字将很快减少到 512 个，而这正是我们设想的释义汉字的目标数量（将释义用字控制在 500 个左右）。

　　从"第一稿非汉语水平考试甲级字释义用字统计表"可以看到：只出现 1 次或 2 次的字已经高达 190 个。如果把它们都替换掉，那么释义用字还有 82 个非汉语水平考试甲级字。这就是说需要把它们增加进来作为字典字头字。

　　根据这个统计结果，我们进行了释义用字的替换工作。当然实际工作中并非简单的替换，这其实是一个很复杂的工作，因为替换时可能产生新的释义用字。而且在替换的过程中，有时会使释义的简明性降低，因为比较简明的释义中可能恰好包括了需要替换掉的字。下面是替换前后的几个例子。

"啊"替换前的释义是"用在句末表示语气比较慢",其中"末"是个需要替换掉的字,替换后为"用在句子的最后面表示语气比较慢"。

"姑"替换前的释义是"父亲的姐姐或妹妹",其中"父"是个需要替换掉的字,替换后为"爸爸的姐姐或妹妹"。

"觉"替换前的释义是"闭上眼睛休息的方式",其中"闭"是个需要替换掉的字,替换后为"合着眼睛休息的方式"。

经过反复的调整替换,最后使得释义用字减少到了527个(具体数据详见"定稿释义用字统计表"),其中非汉语水平考试甲级字也减少到44个(具体数据详见"定稿非汉语水平考试甲级字释义用字统计表")。

表6-3 定稿释义用字统计表

出现次数	字　数	出现次数	字　数	出现次数	字　数	出现次数	字　数
1	34	26	6	55	1	126	1
2	32	27	1	56	2	134	1
3	34	28	2	58	1	138	1
4	38	29	4	59	3	142	1
5	43	30	4	63	1	146	1
6	26	31	5	64	1	149	1
7	19	34	2	65	2	150	1
8	20	35	1	67	1	152	1
9	23	36	2	68	2	154	2
10	19	37	2	70	1	155	1
11	15	38	1	71	1	158	1
12	12	39	1	72	1	173	1
13	14	40	2	73	1	178	1
14	10	41	2	75	3	187	1

（续表）

出现次数	字　数	出现次数	字　数	出现次数	字　数	出现次数	字　数
15	11	42	4	76	1	194	1
16	7	43	2	81	1	195	1
17	8	45	4	83	1	201	1
18	8	46	1	85	1	232	1
19	8	47	2	86	1	234	1
20	6	48	1	88	1	288	1
21	5	49	4	91	1	466	1
22	5	50	1	94	1	1029	1
23	5	51	1	99	2	共计	527
24	3	52	4	117	1		
25	7	54	1	118	1		

表6-4　定稿非汉语水平考试甲级字释义用字统计表

出现次数	字　数	出现次数	字　数	出现次数	字　数	出现次数	字　数
1	1	7	4	13	2	29	1
2	3	8	2	14	1	40	1
3	4	9	6	15	2	49	1
4	4	10	1	18	2	70	1
5	2	11	1	23	1	共计	44
6	1	12	1	24	1		

从"定稿释义用字统计表"可以看到：只出现1次或2次的字还有66个。其中有些是必须与字头同现的字，如"咖"、"啡"等，严格说来它们不是释义用字；有些是数字，如"六"、"七"、"八"、"九"等；有些是季节名，如"春"、"夏"、"秋"、"冬"等。它们往往很难被替换成别的字。

从"定稿非汉语水平考试甲级字释义用字统计表"可以看到：只出现1次或2次的字只有4个。所有44个非汉语水平考试甲级字都是释义所必需的用字,必须把它们增加进来作为字典字头字。

最后,通过语料库技术来确定字典字头的义项。在参考现有词典的释义义项时我们会发现词典中有很多现在已经基本不用或者很少用到的义项。这样的义项对于留学生来说显然是不必要的,不应该收录。为了保证不收录这样的无用义项,在编写词典时,我们坚持每个释义义项都必须在大纲中有例词(对于不能单独成词的字)或者在语料库中能找到例句(对于能单独成词的字)。这样就保证了字典字头中列出的义项都是现在还在使用的义项,而不会列出那些现在已经不用的义项,即我们并不求全,不要求列出每个字头的所有义项。

有时由于没有合适的例句,例解字典只好不列出这个义项,或者不把这个义项作为词来处理,而是作为语素来处理。如"场",在大纲中标了量词、名词,但在实际语料中没有单独用作名词的,所以我们只能把它作为语素处理,而没有列出作为名词的义项。有时也有另外一种情形,由于没有合适的例句,例解字典也只好不列出这个义项,或者不作为语素来处理,而是作为词来处理。如"厂",在大纲中不作为词,但实际语料中有单独使用的,那么我们就把它作为词处理,并给出相应的例句。类似的例子还有不少。因此例解字典对于学习者是切实有用的,不是为编字典而编字典,而是为学习者编字典。

当然在实际操作中,有时会碰到一些例词或例句难以归类的问题,即有时很难把某个例词或例句放在某个义项下面。有的例词可能是音译词,这就更加没法归类了,如"干部"中的"干"或"部"就没法归入"干"或"部"的哪个义项中。这种情况我们一般是把它归入到最常用的一个义项中,在给出例词的同时给出该例词的简单释义。

本节主要讨论语料库技术在对外汉语学习词典编纂中四个方面的应用:一、确定字典字头的收字范围;二、确定字典例句的用字范围;三、限定字典释义的用字范围;四、确定字典字头的义项。我们从中可以看到语料库技术在对外汉语学习词典编纂中有着广泛的应用前景。当然本节的讨论还很粗浅,希望能够得到方家的指正。

至于在应用中可能碰到的一些问题,如限制释义用字数量与释义的简单性、准确性的矛盾问题,语料库例句不能完全反映字头字的用法问题,等等,由于牵涉到的方面很多,我们将在下一节讨论。

附录：527 个释义用字(按频率从高到低排列)

	的	一	人	西	东	个	用	在	表	有	示	物	指	不
地	或	方	来	也	时	面	事	动	上	做	多	很	说	体
是	种	间	等	成	分	起	数	子	出	大	作	某	到	要
好	比	生	和	别	般	部	词	情	从	样	后	小	长	中
着	字	里	向	看	两	量	使	了	身	以	发	自	没	前
水	相	高	下	把	能	同	者	变	对	形	最	己	位	跟
接	得	天	可	放	就	爸	较	开	手	音	都	话	单	过
另	走	去	想	为	给	空	色	意	语	知	吃	道	活	钱
头	外	组	经	具	之	所	心	许	移	这	反	见	连	声
问	定	房	各	现	月	而	工	果	气	特	原	度	合	进
名	容	少	学	颜	常	光	会	口	妈	线	像	写	代	感
回	家	件	力	全	纸	边	根	拿	女	让	如	条	称	低
关	国	脚	觉	离	男	树	植	住	第	法	候	路	年	式
细	行	应	重	安	本	答	类	么	什	思	它	题	文	由
正	只	主	处	次	饭	服	据	快	求	书	四	图	些	圆
白	负	还	记	加	句	明	内	品	平	然	实	受	完	因
产	车	儿	孩	叫	结	近	理	们	确	识	听	通	晚	兴
眼	衣	引	整	布	程	当	点	掉	读	队	机	角	睛	距
军	亮	慢	热	双	温	习	先	象	阳	责	装	包	才	差
电	段	二	更	花	化	目	南	球	认	顺	太	系	言	已
易	硬	担	但	改	干	河	呼	换	脸	流	木	器	且	取
算	需	序	业	再	直	帮	北	病	打	带	喝	画	火	级
纪	季	况	乐	冷	排	清	三	往	望	希	新	译	右	真
助	嘴	笔	薄	楚	穿	床	刀	复	该	汉	号	欢	技	交
节	净	考	客	课	块	立	难	日	山	师	十	收	送	他
停	突	团	万	我	喜	校	义	艺	又	远	云	运	折	坐
啊	办	半	菜	传	短	飞	风	公	互	绩	姐	解	精	久
拉	老	练	毛	妹	民	哪	那	奶	你	赛	神	适	睡	息
休	疑	英	治	置	周	转	左	背	草	层	抽	耳	告	黑
几	教	克	买	卖	门	念	鸟	旁	期	烧	食	舒	术	束

诉	叹	闻	五	鞋	星	药	元	早	站	张	政	班	啡	海
红	基	江	她	酒	桔	橘	咖	米	农	爬	墙	亲	请	秋
商	试	虽	躺	铁	统	信	姓	营	影	邮	雨	章	族	八
杯	春	冬	府	副	歌	贵	蕉	介	斤	九	局	刻	例	领
六	旅	绿	啤	漂	票	苹	七	社	午	夏	香	笑	雪	呀
椅	银	租

6.3　语料库在对外汉语学习词典编纂中的问题及处理

——以《基于语料库的 HSK 多功能例解字典》为例

在前一节中我们讨论过语料库技术在对外汉语学习词典编纂中四个方面的应用：一、确定字典字头的收字范围；二、确定字典例句的用字范围；三、限定字典释义的用字范围；四、确定字典字头的义项。

在现有文献中，讨论语料库在辞书编纂中应用的比较多，而讨论应用中出现的问题的则比较少。如蒋宗福（2005）讨论了语料库技术在语文辞书编纂修订方面的应用，认为"当前计算机技术和电子语料库已完全能满足语文辞书编纂修订的需要，积极探讨和推进辞书编纂修订手段的现代化，亟待引起重视。"

本节就是想专门来讨论一下在实践应用中碰到的一些问题以及我们的处理方法。

6.3.1　释义问题

首先，限制释义用字数量会与释义的简单性、准确性要求产生矛盾。这是基于语料库来编纂辞书面临的最大问题。

比如，"奶"字原来的解释是"人和高等动物身体的一部分，成熟的女性与母性动物的'奶'比较大，能喂养下一代"，由于其中"熟"、"性"、"母"、"喂"、"养"等字比较难，必须改掉，修正后解释成了"人和高等动物身体的一部分，长大了的女人和能生下一代的动物的'奶'比较大，能给下一代吃的，使下一代长大"。再比如，"派"字原来的解释是"原来指水的支流，现在多用来表示系统的一个分支"，由于其中

"支"、"流"两字比较难,必须改掉,修正后解释成了"原来指河的一个部分,现在多用来表示系统的一个方面"。再比如,"窗"字原来的解释是"房屋或车船上通气透光的洞口"由于其中"透"、"洞"两字比较难,必须改掉,修正后解释成了"房屋或车船上通气通光的口"。再比如,"啊"字原来的解释是"用在句末表示语气缓和",由于其中"末"、"缓"字比较难,必须改掉,修正后解释成了"用在句子的最后面表示语气比较慢"。再比如,"表"字原来的解释是"记时间的工具,多数带在手腕上"由于其中"腕"字比较难,必须改掉,修正后解释成了"记时间的工具,多数带在手上"。修改后的释义显然不如原来的释义简单、准确。

对于这个问题,我们现在的处理是:为了保证不随意增加释义用字数量,在保证释义基本正确的前提下,在释义时降低了一部分简单性、准确性的要求。

当然如果要编纂更大规模的字典,比如增加到汉语水平考试大纲中的 2905 字,那么随着字头字增加,释义用字估计还会有所增加,我们预计会增加到 600 字到 700 字,最多应该不会超过 800 字。这样在增加了释义用字数量之后,释义的简单与准确方面可能也会有所改善,但估计不会有太大的变化。在这里我们希望大家能够抱一种相对比较宽容的态度来对待基于语料库编纂的辞书这一新生事物,对其释义的简单性、准确性要求能够有所降低。

由于释义用字量的限制,在把某些非常用字从释义用字去掉(替换掉)的同时,其他的释义表述有时也必须做相应的改动,甚至有时也会使得释义看上去不简单、不准确。

比如,"东"一开始释义为"方位之一,太阳升起的方向",因为"升"字需要替换掉,后来修改为"方位之一,太阳起来的方向"。再如,"戴"一开始释义为"把东西放在头上或脖子上",因为"脖"字需要替换掉,后来修改为"把东西放在头上或其他部位上"。再如,"概"一开始释义为"粗略的,不详细的",因为"略"、"详"字需要替换掉,后来修改为"粗的,不细的"。还有如"公",一开始释义为"丈夫的父亲",因为"丈"字需要替换掉,后来修改为"女人称自己小孩的爸爸的爸爸,也有的地方称自己爸爸的爸爸"。

这些释义的修改看上去可能不如原来的释义简单、准确。但这是限制释义用字数量必然会带来的副作用。否则语言的词汇也没有必要发展丰富了,新字与新词也就不会出现了。因此我们给出了相对较多的例句,希望这些例句能够在一定程度上弥补释义上的不足。

有时释义用字的修改对释义本身基本上没有影响,如"词"字一开始释义为"语言里最小的可以独立运用的单位",因为"独"字需要替换掉,后来修改为"语言里最小的可以自由运用的单位"。这样的例子说明我们在对学习字典中的字进行释义时需要留心,尽量使用简单的字。

6.3.2 例句问题

其次,语料库例句不能完全反映字头字的意义、用法。这也是一个比较大的问题。

比如说,"表"的例句有 3 个:"你的表慢了三分钟。| 她看看表说要回家了。| 买表用了一百元,还剩八元。"就这 3 个例句而言,第 1 个比较好,基本上能反映"表"的含义、用法。而第 2 个就很难说了,对"表"的意义明白的知道这句话的意思,不明白的还是不知道这句话的意思。第 3 个就更难说了,基本上不能反映"表"的意义。当然后面这两个例句基本上还能反映"表"的用法。再比如说,"电"的例句有 3 个:"科学家们早就开始研究电的问题。| 我们一共三个人,那时候,还没有电,干活要点灯。| 要了解这些问题,我们就必须努力学习电的知识。"除了用法,这 3 个例句基本上很难反映"电"的意义。当然如果从母语使用者来看,好像是能反映"电"的意义的。但是仔细想想,除了第 2 个例句,"没有电"与"点灯"有些意义联系外,另两个例句是看不出"电"的意义的。最简单的测试方法就是:把原来例句中的"电"字删掉,看看能不能补回去,能唯一地补回去的最好。如果用这个方法来测试我们的例句,显然会有不少例句不能通过这个测试。

有时是这样一种情况:某个字主要是作为语素用来构词,但偶尔也有单独作为词来使用的,只是例子很少,基本上没有选择的余地。这样的例句当然也很难考虑到是否能反映字头字的意义、用法了。如"道",作为名词性语素(释义为"人或车走在上面的长长的地面"),一般只用来构词,很少单独使用。这样就只能给出这样的例句:"他说:'我们哪里有近道,还不和你们走的一条道?'"。

对于这个问题,我们现在的处理是:尽量使例句能反映字头字的意义与用法,实在不能兼顾的,至少保证一个方面。如果没有合适的例句,我们宁可空缺这一项。

今后解决这个问题的方法可以有两个:一个是扩大语料库的规模,这样会有更多的候选例句可以选择,这可以从根本上解决这个问题;一个是适当补充自己造的例句,这样可以解决一部分没有合适例句或例句太少带来的问题。

即使是目前这种不尽如人意的状况,但由于选用的例句都是地道的汉语实例,在培养留学生语感方面还是能起到很好的作用。

字典在编辑的过程中,编辑还提出一个问题。那就是有的例句所反映的内容显得有些过时。如"这一节,我们来介绍简单收音机的原理。"其中由于"收音机"一词现在用得比较少,使得这个例句也就显得有些过时了。不过 2008 年 5 月 12 日发生汶川 8 级特大地震后,"收音机"一词的使用又多起来了。又如"八十年代的大学生有时代的特点。"现在早已是新世纪了,再举和上个世纪八十年代有关的例子也就显得有些过时了。这是由于我们构建语料库时所选语料样本不是最新的语料造成的。这提醒我们在今后的词典编纂中,语料库的样本选择一定要考虑到词典的读者对象,根据不同读者对象来决定样本的取舍。

此外,个别字头字可能没有例句。这是由于我们构建语料库的方法所造成的。为了保证字典例句的全部用字都是字头字,即保证例句用字不超出字头字,我们的例句语料库的全部用字都是由字头字构成的。但是由于某些字头字总是与字头外的字同现,所以个别字头字没有出现在例句语料库中。这样自然也就造成了个别字头字没有例句的问题。弥补的方法是适当自造例句。

6.3.3 例词问题

6.3.3.1 有些字头字没有例词

有不少字头字可能没有例词。这主要是因为它们没有构词能力,也有一些只是因为在汉语水平考试大纲词表中没有由它们组成的词。这些字头字有以下三种情况:

一种是字头字是助词与量词,而一般的助词与量词都没有构词能力。如"啊"、"吧"、"啦"、"嘛"、"地"、"哪"、"呢"、"嗯"、"过"、"等"、

"呐"等助词和"声"、"架"、"角"、"棵"、"篇"、"片"、"场"、"打"、"顿"、"座"、"笔"、"遍"、"帮"、"两"、"毛"、"排"、"样"、"章"、"支"、"道"、"度"、"封"、"门"、"页"、"间"、"节"、"把"、"杯"、"本"、"部"、"对"、"号"、"回"、"期"、"面"、"名"、"首"、"所"、"条"、"头"、"位"、"重"、"副"等量词。

一种是字头字是没有构词能力的动词与名词,如"喝"、"数"、"哭"、"吹"、"刮"、"别"等动词和"帮"、"汤"、"香"、"腿"、"系"等名词。

一种是字头字虽是有构词能力的动词与名词,但是在汉语水平考试大纲词表中没有由它们组成的词,如"看"可以组成"看护"、"看守",但大纲词表中没有"看护"、"看守"。

这种没有例词的情况,如果只是大纲中没有的话,我们酌情补充了一些,至于本来就没有构词能力的字,当然是只能让它空着。如"湖"字补充了"湖水"、"江湖"、"西湖"等例词,"哭"字补充了"哭鼻子"、"哭笑不得"、"痛哭"等例词,"蓝"字补充了"蓝色"、"蓝天"等例词。

6.3.3.2　有些例词用字义项不明

有的例词中的用字不知其属于字头字的哪个义项,即有些例词不知放在哪个义项下好。这有三种情况:

一种是音译词中的字,如"干部"中的"干"和"部"。这种情况我们的处理是把它们把放在第一个义项下,并对其进行简单地释义,如例词"干部(领导或管理人员)"。

一种是地名中的字,"大理石"中的"理"。这种情况我们的处理是把它把放在第一个义项下,并注明这是地名,如例词"大理石(大理是地名)"。

一种是词中某个字的意义不明确或不好解释,如"感冒"中的"冒","老板"中的"板","吵架"、"打架"中的"架","车间"中的"车"。这种情况我们的处理是把它把放在相应词性的义项下,并对其进行简单地释义,如例词"感冒(一种最常见的病)"、"老板(自己做生意的人)"、"吵架(吵嘴)、打架(两人互相打对方)"、"车间(工厂里生产的房间)"。

6.3.4　结语

本节讨论了在运用语料库技术编纂对外汉语学习词典中碰到的释

义、例句和例词等问题,并提出了相应的处理方法,这里再做个小结。

首先限制释义用字数量会与释义的简单性、准确性要求产生矛盾。我们的处理是:为了保证不随意增加释义用字数量,在保证释义基本正确的前提下,在释义时降低了一部分简单性、准确性的要求。这是限制释义用字数量必然会带来的副作用。我们通过给出相对较多的例句来弥补释义上的不足。

其次语料库例句不能完全反映字头字的意义、用法。我们的处理是:尽量使例句能反映字头字的意义与用法,实在不能兼顾的,至少保证一个方面。比如,"表"给出了 3 个例句:"你的表慢了三分钟。|她看看表说要回家了。|买表用了一百元,还剩八元。"要解决这个问题,今后可以采取两种方法:一种是扩大语料库的规模,这样会有更多的候选例句可以选择,因而可以从根本上解决这个问题;一种是适当补充自己造的例句,这样也可以部分解决没有合适例句或例句太少带来的问题。

再次有不少字头字可能没有例词。这主要是因为它们没有构词能力,也有一些只是因为在汉语水平考试大纲词表中没有由它们组成的词。对于后一种情况,我们酌情补充了一些例词。如"湖"字补充了"湖水","哭"字补充了"痛哭","蓝"字补充了"蓝天"等例词。例词的另一个问题是:例词中的用字不知其属于字头字的哪个义项,即有些例词不知放在哪个义项下好。我们的处理是把它们把放在第一个义项下或者把它们把放在相应词性的义项下,并对例词进行简单地释义。如"干部(领导或管理人员)"、"大理石(大理是地名)"、"感冒(一种最常见的病)"、"老板(自己做生意的人)"。

6.4　面向学生辞书编纂的汉语语料库开发

6.4.1　引言

据《中国新闻出版报》的报道[①],商务印书馆辞书语料库于 2000 年

---

① 见王坤宁(2002)、王坤宁(2005)。

8 月开始立项。2002 年 3 月 29 日,商务印书馆与北大方正就共同开发商务印书馆辞书语料库及编纂系统正式签字。到 2005 年 9 月,商务印书馆辞书语料库已有约 3000 万字的各类语料入库,完成 27000 多条字目、13 万多条辞目及其相关数据的整理工作。辞书语料库预计将在2010 年前达到辞目 40 万条,原始文献 3 亿字(按一年 6000 万字计),并逐步加以标注,争取达到例证语料 200-250 万条,导入辞书 20 余部,为辞书编纂提供坚实的基础,并通过辞书编纂系统逐步实现辞书编纂手段的数字化。

这显然是个好消息。我们相信不久就可以在中国大陆看到基于语料库的汉语词典问世。

1997 年,在台湾已经有一部基于语料库的黄居仁等编写的《国语日报量词典》出版。

我们知道,在一些发达国家,语料库已成为辞书编纂和语言学研究必不可少的基本条件,像朗文、牛津、韦氏等素享盛名的英语词典,其新版都是在语料库提供的语料基础上编纂而成的,因而更具有科学性和权威性,常销不衰。而目前国内专用于辞书的语料库很少见,听说只有北京、上海少数几家出版单位已开始建设。国内也有一些讨论双语语料库为双语词典编纂服务的文献[①]。2004 年,南京大学双语词典研究中心编纂的《新时代英汉大词典》由商务印书馆出版,该词典的例证基本上取自南京大学和商务印书馆合作建设的英汉双语语料库。

本节想谈谈面向学生辞书编纂的汉语语料库开发的相关问题。这些问题主要涉及语料库组成、语料库加工及语料库应用等。

6.4.2　语料库组成

说到语料库的组成,我们认为需要根据不同的学生即辞书使用者来考虑语料库的组成。总的来说,使用者可以分为两大类:一类是中国学生,汉语是母语,主要是中小学生,本节着重谈的是为小学生编纂辞书的语料库;一类是外国学生,汉语是外语,这又可以分为来中国学习的外国学生即留学生和在其本国学习汉语的外国学生,本节着重谈的

[①]　见李德俊(2006a)、李德俊(2006b)、于海江(2006)。

是为留学生编纂辞书的语料库。这两大类学生很不一样,所以为他们编纂辞书的语料库组成也应该不一样。

下面我们先谈谈针对小学生的。

首先需要开发一个较大规模的中小学教材语料库。中小学教材语料库应该包括多种版本的语文教材以及至少一个最好多个版本的不同课程教材,这些课程一般应该包括数学、物理、化学、政治、历史、地理、生物等。我们已经开始着手建设这样的中小学教材语料库,已经建成的有:上海市中小学语文教材语料库(现行使用版,133 万字)、上海市基础教育教材语料库(包括上海市基础教育语文、数学等多学科教材语料库,其中语文还包括之前使用过的 H 版和 S 版)、江苏教育出版社语文教材语料库(1-6 年级)、人民教育出版社语文教材语料库(义务教育课程标准实验教科书 1-6 年级)。其中上海市基础教育教材语料库、江苏教育出版社语文教材语料库和人民教育出版社语文教材语料库不仅包括课文文本,还包括练习、课文导读等所有非课文文本。①

其次需要开发一个较大规模的中小学生课外读物语料库。课外读物可以考虑包括教育部推荐的中小学生课外读物以及学生们自己喜欢阅读的报刊书籍等。我们已经建设了这样的中小学生课外读物语料库。这个语料库所收课外读物的具体报刊书籍是根据一个大规模中小学生课外读物调查数据确定的。②

再次需要开发一个较大规模的常用应用文语料库。常用应用文可以包括各类现代生活实际常用的应用文种类。我们目前还没看到有关建设这样的应用文语料库的报道。我们计划于近期建设一个这样的应用文语料库。

再其次需要开发一个较大规模的中小学生作文语料库。作文语料库应该包括同题作文及各类不同体裁、不同题材的学生作文等。鲁东大学亢世勇教授等已经建成了一个类似但很不一样的中小学生作文偏

① 这些语料库有些是由本人负责建设("对外汉语教材中的超纲词现状研究"课题,"上海市中小学语文教材语料库"课题),有些是本人参与建设("上海市基础教育教材语言资源的建设和应用"课题,本人主要负责技术指导)。
② 这个语料库的建设包括在"上海市基础教育教材语言资源的建设和应用"课题之内。

误语料库。

最后还需要开发一个较大规模的中小学试题语料库。试题语料库应该包括各种各样的试题文本,加工中还必须标注考试的知识点信息。

接下来我们谈谈针对留学生的。如果是为留学生辞书编纂而开发的语料库,则应该做出相应的调整。

首先需要开发一个较大规模的对外汉语教材语料库。对外汉语教材语料库应该以精读教材为主,包括口语(会话)、听力、阅读、写作等教材。我们在做对外汉语教材超纲词研究时曾经建设了一个 200 万字的对外汉语教材语料库。在此基础上我们已经扩大了语料库的规模,现在已经达到 300 万字。

其次需要开发一个较大规模的留学生作文语料库。留学生作文语料库即通常所说的中介语语料库,北京语言大学很早就建成了这样的语料库。我们也已经开始建设留学生作文语料库。

再次需要开发一个较大规模的留学生常用应用文语料库。留学生常用应用文语料库必须考虑到留学生实际生活的需要,比如应该主要考虑商务应用文及日常生活应用文。

再其次需要开发一个较大规模的留学生课外读物语料库。留学生课外读物语料库中的具体报刊书籍也应该通过调查数据来确定。

最后还需要开发一个较大规模的留学生试题语料库。试题语料库应该包括各种各样的试题文本,加工中也必须标注考试的知识点信息。这些信息往往不同于母语学习者用的试题中所标注的知识点信息。

另外如果是编纂留学生双语词典,则还需要开发一个较大规模的双语语料库。双语语料库中目前建设得较多的是英汉双语语料库[1],如果是编制学汉语用的双语词典,则应该同时开发汉英双语语料库。

6.4.3 　 语料库加工

开发上述语料库,需要根据辞书编纂的实际需求,对语料库进行相

---

[1] 　 见李德俊(2006a)、李德俊(2006b)、于海江(2006),这类语料库比较适合开发中国学生用双语词典。

应的加工。

这些加工可以包括:最初的原始语料收集,生语料录入(制作电子文本生语料),切词(制作一级加工熟语料),句类标注(制作一级加工熟语料),词性标注(制作二级加工熟语料),句型标注(制作三级加工熟语料),词义标注(制作三级加工熟语料),语用标注(制作三级加工熟语料)等。

关于语料库的加工,由于已经有许多专门的讨论,本节不想多说,只想说说自己在加工实践中的一点体会。

在加工实践中,体会最深的是:

首先应该有一个很好的机助人工校对软件,软件中应该包括一个很大的词表,以提供给校对者尽量完整的候选项。

但更主要的是"校对规则应该尽量简化",以使得即使是非专业人员也能够较好地把握,以达到较高的正确率与一致性。而校对规则中比较容易混淆、不易把握的是词语的颗粒度大小问题,就是传统的词的判断问题。我们通常所说的"鸭蛋"是词,而"鸡蛋"不是词,只是因为"鸡"在普通话中能够单说、单用,而"鸭"不能。这些至今没有一个公认的标准,普通人根本无法掌握这其中判断一个语言单位是不是词的标准。根据我们的实践经验,一个可行的办法是在人工校对时,给出一条简单的校对规则:对于在上下文中一个相对完整的语言单位(即不与其他语言单位有包含或交叉关系),能够合在一起的,尽量合在一起,不予切分。这可以称之为"最大化规则"。对于一些专名而言,就是其字串尽量长,所指范围尽量小。如,常见的地名组成是从大到小排列的,经常被切分成了好几个小的切词单位,如"上海市徐汇区",会被切分成"上海市 / 徐汇区",而"江西省遂川县泉江镇"则可能被切分成"江西省 / 遂川县 / 泉江镇"。这样的地名切分一般也还能理解与掌握,但是对于"中华人民共和国外交部新闻发言人",很多人就难以取得比较一致的意见了,究竟是切分成"中华人民共和国 / 外交部 / 新闻发言人",还是切分成"中华人民共和国 / 外交部新闻发言人",还是切分成"中华人民共和国外交部 / 新闻发言人"。这就很难一致了。我们的做法是校对者只需要把它们整个合在一起,不切分,作为一个切词单位。至于语料库最后的实际输出则可以根据不同用户或不同研究目的的需要,做出相应的调整。当然这需要有一个包含了丰富信息的结构化词表相配合。

6.4.4　语料库应用

语料库加工的不同深度可以提供不同层面的应用。我们现在想到的不同层面的应用可以有：

生语料，除了可以提供大家常说的字频信息外，其实还可以提供组词造句等搭配信息以及在教材中第一次出现的位置（课文）及复现次数等使用信息。这些信息对于编纂学生字典是很有用的。

已经切词的一级加工熟语料和已经标注词性的二级加工熟语料（这二者现在经常是一起加工的），当然可以提供词频信息，此外还可以提供基于词或词性的搭配信息以及在教材中或者语料库的其他语料中的使用信息。这些信息对于编纂学生词典也是很有用的。

对于已经标注了词义的三级加工熟语料，首先可以提供义频信息，此外还可以提供基于词义的搭配信息以及某个词义在教材中或者语料库的其他语料中的使用信息。这些信息对于编纂学生词典尤其重要，因为辞书质量的好坏关键看其释义，而释义的来源则有赖于丰富的实例。

6.4.5　小结

本节想表达的主要意思是：

面向学生辞书编纂的汉语语料库有别于一般的语料库，其组成至少应该包括教材语料库、课外读物语料库、应用文语料库、作文语料库及试题语料库等。

语料库的加工中校对规则应该尽量简化，能够合在一起的语言单位尽量合在一起，建议采用最大化规则。

语料库加工的不同深度可以提供不同层面的应用，即使是生语料也可以提供许多有用的信息。

当然，本节只是我个人在语料库加工实践及学生词典编写实践过程中想到的一些不成熟的想法，希望能得到方家的批评指正，也希望能有机会与诸位合作建设相关的语料库以及开发基于语料库的辞书编纂系统。

6.5　本章小结

　　首先,本章提出了一个编写基于语料库的 HSK 多功能例解字典的基本设想,同时给出了字典的样例;其次,结合对外汉语学习字典编纂实践探讨语料库技术在对外汉语学习词典编纂时在确定字典字头的收字范围、确定字典例句的用字范围、限定字典释义的用字范围以及确定字典字头的义项等四个方面的应用;再次,讨论在运用语料库技术编纂对外汉语学习词典时在释义、例句以及例词方面碰到的一些实际问题,并提出了相应的处理方法;最后,通过论述面向学生辞书编纂的汉语语料库的组成、加工及应用,认为:面向学生辞书编纂的汉语语料库应该包括教材语料库、课外读物语料库、应用文语料库、作文语料库及试题语料库等;加工中校对规则应该尽量简化,最好采用最大化规则;不同加工深度的语料库可以提供不同层面的应用,即使是生语料也可以提供许多有用的信息。

第7章 语料库在对外汉语
教材编写中的应用

7.1 留学生使用高级教材的调查报告

7.1.1 引言

掌握一门外语需要具备什么样的条件？我们不难列出几条：优秀的教师、完善的教学、合适的教材、学生的优良语言技能、学习环境等。其中，教材是比较固定的，没有其他条件灵活，因此教学当中用什么教材与学生学会什么密切相关。曾经有韩国中文本科毕业生在来到中国学汉语时，跟着现有的教材学习汉语，竟产生了"学了也怕没有用"的感觉，甚至于学习欲望也日渐降低。这让我们不得不思考这样的问题：是否教材太难理解、不适合时代潮流、内容太多很难掌握。

为了能够编写出适合留学生需要的对外汉语教材，我们对留学生使用高级教材进行了问卷调查，通过统计与分析，了解学生对现有对外汉语教材的看法及对教材内容的需求。

7.1.2 调查对象

我们对上海交通大学2005年上半年语言生高一（高级一等）两个班和高二（高级二等）一个班共计45人进行了问卷调查。调查时间是学期末，其中高一36人在高级阶段学过一个学期的课程，其余高二9人已经学过两个学期。虽然他们有一个学期的学习时间差异，对有些项目的反应有所不同，但是调查结果显示他们对现存教材的基本看法大体一致。

我们的调查对象是母语为非汉语的外国人和海外华人华侨中高等

阶段的学习者,他们一般来华进行半年到三年不等的汉语言文化进修。根据《高等学校外国留学生汉语教学大纲(长期进修)》(以下简称《大纲》),"高等阶段的学习者,入学前已经掌握了汉语的基本语法结构及一般的表达法;领会式词汇量在 4000 词以上,复用式词汇量在 2000 词以上;已具有中等的听、说、读、写、译的能力和用汉语进行一般交际的能力。"

《大纲》里高等阶段的教学目标是:通过在高等阶段两级里听、说、读、写、译等语言技能的训练,使学生掌握 2800 个左右的高等阶段的词语(其中 1200 个左右为复用式掌握,1600 个左右为领会式掌握)以及相应的汉字。

根据大纲的要求,我们估计他们的汉语基础在高级阶段的学习起点。尤其是按照有关词汇量方面的大纲要求来讲,到了高级阶段的学生已经掌握 5000 个左右词汇,通过高等阶段能再学习 2000 多个词汇。

调查对象总共 45 人,性别分布是男同学 19 人,女同学 26 人,主要年龄段是 22-26 岁,大都不是华裔。

36 个高一留学生所用的教材是北京语言大学出版社马树德主编的《现代汉语高级教程》(三年级教材上册),9 个高二学生所用的教材是下册。对 36 个高一留学生来讲,可能这本教材有一定的难度。他们在中等阶段,学习的教材不是该系列二年级的教材,而是一年级教材,因此他们会觉得难度跨越大,学起来感到吃力。

7.1.3　调查项目及内容

针对 45 个高级班学生进行调查的项目主要是与教材相关的一些看法,主要体现为学生对教材的满意度。问卷(具体内容见后面的调查表)总共 26 题,包括以下内容:对教材的总评,课文的篇数、长度、内容、生词、词汇,整个教材里的课文数,除了教材已有的内容以外想加上去的内容,对精读课程的期望,对于汉语的一般知识,还有个人相关信息等。

通过这次调查,我们能了解留学生对现行教材的满意度和期望度,学习汉语的主要目的、学习倾向以及高等阶段学生个人的一般情况,而且能进一步研究留学生学习汉语过程中主要感兴趣的学习点以及有困难的学习点。

7.1.3.1　高一问卷调查表

		A	B	C	D	E	F
101.	您对现有教材,总的来说觉得	A. 很好	B. 比较好	C. 一般	D. 不好	E. 很不好	
102.	您认为最好的部分是	A. 课文	B. 词语例释	C. 同义词辨析	D. 词语说明	E. 语法提示	F. 练习
103.	您认为最不好的部分是	A. 课文	B. 词语例释	C. 同义词辨析	D. 词语说明	E. 语法提示	F. 练习
104.	您认为课文的篇数	A. 太少	B. 比较少	C. 合适	D. 比较多	E. 太多	
105.	您认为课文的长度是否合适?	A. 太短	B. 比较短	C. 合适	D. 比较长	E. 太长	
106.	您认为课文的内容是否合适?	A. 完全过时	B. 有点过时	C. 合适	D. 比较合适	E. 合适	
107.	您认为课文的生词是否合适?	A. 太少	B. 比较少	C. 合适	D. 比较多	E. 太多	
201.	您认为课文起点词汇多少比较合适?	A. 4千词	B. 5千词	C. 6千词	D. 1000字	E. 1200字	F. 1500字
202.	您认为课文的长度多少才合适?	A. <1000字	B. 1000字	C. 1500字	D. 2000字	E. 2500字	F. >2500字
203.	您认为一册课本应该包括多少课文?	A. <8课	B. 8课	C. 10课	D. 12课	E. 16课	F. >16课

（续表）

	A	B	C	D	E	F	G
204. 您认为一篇课文应包括多少生词？	A. <30个	B. 30个	C. 40个	D. 50个	E. 60个	F. >60个	
205. 您认为教材除了词语及语法讲解及练习等还应该包括	A. 汉字的知识	B. 汉字的练习	C. 文体的知识	D. 文体的练习	E. 修辞的知识	F. 修辞的练习	
206. 您认为精读课一个星期应该上多少节课？	A. 2	B. 4	C. 6	D. 7	E. 8	F. 9	
207. 您从精读课学到了什么样的知识？	A. 汉字	B. 词汇	C. 语法	D. 修辞	E. 文化		
208. 您想从精读课学到什么样的知识？	A. 汉字	B. 词汇	C. 语法	D. 修辞	E. 文化		
209. 您学汉语的目的是	A. 了解中国	B. 便于工作	C. 接受更多教育	D. 便于在中国旅游	E. 融入中国文化	F. 取得 HSK 证书	G. 了解中国人
210. 您觉得您已经认识多少汉字？	A. <1000个	B. 1000个	C. 1200个	D. 1500个	E. 2000个	F. 2500个	G. >2500个
211. 您觉得您已经认识多少汉语词？	A. <3000个	B. 3000个	C. 4000个	D. 5000个	E. 6000个	F. 7000个	G. >7000个

（续表）

	A.	B.	C.	D.	E.	F.	G.
212. 您希望老师在课堂上讲解的时间：您自己练习的时间之比为	A. 8:2	B. 7:3	C. 6:4	D. 5:5	E. 4:6	F. 3:7	G. 2:8
213. 教材中练习应该包括	A. HSK 题型	B. 写作训练	C. 组词	D. 造句	E. 改错	F. 填空	
214. 您觉得正常情况下，您平均每天能学会多少个汉字	A. <5 个	B. 5 个	C. 7 个	D. 9 个	E. 12 个	F. 15 个	G. >15 个
215. 您觉得正常情况下，您平均每天能学会多少个汉语词	A. <5 个	B. 5 个	C. 7 个	D. 9 个	E. 15 个	F. 20 个	G. >20 个
301. 您的性别	A. 男	B. 女					
302. 您的国籍							
303. 您的年龄	A. <22 岁	B. 22-26 岁	C. 27-32 岁	D. 33-40 岁	E. 41-50 岁	F. 51-60 岁	G. >60 岁
304. 您的亲戚中有哪位是中国人或华人？	A. 没有	B. 父亲	C. 母亲	D. 爷爷或奶奶	E. 外公或外婆	F. 其他亲戚	

7.1.3.2　高二问卷调查表

与高一的基本相同,只是由于他们所用教材不同(高一是上册,高二是下册),教材结构略有不同,所以其中的 102 和 103 选项略有不同,下面将其列出,其余相同部分则全部略去。

102. 您认为最好的部分是	A. 课文	B. 词语例释	C. 同义词辨析	D. 词语说明	E. 修辞提示	F. 练习
103. 您认为最不好的部分是	A. 课文	B. 词语例释	C. 同义词辨析	D. 词语说明	E. 修辞提示	F. 练习

7.1.4　调查结果及分析

对第 101 题"您对现有教材,总的来说觉得",15 人选"一般"项,其次 12 人选"比较好"项。这表明学生对该教材的总的评价还是很一般。

然后看第 102 题"您认为最好的部分是",17 人选"同义词辨析"项。学生认为"同义词辨析"是最好的部分的意思是:同义词辨析能使学生找到学习汉语当中的"挠痒处",对学习汉语起到针对性的作用。而且这结果与第 201 题、第 211 题很有相关性。第 201 题"您认为课文起点词汇多少比较合适?",10 个学生回答"4 千词"。第 211 题"您觉得已经认识多少汉语词?",12 人选" < 3000 个",另外 12 人选"3000个"。由此我们可以看出学生掌握的汉语词远没有达到大纲的要求。

对第 103 题"您认为最不好的部分是",24 人选"课文",接着对第104 题"您认为课文的篇数",28 人选"合适"。不过看第 106 题"您认为课文的内容是否合适?",23 人选"有点过时"。这表明学生觉得课文内容与现实生活有距离感,没有时代感。这很可能引起学生对整个教材内容的不满足,逐渐失去学习欲望。过时的内容不太能刺激学生学汉语的欲望,也不太能使他们产生继续学下去的欲望。

第 209 题告诉我们留学生学习汉语的最大目的是"便于工作"。再看第 213 题,接着与工作相关的要求,问"教材中练习应该包括",18人选"HSK 题型"。

第 301-304 题是学生的个人信息,目的是了解高级班学生的分布。男女比率是男：女＝19：26。国籍是 12 个日本,10 个韩国,5 个印尼,2 个新加坡,日韩留学生的比率最大,其次是华裔学生与少数欧美学生。

大致说,我们通过这次调查能了解并推测:留学生学习汉语目的主要是为了将来的工作,参加汉语水平考试也只是为将来找工作增加一些筹码。因此他们需要"HSK 题型"的练习。而且根据工作的要求,也希望课文的内容不是过时的。

7.1.5　余论

通过这次调查,我们努力去了解高等阶段留学生对课程教材的接受程度,能得出的一点结论是:首先,高等阶段学生对现有教材的接受程度可以说"比较满意",不过"课文内容有点过时"这点应该是引起我们研究者注意的问题。其次,他们对词汇知识的需要意识很强,不过实际上他们自己承认的认识的词汇远远达不到教学大纲里对高等阶段学生应达到的水平的要求。最后,他们学习汉语的第一目的是"便于工作",因此对 HSK 练习很有兴趣。

对上述的结果,我们应该有立体式研究,多方面的考虑,有再进一步研究的必要。我们现在能做到的只是问题的提出而不是问题的全面性解决,希望有更多研究者关注这些有关教材的问题,或者教材编写时应重视考虑的问题。

7.2　语料库在对外汉语教材编写中的应用

——以《新汉语高级教程》为例

7.2.1　引言

前面我们已经讨论过语料库技术在对外汉语学习词典编撰中的应用实践问题,也讨论了在编写高级汉语教材时如何对现成语料进行加工,从而避免出现教材课文中生僻词汇过多的问题,并提出了三点建议：首先，在选择课文时，应该通过语料库技术来控制课文的难度；其次，在确定具体课文以及课文排序的过程中，要利用语料库技术以及统计数据来确定标准、合理安排；最后，在生字词的具体处理上，可以利用语料库技术以及统计数据来进行不同的处理。

本节则打算在此基础上，结合我们编写《新汉语高级教程》的实践来具体讨论语料库技术在对外汉语教材编写中的应用实践问题。不过，在具体的讨论中我们也会谈到一些设想，并不限于《新汉语高级教程》的编写实践。虽然这些设想限于目前的条件，暂时还不能付诸实践，但我们相信它确实是切实可行的。

本节将讨论 4 个方面的问题：素材选择、课文排序、生词处理和语法讲解。

7.2.2　素材选择

首先，在选择教材课文的素材时，应该通过语料库技术来控制课文的难度。

我们应该改变过去那种在编写课文的时候，临时从书籍报刊中寻找合适素材的做法，在编写教材之前，先按照不同类型教材的编写要求建设一个教材素材语料库[①]，然后在编写教材时，再根据不同教材编写的要求从语料库中选取合适的候选课文。我们在第 5 章第 3 节说过："应该有意识地控制课文的长度、句子的长度，控制课文的用字数量，尤其是要控制课文中低频非常用字的数量。这样就不需要通过改写来降低超纲词的比率，而是选取的课文素材本身就是适合留学生已有水平的。"此外也需要根据课文的体裁、题材等（这些信息在教材素材语料库中都已经标注出来了）来决定素材是否选用为课文。

对于副课文也一样可以根据需要从素材语料库中选取，而且可以通过统计比较找出最相关的副课文。这种相关不只是内容上相关，而且在形式上，如用字、语法点（当然要求语料库中语料应该标注了语法点）上也要相关，以保证副课文与正课文是紧密相关的。

[①]　我们目前已经开始着手建立这样一个国际汉语教材素材语料库，关于汉语教材素材语料库的建设我们将另外撰文讨论。

在教材素材语料库未建成之前,我们现在采用的是先统计候选文本的长度、用字量、用词量、超纲词数量及比率等较容易获取的数据,并据此决定是否选用为课文。而对于副课文,则同时统计其与正课文用字的相关性,选取相关性高的作为副课文。

7.2.3　课文排序

课文排序上,首先要根据课文文本的统计数据来确定课文的难度,依据课文难度来确定课文的排序。课文难度受多方面因素的影响,如课文长度、句子长度、生字数、生词数等。这些因素至少可以分为两类:一类是客观的,可以根据课文文本的统计数据来确定的难度,这包括课文的总长度、平均句子长度、生字数、生词数、超纲词数及其百分比等;一类是主观的,不同人对同一课文的难度会有不同的感觉,这主要反映在课文的内容上,比如是属于专业领域还是通用领域、是叙事抒情还是评论等都会影响到课文的难度。此外还可以考虑语法点出现的顺序以及语法点出现的多少,当然其前提是先要建立一个语法点标注语料库。同时还要尽量选择共有字词比较多的素材来作为课文,以提高生字词的复现率,提高教学效果。

我们在第 5 章第 3 节说过:"在确定具体课文以及课文排序的过程中,也要利用语料库技术以及统计数据来确定标准、合理安排。比如,除了考虑题材、体裁等因素外,一般来说,同一册教材中课文的长度应该逐步增加,生字词的数量也应该逐步增加,以保证每篇课文生字词的数量大致相同或者逐步少量增加——后面课文中的一些生字词可能在前面的课文中已经出现过,这样就可以减少原本生字词数量比较多的课文中的生字词数量。"

在教材上册中,其用字统计数据如下:

表 7-1　《新汉语高级教程》(上册)课文用字统计表

编号	标　题	总字数	字种数	总词数	词种数	生词数	生词率	难度
1	猎狗的故事	1771	427	1230	420	165	13.41	1

（续表）

编号	标题	总字数	字种数	总词数	词种数	生词数	生词率	难度
2	大学生打工收入知多少	1464	419	993	416	164	16.52	2
3	"上海书店"台北"热卖"	1272	404	815	378	141	17.30	2
4	佳洁士——迟到者的失败	1773	448	1271	419	167	13.14	1
5	世界第八奇迹——兵马俑	1734	454	1178	461	188	15.96	2
6	2004 年世界体育屡创奇迹	1145	474	784	453	210	26.79	3
7	老字号需要接班人	1291	447	947	434	190	20.06	3
8	中式婚礼暗含中国哲学	1564	464	1056	475	210	19.89	3
9	婚姻鞋	1322	478	996	447	216	21.69	3

说明：这里的"生词数"（即超出大纲中甲乙丙三级词的词数，包括丁级词和超纲词）是完全根据校对后课文文本统计得到的，还没有进行人工干预。"生词率"是"生词数"与"总词数"的百分比。

在实际操作中，我们没有先按照某个公式来计算文本的客观性难度，对于主观性的难度也由于缺乏合适的参照点，没有进行量化的考虑（这些都还需要更多的进一步研究）。实际编写时，我们没有完全按照课文长度的多少来排序，而是选取了一个更能反映课文难度的生词数和生词占总词数的百分比（生词率）来确定课文的排序等级（即难度等级）。在同一难度等级的课文中，再考虑其他方面的一些因素（主要是文本长度和题材）来最终确定课文的排序。

7.2.4　生词处理

在生词处理方面，首先语料库技术至少可以保证生词不会重复出现，其次还可以对出现的生词进行一些技术处理：一分为二，作为正式生词或者注释生词。这样可以从技术层面上减少超纲词，尤其是生词中的超纲词。

在教材上册中,共有 9 课,生词总数为 718 个,其中正式生词是 482 个,平均每课 53.6 个,注释生词是 236 个,平均每课 26.2 个。

注释生词按理应该都是超纲词,不过在教材上册中,有 15 个注释生词不是超纲词。这 15 个词是"冶金"、"驶"、"并非"、"部位"、"超级"、"豪华"、"居"、"聚会"、"年度"、"设施"、"岁月"、"特意"、"田径"、"赢得"、"种种"。其中"冶金"、"驶"还是丙级词。按理说,丙级词和丁级词都不应该作为注释生词。但就具体的词而言,把丙级词"冶金"、"驶"作为注释生词处理从我们的语感看还是合适的。因为我们觉得,这两个词确实并不常用("驶"单独作为一个词来用则更少)。顺便说一句,把"冶金"、"驶"等 15 个词作为注释生词处理,其实是我们技术处理上的一个失误。不过从这个失误中也反映出一个问题:有的大纲词汇给人以超纲词的感觉,或者给人以不需要掌握的感觉(所以编者才没有把它们列入正式生词)。说到技术失误,上册中还有一个失误是,由于正式生词与注释生词没有全部放在一起统计,导致有 3 个超纲词("技艺"、"品牌"、"首次")分别出现在了不同课文的正式生词和注释生词中。这提醒我们在今后的技术处理中,需要做得更加细致,考虑得更加周到。

同样地,按理正式生词应该都是大纲之内的词,而事实上,我们的正式生词中也有不少是超纲词。正式生词中的超纲词总数是 227 个,占生词总数的 47%。从这个百分比(再考虑到注释生词,则每课的超纲词总数平均在 50 多个,占 718 个生词总数的 64%),我们可以看到,尽管我们充分注意到了超纲词的问题,在选材中尽量选取难度适中的文本,但是实际上,就超纲词的比率而言,课文还是比较难的。奇怪的是,有人却觉得我们给出的正式生词甚至是注释生词中有一些都太容易了。这里可能反映出了大纲词表的问题——甲、乙、丙、丁级词分级的不尽合理以及大纲词汇量的偏小。

此外,有了语料库技术,给出的生词释义以及例句就会更为真实。我们的例句全部来自于语料库中的真实例句,释义也是给出与课文中的句子及例句相应的意义,而不给出与课文中的句子及例句不相关的释义。

7.2.5　语法讲解

在语法讲解方面,语料库技术也能发挥作用。比如,词语辨析(词语辨析可以看作是语法讲解的一部分)中,一方面需要选择确定同义词,这可以利用语料库技术来选择课文中出现次数较多的、常用的词语作为需要辨析的同义词,另一方面可以从语料库中直接查找实例作为辨析中的例句。语法点讲解中,在选择、确定语法点时,则可以根据语法点标注语料库(邢红兵,2006),选择课文中出现次数较多的、常用的语法点作为需要讲解的语法点。

现在由于我们还缺乏语法点标注语料库,因此在编写时,我们现在还没能做到根据语料库统计数据来选择合适的辨析词语和语法点,只是凭着个人的语感来选择。这就难以避免选择出来的辨析词语或语法点可能并非是常用的。

此外在教材更新以及教材辅导材料的编写与补充方面,语料库技术也大有作为。语料库持续不断的更新,可以为教材修订提供内容更新、难度相当的候选课文进行替换。语料库中大量的相关语料可以为教材辅导材料的编写提供大量紧密相关的素材。

总之,根据初步的、尝试性的编写实践,我们认为:语料库技术在对外汉语教材及相关辅导材料的编写中非常有用,而且作用会越来越大,关键在于我们如何来运用语料库。

7.2.6　小结

本节结合我们编写《新汉语高级教程》的实践,具体讨论了语料库技术在对外汉语教材编写中的应用实践问题:素材选择、课文排序、生词处理和语法讲解。通过讨论,我们可以看到,语料库技术对于对外汉语教材编写的科学化可以提供合适的候选对象、减少编写的工作量以及一些不必要的错误,语料库技术在控制课文难度方面尤其能够发挥独特的作用。总之,语料库技术在对外汉语教材编写中具有重要的辅助作用。

参考文献

《辞书研究》编者,2001,中国辞书学会辞书编纂现代化技术专业委员会成立大会暨第二届全国中青年辞书工作者学术研讨会论文集萃,《辞书研究》第 5 期。

《扫盲用字表》研制课题组,1993,《扫盲用字表》的研制,《语言文字应用》第 3 期。

白乐桑,1996,汉语教材中的文、语领土之争:是合并,还是自主,抑或分离?《世界汉语教学》第 4 期。

白乐桑,2002,《说字解词》,北京:北京大学出版社。

北京语言学院外国留学生二系,1990,《高级汉语教程》(上册),北京:北京语言学院出版社。

晁继周,2005,语言规范辞书编纂与社会语言生活,《辞书研究》第 2 期。

陈力为,1993,《计算语言学研究与应用》,北京:北京语言学院出版社。

陈小荷等,1996,关于建立大规模汉语树库的设想,罗振声、袁毓林,《计算机时代的汉语和汉字研究》,北京:清华大学出版社。

陈原,1989,《现代汉语定量分析》,上海:上海教育出版社。

崔世起等,2006,基于大规模语料库的新词检测,《计算机研究与发展》第 5 期。

丁信善,1998,语料库语言学的发展及研究现状,《当代语言学(试刊)》第 1 期。

董振东,1997,汉语分词研究漫谈,《语言文字应用》第 1 期。

范开泰、张亚军,2000,《现代汉语语法分析》,上海:华东师范大学出版社。

冯志伟,2002,中国语料库研究的历史与现状,《汉语语言与计算学报》(Journal of Chinese Language and Computing)第 1 期。

符淮清,1985,《现代汉语词汇》,北京:北京大学出版社。

符淮清,1996,词义的分析和描写,北京:语文出版社。

傅爱平,2006,语料库研究与应用综述,中国社会科学院语言研究所《中国语言学年鉴》编委会,《中国语言学年鉴(1999-2003)》(上册),北京:商务印书馆。

傅守灿、商鸿业,1997,《多媒体汉字教学字典》的设计与开发,《现代图书情报技术》第 3 期。

傅永和等,2000,《GB13000.1 字符集:汉字字序(笔画序)规范》,上海:上海教育出版社。

葛本仪,1985,《汉语词汇研究》,济南:山东教育出版社。

顾曰国,1998,语料库与语言研究——兼编者的话,《当代语言学(试刊)》第 1 期。

桂诗春、杨惠中,2003,《中国学习者英语语料库》,上海:上海外语教育出版社。

郭良夫,1999,《词汇与词典》,北京:商务印书馆。

郭良夫,1983,现代汉语的前缀和后缀,《中国语文》第 4 期。

郭曙纶,2000,《短期汉语教程(以华侨子弟为对象)》(上、下册),上海:内部教材。

郭曙纶,2001,汉语复合名词的语义构成方式,《井冈山师范学院学报》第 1 期。

郭曙纶,2002a,动词类义的抽象原则与方法,《语言文字应用》第 3 期。

郭曙纶,2002b,汉语计算语义理论及其原则,《韶关学院学报》第 6 期。

郭曙纶,2003a,汉语人名标注及其方法,《零陵学院学报》第 3 期。

郭曙纶,2003b,谈动词的逻辑配价,《语言研究》第 1 期。

郭曙纶,2005a,汉语人名的标注与拼写,《现代语文》第 1 期。

郭曙纶,2005b,基于语料库的 HSK 多功能例解字典:设想与样例,张绍麒主编,《辞书与数字化研究》,上海:上海辞书出版社。

郭曙纶,2006a,对外汉语高级教材超纲词统计分析,朱立元,《探索与创新——华东地区对外汉语教学论文集》,北京:北京大学出版社。

郭曙纶,2006b,语料库技术在对外汉语学习词典编纂中的应用实践,郑定欧、李禄兴、蔡永强,《对外汉语学习词典学国际研讨会论文集(二)》,北京:中国社会科学出版社。

郭曙纶,2007a,《雨中登泰山》的超纲词统计与分析,《语言文字应用》

第 1 期。

郭曙纶,2007b,《新汉语高级教程》(上册),北京:北京大学出版社。

郭曙纶,2009,《新汉语高级教程》(下册),北京:北京大学出版社。

郭曙纶、方有林,2005,网络汉字的大规模统计与分析,中国文字学会、河北大学汉字研究中心,《汉字研究·第一辑》,北京:学苑出版社。

郭曙纶、钱竞,2004,短语词、词短语及其应用,在韩中国教师联合会,《汉语教学与研究·第 5 辑》(在韩中国教师联合会会刊),首尔:首尔出版社。

郭曙纶、吴颖,2002,对动词构词规律的探讨,《洛阳大学学报》第 1 期。

郭曙纶、张红武,2003,谈对外汉语教材中的超纲词,《上海师范大学学报》增刊。

国家对外汉语教学领导小组办公室,2002,《高等学校外国留学生汉语教学大纲》(长期进修),北京:北京语言文化大学出版社。

国家对外汉语教学领导小组办公室汉语水平考试部,1996,《汉语水平等级标准与语法等级大纲》,北京:高等教育出版社。

国家汉语水平考试委员会办公室考试中心,2001,《汉语水平词汇与汉字等级大纲》(修订本),北京:经济科学出版社。

贺灵,2006,编纂教学辞书的几个问题,《新疆新闻出版》第 5 期。

胡裕树,1999,《现代汉语》(重订本),上海:上海教育出版社。

黄昌宁,1999,《1998 中文信息处理国际会议论文集》,北京:清华大学出版社。

黄昌宁、董振东,1999,《计算语言学文集》,北京:清华大学出版社。

黄昌宁、李涓子,2002,《语料库语言学》,北京:商务印书馆。

黄居仁等,1997,《国语日报量词典》,台北:国语日报社。

黄月圆,1995,复合词研究,《国外语言学》第 2 期。

姜德梧,2002,《高级汉语教程》(修订本,第一册),北京:经济科学出版社。

蒋宗福,2005,电子语料库与语文辞书的编纂修订,《四川大学学报》(哲学社会科学版)第 5 期。

教育部语言文字应用研究所计算语言学室,2001,信息处理用现代汉语词类标记集规范,《语言文字应用》第 3 期。

进明,1997,有关汉语分词的几点意见,《语言文字应用》第 2 期。

靳光瑾、郭曙纶等,2003,语料库加工中的规范问题,《语言文字应用》第 4 期。

亢世勇、刘海润,2006,新词语词典编纂的创新,《辞书研究》第 1 期。

雷秀云等,2001,基于语料库的研究方法及 MD/MF 模型与学术英语语体研究,《当代语言学》第 2 期。

李德俊,2006a,基于双语库的双语词典编纂系统——CpsDict 介绍与应用,《外语研究》第 2 期。

李德俊,2006b,英汉平行语料库在双语词典编纂中的作用,《解放军外国语学院学报》第 3 期。

李尔钢,2002,《现代辞典学》,上海:汉语大词典出版社。

李海霞,1997,从一组统计数据看词的切分等问题,《汉语学习》第 6 期。

李明,1997,《柯林斯科比得英语词典》(新版)评介,《外语教学与研究》第 4 期。

李清华,1999,《汉语水平词汇与汉字等级大纲》的词汇量问题,《语言教学与研究》第 1 期。

李行健,2000,《现代汉语通用词表》(国家标准)的研制工作,《语言文字应用》第 2 期。

李杨、王钟华,1997,《对外汉语课程研究》,北京:北京语言大学出版社。

李英,1997,关于《汉语水平词汇与汉字等级大纲》的几个问题,《中山大学学报论丛》第 4 期。

梁源,2000,二字短语凝固度分级考察,《语言文字应用》第 2 期。

林杏光,1999,《词汇语义和计算语言学》,北京:语文出版社。

凌淑红,2006,电子词典所带来的词典学新理念,《辽宁工学院学报》第 1 期。

刘开瑛,2000,《中文文本自动分词和标注》,北京:商务印书馆。

刘连元,1996,现代汉语语料库研制,《语言文字应用》第 3 期。

刘叔新,1985,汉语复合词内部形式的特点与类别,《中国语文》第 3 期。

刘勇,2001,数字化与辞书编纂中的著作权问题,《电子知识产权》第 6 期。

卢亚军等,2003,基于大型藏文语料库的藏文字符、部件、音节、词汇频度与通用度统计及其应用研究,《西北民族大学学报》(自然科学版)第 2 期。

陆俭明,1988,名词性"来信"是词还是词组,《中国语文》第 5 期。

陆汝占,2000,汉语词典编纂一体化环境(上、下),《辞书研究》第 2、第 3 期。

陆汝占等,2001,汉语内涵逻辑及其应用,曹右琦,《辉煌二十年——中国中文信息学会二十周年学术会议论文集》,北京:清华大学出版社。

陆志韦等,1957,《汉语的构词法》,北京:科学出版社。

吕叔湘,1990,《吕叔湘文集·第二卷》,北京:商务印书馆。

吕叔湘等,1996,《〈现代汉语词典〉学术讨论会论文集》,北京:商务印书馆。

罗振声,1996,清华 TH 语料库的结构、功能与应用,罗振声、袁毓林,《计算机时代的汉语和汉字研究》,北京:清华大学出版社。

马树德,2002,《现代汉语高级教程》(上、下册),北京:北京语言大学出版社。

穆晓莉、尹转云,2001,语料库在语言研究方面的应用综述,《西安外国语学院学报》第 9 期。

潘文国、苏步青、韩洋,2004,《汉语的构词法研究》,上海:华东师范大学出版社。

秦珂,2005,辞书编纂问题三辨,《现代情报》第 3 期。

屈刚,2002,语料库及其作用,上海交通大学计算机科学与工程系技术报告。

商务印书馆辞书研究中心,2000,《应用汉语词典》,北京:商务印书馆。

邵敬敏,2008,探索新的理论与方法 重铸中国修辞学的辉煌,《修辞学习》第 2 期。

沈家煊,1994,句法的象似性问题,《外语教学与研究》第 4 期。

施光亨,1987,汉语语素研究述评,朱一之、王正刚,《现代汉语语法研究的现状和回顾》,北京:语文出版社。

史学斌、王红霞,2002,辞书编纂与社会需求,《湖北师范学院学报》(哲学社会科学版)第 3 期。

双人,2001,辞书现代化的新进展——中国辞书学会辞书编纂现代化技术专业委员会成立大会暨第二届全国中青年辞书工作者学术研讨会综述,《辞书研究》第 4 期。

思惠,2001,辞书编纂现代化技术专业委员会成立,《辞书研究》第 3 期。

宋柔,1997,关于分词规范的探讨,《语言文字应用》第 3 期。

苏宝荣,2000,《词义研究与辞书释义》,北京:商务印书馆。

苏新春,2006,对外汉语词汇大纲与两种教材词汇状况的对比研究,《语言文字应用》第 3 期。

苏新春等,2002,《汉语词汇计量研究》,厦门:厦门大学出版社。

孙宏林,1997,浅谈汉语分词的标准,《语言文字应用》第 4 期。

孙茂松,1999,谈谈汉语分词语料库的一致性问题,《语言文字应用》第 2 期。

孙茂松等,1995,中文姓名的自动辨识,《中文信息学报》第 2 期。

孙茂松等,1997,汉语搭配定量分析初探,《中国语文》第 1 期。

孙茂松等,2001,信息处理用现代汉语分词词表,《语言文字应用》第 4 期。

索绪尔,1980,《普通语言学教程》,北京:商务印书馆。

王馥芳、马兰梅,2003,语料库词典的局限性,《辞书研究》第 5 期。

王国安,2000,《标准汉语教程》(高级,第一册、第二册),上海:上海教育出版社。

王海峰,2002,现代汉语离合词离析动因刍议,《语言研究》第 3 期。

王建新,2005,《计算机语料库的建设与应用》,北京:清华大学出版社。

王坤宁,2002,为辞书编纂插上高科技翅膀,《中国新闻出版报》第 1 版。

王坤宁,2005,让辞书编纂步入数字化,《中国新闻出版报》第 6 版。

王小海,2001,语料库对词典编纂的影响,《辞书研究》第 4 期。

王小海,2003,关于计算词典学,《辞书研究》第 5 期。

卫乃兴、李文中、濮建忠等,2005,《语料库应用研究》,上海:上海外语教育出版社。

卫乃兴,2002,基于语料库和语料库驱动的词语搭配研究,《当代语言学》第 2 期。

魏向清、郭启新,2005,新时代·新理念·新词典,《〈新时代英汉大词典〉全国学术研讨会论文集》,西安:陕西师范大学出版社。

吴向华,2005,同义词在阅读过程中的预测功能,周小兵、宋永波,《对外汉语阅读研究》,北京:北京大学出版社。

夏南强,2003,辞书编纂要"与时俱进",《编辑之友》第 3 期。

肖路,2005,从学习者的视角谈高级精读教材编写,《语言教学与研究》第 1 期。

肖奚强,2002,《现代汉语语法与对外汉语教学》,上海:学林出版社。

肖奚强,2003,《多文体 精泛结合 高级汉语教程》(上、下册),北京:北京语言大学出版社。

谢耀基,2001,词和短语的离合问题,《烟台大学学报》第 2 期。

邢红兵,2000,汉语词语重叠结构统计分析,《语言教学与研究》第 1 期。

邢红兵,2006,《基于标注语料的"实用现代汉语语法项目词典"基本框架》,北京:第二届对外汉语学习词典学国际研讨会(中国人民大学,7 月)论文。

徐波等,2003,《中文信息处理若干重要问题》,北京:科学出版社。

徐枢,1990,《语素》,北京:人民教育出版社。

杨惠中,2002,《语料库语言学导论》,上海:上海外语教育出版社。

杨薇、张志云,2003,论秦汉识读课本在我国辞书编纂史上的意义,《湖北大学学报》(哲学社会科学版)第 3 期。

姚殿芳,1989,《汉语高级教程》(第二册),北京:北京大学出版社。

姚天顺等,2002,《自然语言理解———一种让机器懂得人类语言的研究》(第 2 版),北京:清华大学出版社。

姚亚平,1997,《中国计算语言学》,南昌:江西科学技术出版社。

尤方等,2003,基于语义依存关系的汉语语料库的构建,《中文信息学报》第 1 期。

于海江,2006,平行语料库与双语词典编纂,《辞书研究》第 1 期。

余国良,2009,《语料库语言学的研究与应用》,成都:四川大学出版社。

余渭深,2001,计算机在词典编纂中的运用(上、中、下),《辞书研究》第 3、4、5 期。

俞士汶,1999,《现代汉语语料库加工——词语切分与词性标注规范与手册》,http://icl.pku.edu.cn/icl_groups/corpus/coprus-annotation.htm。

俞士汶等,2002,北京大学现代汉语语料库基本加工规范,《中文信息学报》第 5、6 期。

俞士汶等,2003,北大语料库加工规范:切分·词性标注·注音,《汉语语言与计算学报》(Journal of Chinese Language and Computing)第 2 期。

袁毓林,1997,关于分词规范和规范词表的若干意见,《语言文字应用》第 4 期。

苑春法、黄昌宁,1998,基于语素数据库的汉语语素及构词研究,《世界汉语教学》第 2 期。

张斌,1998,《汉语语法学》,上海:上海教育出版社。

张国强,2004,辞书编纂现代化正在向纵深发展——第二届辞书编纂现代化学术研讨会综述,《辞书研究》第 6 期。

张俊盛等,1992,多语料库作法之中文姓名辨识,《中文信息学报》第 3 期。

张民等,1998,统计与规则并举的汉语词性自动标注算法,《软件学报》第 2 期。

张寿康,1986,《构词法和构形法》,武汉:湖北人民出版社。

张小衡,1998,也谈汉语书面语的分词问题——分词连写十大好处,《中文信息学报》第 3 期。

张志公,1981,谈汉语的语素,《语言教学与研究》第 4 期。

章宜华,2004,《计算词典学与新型词典》,上海:上海辞书出版社。

赵大明,2005,释义是检验辞书编纂质量的关键,《辞书研究》第 3 期。

赵金铭等,2003,关于修订《(汉语水平)词汇等级大纲》的若干意见,《世界汉语教学》第 3 期。

赵应铎,1995,从词与词的组合上划分多义词的义项,《辞书研究》第 1 期。

赵元任,1979,《汉语口语语法》(吕叔湘译),北京:商务印书馆。

郑定欧,2004a,对外汉语学习词典学刍议,《世界汉语教学》第 4 期。

郑定欧,2004b,论面向对外汉语教学的基础研究,《汉语学习》第 5 期。

郑定欧,2005,《"对外汉语学习词典学国际研讨会"论文集》,香港:香港城市大学出版社。

郑家恒等,1994,汉语姓名自动辨识初探,《语言文字应用》第 2 期。

郑家恒等,2000,基于语料库的中文识别方法研究,《中文信息学报》第

1 期。

郑林曦等,1987,《普通话三千常用词表》,北京:文字改革出版社。

郑玉玲等,1996,藏缅语语料库及比较研究的计量描写,《中文信息学报》第 2 期。

中国社会科学院语言研究所,2002,《现代汉语词典》,北京:商务印书馆。

中国文字改革委员会、国家标准局,1986,《最常用的汉字是哪些》,北京:文字改革出版社。[①]

周领顺,2003,辞书编纂对新词语应重在描写,《洛阳师范学院学报》第 3 期。

宗成庆,2008,《统计自然语言处理》,北京:清华大学出版社。

Biber, D. et al, 2000,《语料库语言学》,北京:外语教学与研究出版社。

Christopher D. Manning & Hinrich Schütze, 2005,《统计自然语言处理基础》,北京:电子工业出版社。

Daniel Jurafsky & James H. Martin, 2005,《自然语言处理综论》,北京:电子工业出版社。

Douglas Biber, Susan Conrad & Randi Reppen, 2000,《语料库语言学》,北京:外语教学与研究出版社。

Graeme Kennedy, 2000,《语料库语言学入门》,北京:外语教学与研究出版社。

Jenny Thomas & Mick Short, 2001,《用语料库研究语言》,北京:外语教学与研究出版社。

John Sinclair, 1999,《语料库、检索与搭配》,上海:上海外语教育出版社。

Karin Aijmer, Bengt Altenberg, 2009,《语料库语言学的进展》,北京:世界图书出版公司北京公司。

R. R. K. 哈特曼,1998,教学词典学:一些需要探讨的问题,《辞书研究》第 5 期。

---

① 封面上注的是"文字改革出版社"和"中国标准出版社"。

北京大学《人民日报》标注语料库：http://www.icl.pku.edu.cn/

北京语言大学的语料库：http://www.blcu.edu.cn/kych/H.htm

清华大学的汉语均衡语料库 TH-ACorpus：http://www.lits.tsinghua.edu.cn/ainlp/source.htm

山西大学的语料库：http://www.sxu.edu.cn/homepage/cslab/sxuc1.htm

香港城市大学的 LIVAC 共时语料库：http://www.rcl.cityu.edu.hk/livac/

或 http://www.LIVAC.org

浙江师范大学的历史文献语料库：http://lib.zjnu.net.cn/xueke/hyy-wzx/xkjj.htm

中国科学院计算所的双语语料库：http://mtgroup.ict.ac.cn/corpus/query_process.php

中文语言资源联盟：http://www.chineseldc.org/xyzy.htm

现代汉语平衡语料库：http://www.sinica.edu.tw/SinicaCorpus

或 http://www.sinica.edu.tw/~tibe/2-words/modern-words/

或 http://www.sinica.edu.tw/ftms-bin/kiwi.sh

近代汉语标记语料库：http://www.sinica.edu.tw/Early_Mandarin

古汉语语料库：http://www.sinica.edu.tw/ftms-bin/ftmsw3

或 http://www.eastasian.ucsb.edu/projects/scriptasinica/cgi-bin/ghy/kiwi.cgi

或 http://www.sinica.edu.tw/~tibe/2-words/old-words/

台湾南岛语典藏：http://www.ling.sinica.edu.tw/Formosan/

闽南语典藏：http://southernmin.sinica.edu.tw/

汉籍电子文献：http://www.sinica.edu.tw/~tdbproj/handy1/

或 http://www.sinica.edu.tw/ftms-bin/ftmsw3

致 谢

终于这本小书的写作要告一个段落了,回想起本书的写作,感慨良多。没有学院领导、老师和朋友们的帮助,这本小书是不可能完成的,对此我深表感谢。

本书是对我做博士后研究的一个小结。博士后期间我的主要工作在于整理用于信息处理的切词词表以及切词与标注的规范。从 2003 年 7 月到国际教育学院工作开始,我的主要研究兴趣集中在汉语教材语料库的建设以及应用上,这些也成为本书的主要内容。

从 2001 年 7 月到上海交通大学计算机科学与工程系做博士后研究以后,我开始接触汉语语料库建设这个领域。感谢我的导师陆汝占教授的指引,让我有机会开始一个全新的研究方向。期间,我还参加了好几个课题的研究工作:国家语委核心语料分词及词性标注加工(主要负责整理词表与规范)、973 子项目中文语料库建设——现代汉语内涵逻辑语义词典(实际负责人之一)、汉语语料库建设规范(国家语委"十五"规划重点项目,实际负责人)、手持移动设备语音控制技术及应用(863 计划信息技术领域重大专项课题"中文信息处理应用基础研究"子课题)、现代汉语语料库的建设及深加工(国家语委"十五"规划委托项目)。另外还要感谢我的师姐靳光瑾博士,是她让我有机会到教育部语言文字应用研究所计算语言学研究室更多地接触国家语委核心语料分词及词性标注加工这个课题的研究。

2003 年 7 月到国际教育学院工作后,由于工作的需要,只能一边完成繁重的教学工作,一边进行着需要大量时间与精力投入的汉语语料库建设与研究工作,其中的艰辛自不必说。在这 7 年时间里,我先后主持了 5 个与汉语语料库有关的研究课题:对外汉语教材中的超纲词现状研究(上海交通大学人文社会科学 2003 年度课题,实际负责人)、基于语料库的 HSK 多功能例解字典(上海交通大学国际教育学院

2004 年度科研基金课题)、上海市中小学语文教材语料库(国家语言资源监测与研究中心教育教材语言分中心首批立项课题,2006 年)、基于语料库技术的汉语教材编写系统(2008 年度上海交通大学国际教育学院科研创新计划项目)、基于语料库的基础教育语文教材历时对比研究(国家语言资源监测与研究中心教育教材语言分中心委托课题,2009 年),另外还参与了上海市基础教育教材语言资源的建设和应用(2006 年度上海市哲学社会科学规划一般课题,排名第二)课题的研究。在此对学院领导、顾顺莲教授、厦门大学的苏新春教授和上海师范大学的陶本一教授表示诚挚的谢意。在这期间,我还利用语料库技术主编了一套《新汉语高级教程》,这要感谢北京大学出版社汉语和语言学编辑室的郭力(现为世界图书出版公司北京公司总编辑)、沈浦娜两位主任和张进凯、邓晓霞、贾鸿杰三位责任编辑以及《新汉语高级教程》的各位编写教师。我也要感谢我的硕士生孙镭、郭望皓,他们参加了语料库建设过程中的校对工作。

　　还有最需要特别感谢的是上海外语教育出版社,感谢你们对学术的支持与认真负责的态度,感谢你们所聘请的 3 位匿名评审专家对拙著提出的宝贵意见。另外还要感谢本书责任编辑周岐灵女士对于本书出版所付出的艰辛。

　　最后,请让我再一次向所有关心我、帮助我的领导、老师和朋友们表示最衷心的感谢。

2011 年 8 月